Los sueños de la niña de la montaña

Los sueños de la niña de la montaña

EUFROSINA CRUZ

Grijalbo

Los sueños de la niña de la montaña

Primera edición: febrero, 2022
Primera reimpresión: marzo, 2022
Segunda reimpresión: mayo, 2022
Tercera reimpresión: julio, 2022
Cuarta reimpresión: agosto, 2022

D. R. © 2020, Eufrosina Cruz Mendoza

D. R. © 2022, derechos de edición mundiales en lengua castellana:
Penguin Random House Grupo Editorial, S. A. de C. V.
Blvd. Miguel de Cervantes Saavedra núm. 301, 1er piso,
colonia Granada, alcaldía Miguel Hidalgo, C. P. 11520,
Ciudad de México

penguinlibros.com

ISBN: 978-607-381-060-9

Impreso en México – *Printed in Mexico*

Índice

Soy Eufrosina Cruz

Un alto en el camino. Un freno momentáneo, porque la lucha exige continuidad. Detenerse un poco, necesariamente. Hacer una escala breve para respirar hondo y mirar el camino andado. ¿Para qué? Quizá para confirmar que todos estos pasos han valido la pena. Sí, eso. Y hacer un examen interno: qué he hecho bien, qué he hecho mal, qué cosas he dejado en el trayecto y, sobre todo, qué debo hacer para el futuro.

El futuro nuestro y el de nuestras germinaciones, porque todo lo que hacemos tiene que ver con el tiempo presente, que transcurre frente a nosotros, pero también tiene que ver con la construcción de un porvenir comunitario. Y a ese mañana que apenas vislumbramos es al que hay que ir quitándole la neblina. Si no, ¿qué caso tiene la batalla? Resolver hoy, sin duda, pero también abrir brecha, hacer cimientos, colocar ladrillos.

Un alto en el camino de Eufrosina Cruz, que soy yo, dueña de esta voz y de esta historia. Una historia que nació el primer día de 1979 en tierra zapoteca, específicamente en Santa María Quiegolani, un pequeño poblado de Oaxaca. Una historia, la mía, que incluye mi paso por la política, que siempre he considerado un instrumento para el bien común.

Soy Eufrosina Cruz, soy contadora pública, gané en 2007 la presidencia municipal de Santa María Quiegolani, pero los hombres de mi comunidad no me dejaron tomar el cargo, y el argumento que me dieron fue: "Es que eres mujer". Sin embargo, con el paso del tiempo, ya como legisladora local, me convertí en la primera mujer indígena en presidir el Congreso oaxaqueño.

Sí, ésa soy yo: mexicana, indígena, hija, hermana, madre y mujer dedicada a la política y al activismo. Soy Eufrosina Cruz y quiero contarte parte de mi historia.

Primer desafío, salir de Quiegolani

Cuando confronté a mi papá, le dije: "Yo no me voy a casar, porque no me voy a casar". Me respondió, enojado, que sí tenía que casarme. Ahí comenzó la tensión. "Me quiero ir", yo arremetía. Y él me contestaba: "¿Y a dónde te vas a ir?" Y ya envalentonada: "Pues a donde sea, a Salina Cruz". Dije eso porque ahí vivían unos tíos. "No, porque no tenemos dinero", fue la seca respuesta de mi papá, la misma respuesta repetida en la adversidad económica de mi familia. Ante eso empecé, ahora sí, a pelear, a chantajear incluso. Dejé de comer para defender mi posición y finalmente mi papá cedió, aunque me advirtió: "Pero te olvidas de nosotros. Tú sabrás si comes o no comes. Yo voy a ir a dejarte, pero no hay ni un peso". Respiré hondo y alcancé a decir: "No importa, me voy". Yo tenía 12 años.

UNA PESADA CAJA DE SUEÑOS

La niña que yo era desafió la realidad impuesta. Cuando salí de Quiegolani la primera vez, caminé más de 12 horas para llegar al pueblo donde salía el autobús. Me acuerdo que salimos a las dos de la mañana. Horas después llegamos a Santa María Ecatepec, Oaxaca, con los pies destrozados. Mi mamá me había puesto en una cajita mis "mejores" vestiditos y una red, porque no había mochila. Y mi papá, apurando el paso, se volteaba y me decía: "Pues era lo tú querías, ¿no?" No me ayudó a cargar la caja, nada. "Pues sí", yo le respondía con el coraje que pude reunir.

11

En esa caja, lo sé ahora, llevaba yo un chingo de sueños, aunque no sabía para dónde iba. Ese recuerdo me duele mucho, pero dejé de responsabilizar a mi papá. Él pensaba, quizá, que no dejarme salir era una manera de protegerme. ¿Qué tal que me pasaba algo malo? Al menos en el pueblo ya tenía casamiento asegurado.

A Santa María Ecatepec llegamos con unos conocidos de mi papá. Nos regalaron una tacita de café y nos dormimos pronto, porque al otro día temprano salía el transporte a Tehuantepec, y ya imaginan lo que me pasó en el autobús: como en mi vida me había subido yo a un automóvil, vomité varias veces. Pero al final llegué a la gran ciudad luego de cuatro horas de carretera. Y hacía muchísimo calor. Yo, que soy de la fría montaña. Además, toda la gente hablando "diferente". Inevitablemente me pregunté qué estaba haciendo ahí.

Las personas me veían raro porque llevaba mi cajita, mi bolsita, mis huaraches de plástico y, pues, según mi mamá, me puso el mejor vestido y un suetercito azul con botoncitos. Advertí esas miradas raras. Yo no conocía la palabra *discriminación* en mi entorno, pues en el pueblo todos nos conocíamos. Yo sabía quién era doña Juana, doña María. Pero en Tehuantepec comenzaron a dolerme las miradas, no sabía que eso era discriminación.

Mi papá olía a montaña, porque en la casa no conocíamos esa cosa que se llama crema o desodorante, y él ya había caminado. En los pueblos no te bañas todos los días, y por supuesto sudas. Así que esas miradas empezaron a dolerme, pero no entendía por qué. Después entendí que eso se llamaba discriminación, indiferencia. Comprendí lo ofensivo de frases como "pinches indios, pinches patas rajadas, la muchacha, la chacha".

Vencer eso es todavía el gran reto de nuestro país. Pareciera que los indígenas no tenemos derecho a construir una realidad propia. Entonces, cuando te atreves a pensar o decir lo contrario, empiezas a vivir esta hostilidad. Yo todavía no entendía qué significaban, pero no me gustaban las miradas.

Y así llegué a la casa de unos tíos en Salina Cruz. Si acaso viví un tiempo ahí, nada más. Esa parte casi no la cuento porque hubo mucho dolor, abuso. Por eso hoy fomento las becas para los jóvenes, los albergues. Si eres mujer, indígena y no cuentas con el apoyo de nadie, entonces es bien difícil arrebatarle a la realidad lo que mereces, pero eso no significa que sea imposible.

Ése es mi punto: entiendes que vas a llorar mucho, que vas a sentir mucha frustración, vas a reclamarle a la vida por qué esa indiferencia de la sociedad, por qué ves a gente con su casota grandota y tú con tu morralito para sobrevivir. Y ahí nace un sentimiento llamado rencor, sientes ya cómo odias esa circunstancia, esa realidad. Pero pasa el tiempo y vas entendiendo muchas cosas y vas sanando también, aunque se trata de todo un proceso.

UN LIBRO QUE DIGA: SOY LIBERTAD

¿Cómo sueño este libro? Quiero que cuando lo lean inspire rebeldía, libertad, y que el lector sepa que, a base de constancia, terquedad, persistencia y rebeldía, se pueden cambiar muchas realidades. Que sea un libro para toda la sociedad, no sólo para los pueblos indígenas. Que sirva para que el gobierno entienda que no somos "población vulnerable", que no somos "los jodidos", que ya no queremos ser objetos de estudio, de estadísticas, de investigación. No. Que entienda que queremos ser sujetos de derechos y obligaciones, de desarrollo, pero con nuestra participación, nuestro talento y nuestra capacidad.

Siempre me han llamado la atención las frases: "el asunto indígena", "la cuestión indígena", "el problema indígena", "el tema indígena", como si fueran algo ajeno o no existieran. Los indígenas no somos un asunto, no somos un expediente. Somos personas. Somos comunidades y somos territorio. Somos rostros, somos pensamientos.

No quiero que nos consideren "población vulnerable", porque ésa es una forma "amable" de decir que no tenemos capacidad, independencia y el poder de tomar decisiones, se nos ha hecho creer que somos dependientes, niños chiquitos. A mí se me hizo pensar que no podía razonar por mí misma, que no sabía opinar, que era la que tenía que agacharme, que era la de la ropa de manta. No. No soy eso. Sí soy cultura, soy lengua, soy comida, soy vestimenta y soy capacidad. Soy desarrollo, soy independencia y soy libertad.

Eso es lo que quiero plasmar en el libro. Que el gobierno y la sociedad entiendan también que nosotros lo gritamos, porque lo que no se grita, no se defiende. Lo que no se menciona, no se ama. Yo quiero que en mi libro quede clarito el sueño de la niña de la montaña, que nunca imaginó cambiar la Constitución de su país, ir a la ONU o escribir un libro para todo el mundo y logró cambiar la historia de su familia.

Porque yo ya no estoy dentro de esa estadística de pobreza y marginación, que todo mundo piensa que es marginación alimenticia, pero no, porque en casa había maíz, chayotes, duraznos, zarzamoras, quintoniles, verdolagas, hongos. No, yo hablo de la pobreza de la mente, pues cuando una mente no se educa, tiene miedo de defender su libertad, su dignidad, de defender la idea de que no pertenece a un grupo vulnerable, que es tan igual como los otros y que nadie decide por ti. Pienso que es así. Lo creo.

Eso es lo que quiero decirle a mi hijo, Diego; a las mujeres de Quiegolani y a todos los que se acerquen a este libro: no somos víctimas, somos posibilidad.

Quiero que este libro sea las alas para volar de mucha gente, pero también quiero que sea un grito de atención y esperanza para quienes tenemos el derecho de ser escuchados.

Yo no busco protagonismos. Mi historia es mía, de mi familia y de nadie más, pero lo que padecimos es lo que padecen miles de indígenas en mi tierra y en México.

No somos un pretexto ni una causa, somos el origen de esta tierra que nos vio nacer y en la que un día descansaremos.

Todo esto habrá valido la pena si cuando nos despidamos de este mundo, lo hemos convertido en uno mejor. Es por eso que lucho, es por eso que canto y grito: es por eso que vuelo.

En el origen, el dolor

Recuerdo cuando yo tenía cuatro o cinco años, y mi hermano Lorenzo tenía 16. Él falleció a esa edad por falta de oportunidades, pues el hospital más cercano estaba y sigue estando lejísimos. Eso fue hace casi 30 años. Mi hermanito Lencho, un habitante de una comunidad sin energía eléctrica, sin carretera ni hospitales.

La casa de mis papás era de adobe y piso de tierra. En el cuarto estaban el fogón y el molino de nixtamal. Las mujeres dormíamos ahí. Mi hermanito siempre me llevaba con él a sus paseos. Él me ayudó a ser rebelde desde niña. El recuerdo que tengo de él es vago, y eso se debe al dolor. Me dolió demasiado su partida, porque era el que me quería, el que me forjó el carácter. Me enseñó a salir, a desafiar las reglas.

En ese pueblito no había más de 1 200 personas, sin luz, con escuela de piso de tierra, tablones como pupitres, y en época de lluvias había montones de hoyos. Mi hermano Lencho me sacaba de ese entorno que se llamaba casa. Creo que mi papá no lo regañaba porque Lencho era hombre, y como yo era niña, no estaba mal visto que la niña acompañara a su hermano a echarse una platicadita en el centro del pueblo. Ésa era la costumbre entre los muchachos.

A esa edad, tan joven, la salud de mi hermano se fue deteriorando. A esa circunstancia se le llama pobreza y marginación; mi hermano falleció porque se cayó y se quebró la cabeza. Duró seis meses en cama.

Y así como la de mi hermano, hay muchas de esas historias. Por eso estoy aquí, para contribuir a cambiar eso; el gobierno tiene que actuar para que no sea tan dolorosa esa soledad, para modificar esas circunstancias. No puede ser que mi historia sea tan extraordinaria en un país donde debiese ser normal estudiar, debiese ser normal ser indígena, debiese ser normal ser mujer, debiese ser normal caminar por tu ciudad con tu traje, con tus lenguas. Pero no, eso sigue siendo un elemento de exclusión, de discriminación. Sigue siendo un elemento "de los chiquitos".

Así que la primera parte de mi vida la nutre mi hermano Lorenzo, que me transmitió esa rebeldía. Las imágenes se me vienen como un chispazo. Dice mi mamá que fue tanto el dolor que, para que yo me despegara de él y él se fuera en paz, debieron hacer muchos rituales funerarios según la costumbre del pueblo. Dice mi mamá que era tanto mi dolor que yo iba al panteón y con mis manitas escarbaba, que yo decía que ahí estaba mi hermanito y que yo lo quería de regreso.

También en nombre de él no puedo fallar, porque se fue por una circunstancia dolorosamente cotidiana en Oaxaca y en muchos pueblos indígenas: la falta de acceso a la salud. Y eso nadie me lo va a contar, porque es donde inicia mi historia, en el recuerdo de mi hermano Lencho. Creo que me dejó la fuerza para decirle a mi papá: "¿Por qué yo voy a hacer las tortillas, por qué voy a servir a mis hermanos, por qué?" Desde que tengo uso de razón, mi papá me decía: "Tienes que hacerlo porque lo tienes que hacer".

Yo lo hacía, pero protestando, y mi papá me daba mis chingas, porque yo era una hija de su madre desde que adquirí conciencia. A veces me mandaban a darle de comer al marrano, y ahí iba la niña. Los marranos se amarraban a la orilla del pueblo y como niñas teníamos que darles de comer. Ya sabías cuál era el marrano de tu mamá.

Le daba el agua de la masa que sobraba, y ya de regreso veía a los niños jugando en los barrancos, en las resbaladillas, que eran "rústicas", porque cortábamos ramas y las usábamos como tablones. Tomabas unos pedazos, los clavabas debajo para no ensuciarte tanto y ¡mócatelas!, ahí ibas hasta el fondo del barranco.

A mí me encantaba. Nunca los niños me cuestionaron o me corrieron por ser niña. Nunca. Entonces concluyes: la diferencia de género la construimos los adultos.

LA NECESARIA VISIÓN INFANTIL

Los niños, sean de ciudad o de una comunidad, no consideran que entre ser hombre o ser mujer exista una diferencia, sólo la inocencia está presente. Más allá de las actividades que hacía de niña, como desgranar la mazorca, levantarme con mamá para hacer tortillas, darle de comer al marranito. Pero más allá de eso, que supuestamente debes hacer para toda la vida, hay inocencia. Esos niños de la comunidad nunca me dijeron: "¿Por qué vienes con nosotros o por qué vas a jugar lo mismo?" Jugar en un sentido, porque en el pueblo los niños no juegan con muñecas o con carritos, juegan con su imaginación. Nosotros cortábamos las ramas y eso era nuestra resbaladilla; luego te ibas al barranco y eso era divertido. Lo que digo es que los adultos hemos hecho que la sociedad piense que ser mujer equivale a carecer de derechos. En los niños no hay nada de esa malicia.

Algo que marcó mi vida desde pequeña fue el hecho de no entender la diferencia en el trabajo de las niñas y los niños. Por ejemplo, yo acompañaba a mi papá y a mis hermanos a limpiar la milpa, ¿pero por qué, además, tenía que levantarme con mi mamá para ayudarla a quebrajar el nixtamal en el molinito y por qué tenía que servir el café a mis hermanos, mientras ellos se levantaban hasta las seis? Nosotras, las niñas, teníamos que hacer todo eso extra y todavía, de regreso, debíamos ayudar a mamá a servir a sus hijos varones y ellos no eran capaces de levantar una taza.

Desde ahí empecé a cuestionar eso. Yo no estaba de acuerdo con esa distribución. Mi mamá era la primera en levantarse y la última en acostarse. Sus manos estaban demasiado callosas porque la cal reseca la piel. Mis manos siguen secas por más cremas que he ocupado, porque la marca ya quedó por las tortillas que hacía de niña. Yo creo que todo eso me motivó a entender que esa situación me disgustaba.

Pero luego llegó un maestro al pueblo. Un gran maestro. Se llamaba Joaquín, y es lo único que sé de él. Y observé que, en mi mismo entorno, él vivía diferente. Él no dormía en el petate, a él le prepara-

17

ban su comida; él tenía unas fotografías, unos dibujos bien bonitos en su cuarto, y yo me preguntaba: "¿Cómo se hace para alcanzar eso?, ¿qué hago yo para ser un día como mi maestro?" Por eso, yo hablo de generar oportunidades, no de esos programas políticos en donde te regalan cosas. No, eso no genera aspiración, eso no te despierta nada. Eso te genera conformidad y mediocridad. Es decir, no te crea aspiraciones.

Allá la única oportunidad es casarte y repetir la historia de tu entorno. Pero entonces llegó esta posibilidad, aunque fuera en forma de una imagen pegada en la pared del cuarto de un buen maestro, y algo tan sencillo permitió que los niños —y esta niña— interactuaran con otras realidades, con otros mundos, que supieran que pueden ser astronautas, médicas, que pueden viajar.

Estas imágenes pueden cambiar el entorno de los niños y las niñas, y van a tener curiosidad y a preguntarse cómo se hace eso, primero solitos, en su cabecita. Así yo aprendí a comunicarme conmigo misma, a platicar conmigo misma, cuando iba a dejarle la comida al marrano o cuando iba a traer leña en el burro. Me paraba en una piedrita de Santa María Quiegolani a comerme unos duraznitos que estaban en el camino, y me sentaba y divisaba mi inmensa montaña, inmensa como mis sueños.

Tengo una foto de mi montaña, se distinguen sus caminos. Ahora ya hay carretera, pero antes sólo veredas. Se ve el cielo y las nubes abrazándose; la nube es libre. Y ahí, enclavado al fondo de la foto, está mi pueblito: Santa María Quiegolani.

Mi pueblo es una montaña, su bosque, el canto de sus pájaros, nubes, un río.

Ahí, encima de la piedra se mira todo esto, y comenzaba a imaginar lo que habría más allá, me preguntaba de dónde salió mi maestro, cómo llegó. Claro, quizá otras personas no vean eso como posibilidades, pero como imágenes, para mí, lo fueron. Esas posibilidades se convirtieron en hambre, en rebeldía, en la decisión de no casarme, porque en mi pueblo las mujeres de mi edad ya son abuelas. Tacha, Berta, muchas… Sólo algunos de sus hijos e hijas han estudiado, y eso me da muchísimo gusto. Ahora los voy a ayudar para que ingrese al magisterio, para que tengan la posibilidad que tuve yo. Ese niño puede cambiar la posibilidad de su familia, porque va a ser el primer profesionista de una de mis compañeras de la primaria que se quedó allá.

Pensar en eso me obliga a seguir abriendo caminos para que otras niñas y niños los recorran. Ése es mi punto: cómo el olor de un libro nuevo, la bolsa que funcionaba como mochila, los recortes de periódico con que forrábamos los libros, las velas que nos proporcionaban luz a falta de energía eléctrica pueden significar la posibilidad de una vida mejor.

Hoy uno de esos muchachos ya es licenciado en educación media superior intercultural, ¡y qué bonito! Si Dios y la vida me lo permiten, veré si pueden contratarlo para que regrese allá, al pueblo, cerca de una comunidad donde vamos a hacer un proyecto piloto, en donde todavía las niñas se casan a los 13 o 14 años, y entonces pueda desempeñarse como ese maestro que me cambió la vida. De hecho, me piden un maestro que hable zapoteco. Hablaré con el director del programa y, si lo aceptan, se convertirá en mi maestro Joaquín, para que las otras niñas no repitan la historia de sus madres.

Mi maestro Joaquín me regaló mi primer librito. Llevaba los recortes de periódico para que viéramos otras posibilidades en fotos. Mi sueño, en el pueblo, era ir a su cuarto porque era el más bonito que había. Lo juro. Estaba pintado con cal. Y el maestro no se dormía en petate, sino en unos tablones: eso era increíble, porque ya era una cama. En las paredes había pegado un montón de fotos de edificios. Hoy sé que así se llaman, porque en el pueblo ¡qué edificios iba a haber! Era pura casa de adobe, aunque creo que eso no es malo.

De hecho, pienso que debemos regresar a esas formas de vivienda, pero ya dignificadas: espacios bonitos, pintaditos, porque cuando llegó el "desarrollo", nos impusieron lo que creían que iba a funcionarnos, y a eso me refiero cuando exijo que nos pregunten de qué nos va a servir. Por eso hemos dañado nuestro medio ambiente. Las casas de adobe pueden ser bonitas, bien diseñadas, bien construidas y con cuartos, pero nos impusieron el colado, nos impusieron la idea de que el cemento era la mejor opción. Pero no, insisto en que el cuarto de mi maestro era mejor. Ahí supe que las imágenes pueden volverse oportunidades, aunque no lo tengas ahí presente, pero empiezas a adoptar la palabra *sueño*, la palabra *imaginación*, y desde ese cerro me preguntaba: los que están del otro lado, ¿serán igual que yo?, ¿hablarán igual que yo?, ¿cómo será el pueblo del maestro Joaquín?

CANICAS

Mi hermano Lencho me dio la rebeldía, me hizo ver lo que todavía me falta por recorrer. La segunda persona que me dio esa fuerza fue mi maestro Joaquín. Si él no hubiera llegado, yo no estaría acá. Él me dio el impulso para rebelarme, para cuestionar, para defenderme, incluso para quedarme un ratito más con los niños a jugar canicas, porque las niñas "no podíamos" hacer eso. Mi maestro siempre me decía que eso no era malo, pero llegaba yo a la casa y mi papá me regañaba o me pegaba; que por qué estaba jugando con los niños, me decía. Yo no entendía por qué el maestro Joaquín me defendía.

Por ejemplo, tengo un hermano que reprobó el tercer año y yo pasé a cuarto. Entonces, mi papá, a pesar de que no sabía leer ni escribir, fue a ver al director de la primaria para ofrecerle un cambio: le propuso que mejor me reprobara a mí y que aprobara a mi hermano Gero, "porque era más grande".

No sabía cómo sentirme al respecto. ¿Sólo porque soy mujer mi papá le pedía eso a mi profesor? Pero justamente el maestro Joaquín fue la primera persona que me defendió. Le respondió a mi papá: "No se trata de ver a quién elijo aprobar. Se trata de que la niña sabe más que el niño, de que la niña ya sabe leer y el niño no. Yo no voy a reprobar a la niña".

Cosas así te van marcando. Yo no culpo a mi papá. Nunca lo he responsabilizado de esta forma de pensar. Responsabilizo a las circunstancias de pobreza y de marginación. Para mi papá, los hombres de su entorno eran los que decidían, los que mandaban, los que hacían todo. Mi mamá tenía que obedecerlo, y por eso él consideraba impensable que su hija menor rebasara a su hijo mayor. Ahora que soy adulta soy consciente de todo lo que pasa alrededor. Eso te hace pensar que el proceso de educación en las comunidades debe ir más rápido, pues, así como yo, ¿cuántas niñas no han sido sacrificadas por el papá? Sin que el papá sea plenamente consciente del daño que ocasiona.

Así que mi maestro Joaquín me enseñó eso: a soñar, a no tener miedo. Me dio clases desde primero hasta cuarto. Luego se fue de la escuela y me olvidé de él, pero no para borrarlo de mi memoria sin razón. No. Me olvidé porque cada partida es dura. Él se volvió mi aliado, mi amigo, mi defensor. Para mí, su partida fue una segunda pérdida. Primero la muerte de mi hermano y luego el hecho de no volver a ver a mi maestro, que me había dado la oportunidad de contestarle a mi papá, de defenderme, porque ya para cuarto o quinto año era revoltosa.

Siempre fui muy apegada a él. Siempre recuerdo su gran compromiso y pasión. Y su rostro reflejaba felicidad: reía, gritaba, nos compartía dulces, disfrutaba. Estoy convencida de que amaba su labor. Y creo que eso es justamente lo que debemos hacer en la vida: amar lo que hacemos, porque si lo consideramos una obligación, las metas no llegarán. Hay gente que recibe un salario y, al mismo tiempo, asegura que está hasta la madre de hacer lo que hace. Entonces no es tu trabajo, es sólo una obligación. En cambio, mi maestro amaba ser maestro, aunque implicara sacrificios e incomodidades, como ya he descrito. Su baño, por ejemplo, era una fosa.

De hecho, en la escuela también había una fosa horrible y él entendía eso, así que permitía que dos niñas nos acompañáramos al baño para que una cuidara la puerta. En ese sentido, nos fue inculcando el autocuidado, nadie tenía derecho a vernos ni tocarnos. Ese permiso para ir al baño no funcionaba con los hombres.

Cuando mi maestro me dejaba jugar canicas en la cancha de tierra, siempre estaba pendiente, cuidando que los niños no me abarataran. Él me daba canicas porque yo no tenía ni los niños me prestaban. Los otros maestros terminaban sus clases y se retiraban a descansar. Mi maestro no, él se quedaba hasta la hora que a la chamaca se le ocurría regresar a casa y que sus papás le dieran una chinga.

Gracias a eso crecí en un ambiente en donde los niños nunca me hicieron nada. En cambio, en la casa, mi papá era el problema. Yo no podía jugar ni gritar. Sólo servir y servir. Por eso deseaba que llegara el maestro, para salirme de esa normalidad y de esas obligaciones impuestas con mis hermanos. Con Joaquín presente se creaba otra circunstancia. Incluso, cuando regresaba al pueblo después de sus vacaciones, varios niños lo esperábamos a la orilla del pueblo para ayudarle con una bolsa, con una caja. Era emocionante recibir a nuestro maestro.

En aquel tiempo, mientras cursaba la primaria, no teníamos mochila ni bolsa de rafia. Guardábamos los libritos en bolsas de nylon con asa; había verdes, azules con blanco. Los papás recogían los libros de texto a la orilla de la carretera y los transportaban en burro de regreso. Cuando nos los repartían, los abría y su olor me parecía increíble. Ese aroma a cosas nuevas era muy emocionante para mí. Luego el maestro llevaba periódicos a la clase, los recortábamos y así forrábamos cada ejemplar. Como no había resistol, nos enseñó a hacer engrudo a partir de la savia de un árbol. Incluso me acuerdo de cómo era mi uniforme, una falda guinda con camisa blanca. No tenía zapatos ni calcetines. Tenía huaraches, y cuando llegaba a la casa, me los quitaba porque eran más o menos nuevos, y me ponía otros más gastados.

Otra manera de pasar más tiempo con él era los fines de semana durante la limpieza de la escuela. Como no había intendentes, nos formaban en equipos para barrer los salones. Cada vez que me tocaba barrer llegaba dos horas tarde a casa, porque al final de la barrida me ponía a jugar con los niños, ya sea canicas o el famoso "toro y libre", que consistía en cruzar la mano cerrada con algún niño. Si había piedra, era toro; si no, era libre. Y el toro siempre tenía que corretear al libre.

Muchos años después, cuando la organización civil Mexicanos Primero hizo el documental *Gracias, profe*, busqué a mi maestro, pero no lo hallé. Yo sólo sabía su nombre y que era extraordinario, maravilloso. De niña yo no entendía por qué era diferente a todos los hombres de mi pueblo. Por qué era el más alegre, por qué se ponía unas cosas naranjas, verdes. No comprendía por qué era tan cariñoso. Hasta llegaba y nos daba bolsitas de dulces. En casa no había.

Ya con el tiempo entendí que él era gay, y por eso defendía la libertad. Si hubiese sido un maestro heterosexual, no habría ido a pelearse con mi papá. No me hubiera dejado jugar canicas ni me habría dejado entrar a su cuarto. Yo no entendía por qué mi maestro se reía de manera peculiar. También calzaba los huaraches más chingones que yo había visto y siempre me decía: "¡Aaay! ¿Cómo estaaás?", alargando suavemente las vocales.

Así que era gay y yo lo entendí cuando crecí, cuando salí de Santa María Quiegolani para estudiar secundaria y prepa. Entonces entendí que había muxes en el Istmo de Tehuantepec, y Joaquín era de Juchitán. Ahí dije: "¡Ah, mi maestro era muxe!" Eso fue cuando ya entendía por qué en mi pueblo no habían revelado su homosexualidad, por la misma cultura. Por eso yo ignoraba que había seres humanos que ejercían plenamente su libertad.

Tuve un maestro que me empoderó y creó para mí un espacio de libertad que me permitió crecer. Era su mundo y me lo prestó un momento para que yo pudiera ganar confianza en mí misma y, al final de cada juego con los niños, yo pudiera gritar: "¡Soy chingona para las canicas! ¡Soy chingona!"

UNA JORNADA COMPLETA

En un día cotidiano tenía que levantarme con mi mamá antes de que saliera el sol. El horario variaba: cuando había milpa, a levantarse temprano para ir a dar de comer al perro que cuida la milpa. Eran dos horas de ida y dos de venida y esa tarea ya debía estar terminada para luego ir a la escuelita. Cuando no tenía esa responsabilidad, debía ayudar a mamá a resquebrajar el nixtamal o a traer el leño, amasar, hacer tortillas. Antes de ir a la escuela, ya debía haber hecho algunas tortillas.

La entrada a la escuela era a las ocho de la mañana y el recreo a las 10:30. No había cooperativa ni nada de eso. Cada quien se iba a comer a su casa. Cuando llegábamos a la casa, lo máximo que ibas a comer, digamos el manjar, era una tortilla con mantequita y con salsita, y una taza de café o de agua.

A veces no había nada y sólo me calentaba mi tortilla. Le echaba chile, cebollita y limón, y ya la hacía: rico. Antes, mi mamá tenía una olla para que el agua estuviera fresca, una olla de barro y nomás con una tapa. Y ahí estaba la taza llena de tizne para que te sirvieras de la olla. Era eso. No había cómo comprar un chicharrón, no conocía nada de esas cosas, ni los dulces. El recreo era ir a la casa a comer y luego regresar a la escuela. En lugar de mochila, utilizaba un morralito, de ésos que ya están de moda hoy. Los usábamos cuando íbamos en quinto o sexto de primaria. Pero antes eran las bolsitas de plástico, y ahí guardaba los cuadernos.

CUESTIONAR EL DÍA A DÍA

En mi rutina escolar de niña comencé a preguntarme cosas. A la hora del descanso, los niños íbamos a casa y ahí comíamos. No era como en la ciudad, que llevas comida o dinero para tu recreo. No. Como la escuela estaba cerca, salíamos e íbamos a comer lo que hubiera. No una galleta, sino una tortilla de maíz, que, a decir verdad, era más saludable.

Por eso hablo de la pobreza mental, no de la panza. Tanto tiempo nos han dicho que somos los pobres, los que somos objeto de investigaciones, de estudios; la carencia de vivienda, la carencia de no sé cuánto. Por ejemplo, querían resolver "la carencia" dando estufas, pero vas a los pueblos y te das cuenta de que las personas, como mi tía y las abuelas, las dejan arrumbadas, porque no es lo que necesitan. Lo que necesitan es saber cómo mejorar lo que ya saben hacer, cómo hacer que ese durazno se convierta en mermelada para venderla, cómo vender sus bordados, cómo hacer que el mezcal cueste 80 pesos la copa, porque en esos pueblos el litro cuesta 100 pesos.

Así que de niña todo comenzó a darme vueltas, empecé a cuestionar mi día a día. Hoy sigo haciéndolo. Mi día a día era hacer lo que mi mamá hacía y repetir exactamente lo mismo. El objetivo era que, cuando yo me casara, ya supiera cómo hacer tortillas. Atender, atender, atender. Quiero recalcar que no responsabilizo ni a mi papá ni a mi mamá, responsabilizo a esa circunstancia que la vida nos impuso. La normalidad, la cotidianidad se convirtió en rezago, en invisibilidad, en que nos traten como niños chiquitos. Sólo que, como dice mi hijo: "No está chido".

SUEÑOS PERDIDOS EN EL HUMO

Terminábamos de comer y de regreso al salón. Ésa era la rutina, pero yo, a diferencia de mis compañeritas, me quedaba en el atrio de la iglesia a jugar, llena de polvo y todo. Pero los niños nunca me rechazaron. Por eso sé jugar canicas. Después de eso me iba a la casa a hacer lo que se suponía que debía hacer: ayudar a mamá a desgranar la mazorca para que se pueda cocer el nixtamal, a lavar los trastes, a barrer. No había juegos ni muñecas. Había que ir por el agua, lavar la ropa de mis hermanos. Eso era los siete días de la semana. Lo único distinto en sábados y domingos era que no tenía mi espacio de juegos, pues había que ir al rancho, traer leña, hacer tortillas dos veces al día, preparar de comer. Si se terminaba una olla de frijol, hacer otra. Mi mamá pensando qué iba a preparar de comer en la tarde. Y el leño y el ocote, y sin energía eléctrica. Entonces había que quebrar el ocote para que estuviera listo para alumbrar de noche y calentar el café.

Ése era mi día a día, pero en ese ambiente no puedes soñar, porque tus sueños se pierden en el humo, quizá en ese fogón; tu mente está concentrada en que debes ayudar a tu mamá, debes checar el nixtamal. ¿Y la tarea escolar? Ni me acuerdo si la hacía o no. No recuerdo haber pensado: "¡Ah, sí, ya hice mi tarea!" Y no fui mala alumna, a pesar de que a mamá y papá les valía un cacahuate si hacía o no la tarea. No sabían escribir y les daba igual si llenaba mi libreta o no, pero a mí me gustaba leer cualquier pedacito de cosa. Mi maestro me llevaba recortes de periódicos, y eso me gustaba. Muchas cosas no las entendía.

Yo aprendí a hablar español a los 12 años, cuando salí de mi pueblo. Antes no. Los que hablamos una lengua diferente al español no razonamos en español, razonamos en nuestra lengua materna. Por eso, de repente salimos bajos en los exámenes, porque primero razonamos en nuestra lengua y después lo traducimos al español. Entonces yo no entendía muchas palabras, porque en mi entorno no había televisión, no había linterna, no había nada de estas cosas, ¡no había ni trapeador!, y los ejemplos que vienen en los libros hablan de ciudades, de calles, de cosas que simplemente no existen en nuestro entorno.

Por eso siempre he dicho que los contenidos educativos deben construirse con las dos visiones: que los niños de ciudad deben conocer el mundo de los niños de campo y los niños de campo tienen que conocer el mundo de la ciudad. La mezcla es fundamental. Porque yo sí aprendía que había ciudades, pero esos libros no decían que, en otro lado de México, María se levanta a las tres de la mañana para hacer tortillas.

Desde ahí había cosas que no entendía, pero me gustaba el sonido del español. Me tapaba los oídos y me gustaba lo que mi cabeza escuchaba. Creo que eso también me motivaba a seguir descubriendo. Por ejemplo, la palabra *cielo* en zapoteco es *guiba'* y es un vocablo cotidiano, pero *cielo* tiene un sonido diferente. Volteaba a ver el *guiba'* y me imaginaba que le habían cambiado el nombre y ahora se llamaba *cielo*. Es bonito, porque entonces nace el hambre de explorar, de seguir descubriendo. Ahí pienso en las posibilidades que la vida nos niega, así que descubrir un sonido es ya una posibilidad de saber algo diferente.

Esa cotidianidad me ayudó a descubrir que, en esa soledad de mi mundito de ocote, de repente volteaba a ver y estaba un pedazo de papel y me gustaba deletrearlo. Cuando mi maestro Joaquín preguntaba quién quería pasar a leer, yo alzaba la mano, porque a esa edad no sabes lo que es la palabra *vergüenza*, solamente quieres descubrir, descubrir, descubrir. Empecé a comparar estas dos realidades de mi mismo mundo. ¿Por qué mi maestro no vive como yo? ¿Por qué mi maestro nunca está sucio? En el pueblo no te bañabas todos los días, porque el jabón cuesta. Así eran las cosas: no usabas champú ni crema. Era jabón de polvo o jabón duro y ya.

UN OLOR BONITO

Ése era mi mundo, pero llegaba al mundo de mi maestro y olía bonito. No sabía qué era, porque me daba miedo tocar, pero olía bonito. Y me preguntaba cómo le hacía para comprar esas cosas, porque en mi mundo no había desodorante, nadie lo usaba. Eran otras posibilidades. Cuando tu mundo ha sido adverso, el poder de la mente te permite construir tus propias posibilidades. Descubrí que el maestro se ponía algo en la mano o en la cabeza y olía bonito. ¿Cómo le hacía? Porque en mi casa no había nada de eso. Y el maestro se baña todos los días y tú no, y comienzas a aspirar a eso que miras.

Cuando no ves otras posibilidades, crees que lo que pasa es normal: la violencia, la pobreza, repetir la historia de mamá, de mis tías, de todas. Ahí naces y ahí mueres. La monotonía, la costumbre, tener hijos… y cuando llega algo que rompe con esa monotonía, se convierte en la semillita para decir: "El cuarto de mi maestro huele bonito porque se pone esa cosa en el cabello, su ropa está limpiecita".

En mi casa yo me ponía ropa regalada y no se lavaba. En la escuela me ponía lo más o menos nuevecito, pero en la casa tenía que ponerme los huaraches remendados por mi mamá. Ahí el huarache era de hule y con el machetito lo cortaba y lo pegaba con otro pedazo y ya duraba otros seis meses. Había infecciones, por supuesto, por el marrano, pues no había baños en ese entonces, no había letrinas, uno podía hacer ahí enfrente lombrices, tuve piojos.

Lo que quiero decir es que no confundan la pobreza con la desidia. Si no conoces otro espacio de limpieza, crees que es lo normal. En cambio, en ese mismo espacio está el corralito del pollito, y por más humilde que sea el espacio, es agradable. En eso hago hincapié en mis recorridos, es decir, una cosa es la pobreza y otra cosa es ser flojos. A mí no me van a decir que no se puede cambiar eso. Hay que tomar la escobita y echar agua al piso para que el polvo no se levante y que no haya pulguitas. Me acuerdo de que a mediodía mi mamá nos ponía a cazar pulguitas. Otra de mis chambas era ésa, mía y de mis hermanas. Cuando no tenía que salir el sábado, entonces echaba el agüita y con eso brincan los animalitos. Ahí aprovechas para matarlos.

Ante esta circunstancia hay centellas, lucecitas que te dan ciertas señales que te llevan a decir: "Mira, por aquí puede ser". Porque a tus ojos ya no les gusta ver lo que ven todos los días, tus ojos ya voltearon a ver la cremita de tu maestro, su cama. Mi sueño se fue transformando en los años iniciales de la primaria; se transformó cuando iba a dejar comida al cuarto de mi maestro, que me daba chance de entrar a su mundo, el mundo más bonito que mis ojos veían.

Así que "voy a ver a mi maestro" era el pretexto perfecto. Tomaba una jicarita y la llenaba de elotitos, de chayotes y se los llevaba. ¿Cómo una cosa tan chiquitita puede detonar la revolución de la mente? Los maestros en los pueblos viven en el espacio más bonito de las comunidades, el pueblo les da eso. Ahí no hay más ratoncitos que los alumnos curiosos. Todo está limpio.

NO QUEDARSE QUIETA

Un día rompí con mi comunidad. Salí de ahí. Es la primera parte dolorosa de mi vida. Debía separarme de lo que más amaba, dividir el corazón en dos no para olvidarme de eso, sino para modificar esta circunstancia que otros habían decidido por mí. Yo quería dormir en una cama como mi maestro, ponerme esa crema como mi maestro, sin olvidar quién soy y de dónde vengo; sin olvidar mi identidad. Pero entonces, ¿cuánto dolor conlleva ser tú en estas condiciones? Unas condiciones en donde no tienes oportunidad, y debes generarlas día a día. Pero había días en que generar esas oportunidades dolía mucho, porque ves que en tu entorno hay quienes pueden comprar un agua y tú no, pueden pagar el pasaje para ir a la escuela y tú tienes que ir a pie.

Cuando más sufrí fue cuando dejé toda esa adversidad invisible: nadie sabía cómo llegar a Quiegolani. No había luz ni carretera. A pesar de eso, yo acompañaba a mi mamá a otro pueblo a comprar galletas de animalitos, azúcar, velitas y llegaba al pueblo y pesaba todo. Luego nos íbamos a otro pueblo a revenderlo y a cambio le daban frijol, huevo y otras cosas. Entonces yo pensaba que mi mamá era la débil, pero no. A pesar de la violencia que vivió con mi papá —porque mi papá tomaba y le pegaba—, mi mamá era la chingona, porque avanzaba, resolvía, solucionaba.

Si tú te quedas quieto, la vida se queda quieta. Te topas con muchas personas que criticas y señalas fácilmente, pero ¿tú qué acciones has hecho como persona, en tu colonia, en tu familia, en tu entorno, en tu trinchera? Es muy cómodo quejarte. Yo, por ejemplo, me podría quedar con mi hijo, ¡podría decir que quizá ya tengo la vida resuelta!, ¿qué necesidad de moverme? Pero cuando ya tienes una responsabilidad debes asumir las consecuencias. Y entre esas consecuencias están las ausencias que le doy a mi hijo. ¿Cuántas vacunas me he perdido?, ¿cuántos festivales escolares? Me partía el alma cuando me decían que Diego había llorado porque su mamá no llegó a verlo en la escuela. Pero espero que en el futuro entienda que eso era lo que le tocaba hacer a su mamá.

A él le corresponderán otras batallas y ojalá no sean tan complejas. La vida es así. Desde que salí de mi tierra, a trabajar y a estudiar, sobreviví. Debía levantarme a las tres de la mañana, recibir el elote, desgranarlo, deshojarlo, ir al mercado dos veces. Y en esa soledad, solita con mi labor, me preguntaba: "¿Qué hago aquí, que no es mío?, ¿qué hago aquí donde me explotan?, ¿qué hago aquí en donde no tengo ni para el pasaje y tengo que ir caminando a la escuela?, ¿qué hago aquí donde no puedo comerme ni una torta?, ¿qué hago aquí cuando no puedo ni comprarme unos zapatos?"

De adulta me acordaba de eso y me decía: "Bueno, al menos aquí voy a elegir a mi compañero de vida". Ésa era otra oportunidad, que quizá para quienes nacen con ellas no las distinguen, no ven el manjar de sus oportunidades. Pero una que no las tiene va viendo eso que se llama "ventana de oportunidades". Así que cuando salí del pueblo, ya no fueron ventanas, sino oportunidades reales, buenas o malas. Con el hecho de haber salido del pueblo ya tenía una oportunidad de escoger quién sería el compañero de mi vida, ya no lo iba a decidir mi papá.

Y tampoco hay que frustrarse, porque la frustración detiene el coraje del ser humano para arrebatar las cosas con responsabilidad. Frustración es decir: "¡Puta, ya estoy jodido, no voy a poder, pinche gobierno, pinches capitalistas, pinches neoliberales, han saqueado mi país, han robado mi territorio!" Escuchas eso y dices: "A ver, ¿y tú qué has hecho para cambiar eso que dices que no te gusta?" La gente no quiere sacrificar nada.

ORIGEN NO ES DESTINO

Varios hechos fueron mostrándome la salida del pueblo, imágenes que se convirtieron en oportunidades. La fuerza de mi hermano, mi maestro, que llegaba a esa montaña para llevarme sueños, aspiración y rebeldía a través de esos recortes de papel.

Esas fuerzas me ayudaron a concluir que mi origen no podía ser mi destino, mi condición no podía ser mi destino, como el de mi mamá, mi hermana, mi tía, mi madrina, como el de este círculo del pueblo. No podía repetir el esquema: levantarte a la misma hora, dormirte a la misma hora y, conforme va aumentando tu edad, el trabajo se torna más rudo, tus manos se vuelven más callosas. Ni siquiera te da chance de bañarte, de comer, porque todo el tiempo debes atender, atender y atender. El destino de una mujer no puede ser eso, que ese "atender" esté amparado en ideas como "es que es la costumbre, es que así es en los pueblos indígenas". No. Eso no puede ser nuestra costumbre, eso no puede ser el destino de una mujer indígena. Su origen no puede ser el destino de la abuela, de la tía.

Yo creo que esas imágenes duras y cotidianas me ayudaron a decidir que yo no quería eso: no me gustaba hacer tortillas, no me gustaba servir. Lo hacía, pero a regañadientes. Siempre cuento una anécdota: mi mamá me decía que hiciera las tortillas, pero la mitad de la masa la aventaba al agua del marrano y con la otra mitad hacía tortillas; entonces me preguntaban por qué eran tan poquitas las tortillas, y yo contestaba: "Quién sabe". Ahí estaba esa rebeldía, ese cuestionamiento: "¿Por qué?" Yo no jugaba con una muñeca, hacía tortillas: mi "juego" consistía en amasar, resquebrajar, como una adulta.

Aun con esa fuerza de niña chiquita levantaba mi cubeta de nixtamal, aprendí a hacer fuego, supe que si ponía más cal, se pasaba la masa y me ganaba una chinga. Por eso debía calcular bien, para que no se cociera de más ni de menos, y que no se cayera la cubeta en la lumbre. Mis manos se hicieron duras y, conforme fue pasando la vida, más duras. Y así, de repente, el rostro se vuelve duro porque esa circunstancia dictó que así deben ser las cosas.

Pues no.

Por supuesto, me siento orgullosa de mi identidad, de mi cultura, de mi lengua, de mi forma de respetar la tierra, de las festividades, pero eso no significa que no merezca otra realidad, que no merezca decidir por mí, decidir cuántos hijos tener, dormir en una cama.

Todas estas cosas provocaron una rebelión en mí, generaron la necesidad de decir: "No lo quiero hacer". ¿Por qué cuando regresaban del campo, yo tenía que servirles a mis hermanos? Ellos sí se iban a la cancha del pueblo a corretearse, y yo no. Yo tenía que ayudar a mi mamá a recoger y lavar los platos, a poner el nixtamal para el otro día, a desgranar la mazorca. No podía salir de ese círculo por ser mujer, y una mujer no podía ir a la cancha porque era casi un delito. Y no responsabilizo de eso a los hombres de estas comunidades, porque nadie les había enseñado como me enseñaba mi maestro Joaquín: yo podía tener derecho a un cuartito como el suyo, podía jugar con los muchachos y no pasaba nada, no dejaba de ser mujer. Pero si no tienes la posibilidad de hacer la diferencia, es complicado comenzar a decidir. Quizá todavía no tenga los caminos definidos, pero al menos construí esas oportunidades en mi imaginación.

Todo eso me llevó a dejar parte de mi corazón ahí, y me sigue doliendo porque ahí está mi mamá, mis hermanos y le sigo debiendo muchas cosas a ese entorno. Por eso estoy aquí, para que no duela como a mí me dolió, porque duele dejar tu casa, tu familia. Te vas a una aventura en la que ignoras a dónde vas a llegar, no sabes si algún día vas a regresar. Son momentos en que puedes sentirte víctima, dado que esta desigualdad te hace pensar: "Soy pobre, no soy capaz de levantarme", cuando lo que debería suceder es lo contrario. Decir: "Claro que puedo, sí me voy a caer un montón de veces, pero claro que puedo levantarme". Así me volví más rebelde, más guerrera. Desde luego, hay veces en que no te alcanza para comprar un taco, y pues ni modo, te chingas. Pero que la adversidad no sea el obstáculo para arrebatarles tus sueños a las circunstancias. Que en el origen esté el sueño, y que el sueño sea destino.

Viaje a la Luna

Así es cuando vives en una comunidad, en un pueblito allá en la montaña, con esas nubes. Hace 25 años no tenía luz ni carretera. No había hospital, la escuelita tenía piso de tierra y todos hablaban zapoteco, el español era casi nulo, pero llega un maestro y empieza a mostrar descubrimientos. Supongo que es como ir a la Luna y asombrarte y descubrir todo lo que puede hacerse, año con año, día con día. Y así, cada cosita que yo descubría en ese entorno chiquito la sopesaba cuando llevaba la leña en el burro. Me sentaba y concluía: "Es lo que merezco". Subía a la punta de la roca y divisaba la inmensidad. Platicaba conmigo misma: "¿Cómo serán allá tras la montaña, hablarán igual que yo?" Pero regresaba a mi entorno, a mi realidad impuesta, y decía: "Esto es lo que yo tengo, ésta es mi realidad y con ella voy a vivir". Y así es, porque ahí están la abuela, la tía, la hermana, todo mundo. Y puedes sujetarte a esa realidad o no. Yo no, yo dije: me voy a inventar mi propia realidad. ¿Cómo? No sé. Entonces empecé a construirla en mi imaginación: "Yo quiero tener un cuarto como el de mi maestro. Yo quiero ponerme unas chanclas como las de mi maestro".

Así comencé a desafiar mi realidad. Mi papá me dictaba los deberes y yo me resistía: "¿Yo por qué, si mi hermano también tiene manos? Si yo fui a acompañarte a limpiar la milpa, él también puede". Sobre esa realidad, empecé a vivir el hecho de *ser yo*, de no ser "la normal". Pero con ello vinieron las chingas que me daba mi papá, porque llegué tarde de ir a dar de comer al marrano, porque me escapé y me fui a jugar a la cancha con los niños. A los nueve o 10 años ésa era mi manera de desafiar.

La casa de mis papás era de adobe y tenía una puertecita atrás. Yo me escapaba para ir a la cancha con los chamacos y mi mamá me gritaba: "¡Brezin!", que en zapoteco significa "Eufrosina". Y ya sabía que era una chinga la que me iban a dar. Así empecé a construir otra realidad, inconscientemente quizá, pero si yo no hubiese desafiado mi realidad para construir la mía, que estaba ya "definida", pues entonces ahora yo seguiría ahí en el pueblo.

REALIDAD EN CONSTRUCCIÓN

El reto que tenemos como seres humanos es desafiar la realidad que nos imponen para construir una realidad propia llena de libertad, llena de lágrimas, de caídas, de luchas, pero también llena de logros y de decisiones.

Esta realidad no me dijo lo que tenía que hacer: yo construí y sigo construyendo mi realidad bajo mi decisión. No permití que la sociedad o la costumbre me impusieran lo que se suponía era mi realidad. Todo eso me dio fuerza para dejar Quiegolani, pues mi realidad ya estaba comprometida con otra persona que ni siquiera conocía, yo estaba "destinada" a casarme con un hombre desconocido.

Y cuando estás en sexto de primaria, a los 12 años, es muy duro, porque a esa edad ya eres una niña-mujer, y duele mucho porque ya sabes que va a llegar alguien por ti, porque "así debe ser" y así es la costumbre. Es tu realidad y "hay que aceptarla". A mis padres no los responsabilizo, insisto, porque es lo que conocían. Cuando mi papá conoció la capital de su estado —Oaxaca— fue cuando me convertí en profesionista. Conoció la capital de mi país cuando gané el Premio Nacional de la Juventud y lo hospedaron en el Gran Hotel, cerca del Zócalo. En su vida había visto una regadera: la abría y la cerraba, y había un jacuzzi. Él y mi mamá eran como dos niños descubriendo el mundo. Si mi papá hubiera tenido la posibilidad de construir otra realidad a través de, por ejemplo, mi maestro Joaquín, quizá mi hermana no se hubiera casado a los 12 años o tal vez mi hermano estaría vivo.

La niña que no quiso casarse

Tengo una anécdota que cambió mi vida. Unos misioneros llegaron al pueblo a proyectar una película, pero lo que me apantalló ese día fue descubrir que, más allá del ocote encendido, de la vela y del Sol, había algo más que podía generar luz. ¡Guau! ¿Cómo lo hacen? Todos los chamaquitos nos parábamos frente a esa cosa y jugábamos con las sombras. Ésas son las escenas de las que hablo. Veo a una niña en una foto y ahí me veo yo. Por eso tengo que llevarle la posibilidad de que cambie su realidad, por eso impulso un proyecto piloto para llevarle internet y que en su casa tenga energía trifásica. Algunas fundaciones ya se involucraron, los maestros ya fueron a capacitarse para que esa niña conozca el mundo y que el mundo la conozca. No son grupos vulnerables, pero necesitan que el mundo ayude a generar oportunidades. Que no duela tanto construir una oportunidad, que la realidad no les pese tanto, porque en esa etapa se frustran muchos sueños.

Por eso cuando veo la foto de una niña que ya es mamá y carga a su bebé, veo una realidad de hace casi 30 años, pero reflejada en una foto que capturé el 3 de mayo de 2019. ¿Qué puedo decir?

En cambio, tengo una foto que me encanta. Es del día en que llevé a 700 niños a Cinépolis. Una niña no cabía en su asombro: "¡Guau! Es la primera vez que vengo a este lugar, el asiento está bien bonito porque es de colchón". Para ir hay que viajar nueve horas, pero todo vale la pena cuando ves sus caritas.

PROMETIDAS DE 12 AÑOS

Cuando vi la película que proyectaron los misioneros, yo tenía siete u ocho años. Ese día sólo invitaron a los niños, y como yo vivía cerca de donde se estaba haciendo el relajo, me escapé, y mi papá me dio una chinga por eso. Pero lo que descubrí ahí ya nadie me lo arrebata, ya lo había guardado en mi memoria. Ése es el poder de la educación, nadie te arrebata los conocimientos. Pueden arrebatarte todo, menos esto. Ahí va tu dignidad, tu libertad, tu rebeldía, tu conciencia, tus ideales, va lo que eres. El día que te roben eso, ya valiste.

Quizá por eso cuando en la primaria escuché el rumor de que a Tacha o a Gudelia ya las habían pedido, supe que no tardaban en llegar por mí. Me dio miedo. A pesar de que tienes 12 años, no duermes, porque sólo piensas en la hora en que alguien tocará la puerta y tu padre te dirá que te cases con tal hombre y lloras en silencio bajo esas cobijas llenas de pulguitas. ¿Quién puede abrazarte en esa soledad? ¿A quién acudes? A mamá, por supuesto que no, ni a mis hermanos, porque la única respuesta que iba a recibir era: "No llores, así es la costumbre".

Y así cursé los dos últimos meses de la primaria, con mucho miedo, porque ya sabía qué me esperaba. De hecho, en aquel tiempo mi papá me hacía burla, advirtiéndome que si no lo obedecía, me iba a entregar con un muchacho que veía ocasionalmente cuando íbamos al rancho y me daba mucho miedo. Me llevaba muchos años. Y también solía visitar la casa para brindar y mi papá le preguntaba en zapoteco a cuál de sus hijas prefería, a la güera o la morena. Eso me dolía y me encabronaba, pues me parecía increíble que dijera eso de sus propias hijas mientras se chingaba su mezcal. Para los hombres del pueblo, eso era normal.

Otras veces, mi papá me molestaba diciéndome: "Ya apúrate, ¿cómo te vas a casar si no sabes llenar tres tortillas en el comal?" Y también ninguneaba a mi mamá. Eso era muy doloroso. O me decía que ya era hora de que llegaran por mí. Fue una situación horrible.

Yo, a mis 12 años, no quería que amaneciera ni que se hiciera de noche, pero se iban reduciendo los días y yo cada vez estaba más lista y puesta para "ser mujer".

Eso es muy fuerte. Por eso decidí irme, porque al terminar la primaria ya estaba en la mira, ya había candidatos para pedirme en matrimonio. Así que decidí que no, aunque eso me costara mucho sufrimiento. Después de que le dije a mi papá que yo quería seguir estudiando, se negó rotundamente, pues "primero" estaban mis hermanos, ellos eran hombres. Además, las mujeres sólo "servíamos para tener hijos", y decía que si me iba del pueblo, al rato yo no sabría quién era el padre de mi hijo cuando regresara derrotada. ¡Pero yo ni novio tenía!

Ese escenario lo tenían en mente los habitantes del pueblo, porque existía el antecedente de varias muchachas que habían logrado escapar, pero al año regresaban solas y embarazadas. Ése era el entorno que mi papá veía y le aterraba que sucediera con una de sus hijas. Él prefería ir a lo seguro: "Aquí al menos vas a tener tu terreno". Aun así me negué con fuerza y él se aferró a su postura: "Está bien, pero te olvidas de nosotros". Así de claro, palabra por palabra. Me retiró su apoyo y se lo dedicó completamente a mis demás hermanos.

Yo rezaba para que los días no acabaran. Lloraba mucho bajo la cobija, ahí acostada en la cocina, que era donde dormíamos las mujeres. El estrés que me provocaba tener 12 años y la incertidumbre de no saber qué iba a pasar conmigo. Por mucho tiempo pensé que, debido a la presión y al dolor, había bloqueado ese recuerdo.

Cuando era niña, mi mamá no me decía nada; tampoco tenía amigas. Por eso aprendí a platicar mucho conmigo misma, solita lloraba bajo la cobija, nadie me acompañaba en esa angustia de terminar la primaria. Le pedía a Dios que alargara los días. Bajo mi cobija sollozaba en silencio. En ese sentido, siempre he pensado que la lluvia transmite dos cosas: lágrimas o alegría. Cuando me la pasaba llorando era la época de lluvia. Era julio y en el tejado se escuchaba el repicar del agua. Llovía y lloraba en medio del agobio.

En Quiegolani existía una peculiar "petición" de mano, que por fortuna ya no se acostumbra pero que resultaba muy impactante para las niñas. Por ejemplo, el hijo de don Juan llegaba a la casa a pedir a la niña a pesar de que nunca habían cruzado palabra. El día de la petición los varones llegan con cigarros y mezcal, los dejan en la casa de la "prometida" y dejan el obsequio durante 15 días. Al cumplirse ese plazo regresan por la respuesta. Si el papá de la niña le regresa al interesado el cigarro quemado significa que aceptó dar a su hija. Parece increíble, pero es verdad. Por fortuna, yo decidí no llegar al punto en el que mi papá quemara el cigarro. ¡No! Ése fue, de alguna manera, el final de mi vida en Quiegolani, y fue muy estresante.

Ese dolor me sirvió para algo mayor: tomar la decisión de salir de ahí.

Ahora el problema era cómo decirle a mi papá que no quería ese destino, ¡a mi papá!, que era un señor rudo, duro, porque así lo criaron. Hoy sé que era su única forma de proteger a su hija. Cuando se lo dije, trató de chantajearme emocionalmente, condicionarme a través de las tareas de la casa. Y no entendía por qué con mis hermanos varones no actuaba así, no entendía por qué ellos sí podían decidir si se casaban o no. En aquel momento prefería morirme, no quería comer.

Cuando ese señor duro se dio cuenta de que la niña, la mujer, su hija loca y rebelde, estaba hablando en serio, dijo: "Está bien, si quieres irte, vete, pero te olvidas de nosotros, porque no tengo dinero para ayudarte. No tengo más que decirte. Que te preparen tus cosas. Tú lo decidiste, tú sabrás cómo vivir". Y entonces me aferré a mi decisión, pues la vi como una oportunidad, como una encrucijada: lo tomas o lo dejas.

También contribuyó el hecho de que mis tíos habían ofrecido su casa para recibirme en Salina Cruz, en el Istmo. Por eso ambos nos sostuvimos. Dentro de la rudeza de mi papá surgieron las palabras: "Te voy a ir a dejar". Por eso creo que muchos años después, cuando murió, se fue en paz y yo me quedé también en paz. Lloró, lloré. Entendió y entendí también que su forma de defenderme era ésa. No era responsable de su forma de ser.

Entendí que "protegerme" era amor también. Pero para entonces yo ya había adquirido cierta conciencia de libertad, y eso me permitió hacerme una idea de cómo debe ser el amor correcto, y tratar de decírselo a una persona que cree que el amor debiese ser sólo de una manera. Eso lo adquirí a través de la palabra, de la letra. El amor se vive de diferentes formas. También tiene forma de opresión en otras etapas. Así las cosas, debo decir que mi papá no me dio nada ya, fue mi mamá la que me ayudó a hacer mi bolsita.

El amor también es fe

Después de terminar la primaria estuve otros 20 días aproximadamente en el pueblo y de ahí amarré bien mis huaraches.

Mi mamá, lo recuerdo como si fuera hoy, me preparó un morralito y una caja de galletas Marías. Puso en el morral mis mejores vestiditos y lo amarró con mecates para que yo lo cargara. De su cajón sacó 100 pesos a escondidas de mi papá, me puso el billete en la mano y me echó su bendición, pues la costumbre allá es que cuando sales de la comunidad, te "untan la vela" para que la Virgen te abrace. Esa vela se la van a dejar a la Virgen y ahí la dejan encendida. El amor también es fe y el amor de mi mamá fue eso. Me ayudó a hacer mi cajita en un silencio total, pues tampoco sabía qué le esperaba a su hija. Ella tampoco podía decir nada, pero su amor para mí en ese momento fue el silencio. En silencio, escoger las mejores ropitas que yo tenía, amarrar la cajita para llevarla al otro día, poner en el morralito lo que yo tenía que llevar; claro, no era crema, no era aceite, no eran toallas sanitarias porque ni había ni se usaban.

A mí me gustaba mucho un vestido amarillo que alguien, no recuerdo quién, me regaló, porque no me compraban vestidos nuevos, todo era usado, pero para mí era el vestido más bonito, con un listón dorado y encajes. Y como en el pueblo no nos bañábamos diario, entonces era el vestido especial que me ponía y me gustaba imaginar a qué niña le había pertenecido; quizá vivía en uno de esos pueblos que yo no conocía, quizá era güera.

En un libro de la primaria vi la imagen de una niña que evidentemente no pertenecía a mi entorno, y eso ayuda a construir imágenes de acuerdo con otros enfoques. La que vi era una niña de ciudad con zapatos, con calcetines. No una niña de la zona indígena con sus trenzas. A partir de ahí comienza a construirse un anhelo, pues ahora los niños y las niñas saben que hay muchos rostros diferentes, muchas formas de vestirse y eso no los hace ni más ni menos. Por eso creo que deben reconstruirse los contenidos educativos, y también por eso me llevé mi vestido amarillo para la ciudad.

En la madrugada del otro día, la primera que se levantó para calentar el café fue mi mamá. Se paró a las dos de la mañana porque su hija tenía que volar. Supongo que ese día lloró porque no sabía a qué se iba a enfrentar su hija. Ese dolor sigue siendo amor. Nunca le pregunté a mi mamá qué hizo cuando salí de la casa, aunque me lo imagino perfecto: se quedó en su altar rezando y, tempranito, cuando repicó la campana, fue a dejar la vela a la virgencita del pueblo y a hacerle una plegaria por mí. Yo soy católica, pero no voy a misa. Le tengo tanta fe a la Virgen de mi pueblo, que desde que salí de ahí nunca nada malo me ha pasado. Creo que ese manto de mi madre, cuando me echó la vela, sigue bendiciéndome. Es tan fuerte ese amor, que sigue protegiéndome a través de esa fe.

Por ejemplo, en Oaxaca capital rentaba un cuartito de lámina, y en la noche, para llegar a él, había que cruzar un arroyo. Estaba oscuro y la gente decía que en esa zona violaban niñas, pero nunca me pasó nada. A veces no tenía dinero para pagar mi camión y debía llegar caminando a medianoche, porque la escuela estaba lejísimos y no podía evitar ese callejón. Entonces yo imploraba: "Virgencita, toma mi mano y no me sueltes". Nunca vi nada malo y he viajado solita a muchas partes de mi país y del mundo. Llegué sola a la Ciudad de México. Ese amor que mi mamá me puso el día que salí de mi pueblo sigue acompañándome.

El día que salí de mi pueblo llevaba una falda con flores verdes, una blusa azul clarito con encaje y un suéter azul oscuro. Mis huaraches, mi caja en la mano y a caminar. Como ya dije, salimos a las dos de la mañana. Mi papá llevaba la lámpara de mano para alumbrar el camino, ese camino en el que comenzó a andar mi sueño.

Servir, servir y servir

Yo empecé a trabajar para pagarme la secundaria y la preparatoria. Trabajaba en la mañana, estudiaba en la tarde. Debía levantarme a las tres de la madrugada, otra vez, pues a esa hora llegaba el que vendía elotes que mis tíos, a su vez, preparaban y vendían en una escuela. Mi tío, de manera horrible, me aventaba el totomoxtle, la hoja del elote, y me gritaba: "¡Levántate, huevona!"

Sábados y domingos debía lavar la ropa de mis primos. Pero en la semana, cada madrugada tenía que deshojar el elote, desgranarlo, embolsar los enteros y los desgranados, ir al mercado y comprar el papel de estraza, la salsa Búfalo, ir por cilantro, cebolla, todo lo que se ocupaba, porque mi tía vendía tacos, dulces, grosella, un montón de cosas. Eso era explotación. Yo tenía que ir al mercado dos veces antes de ir a la escuela, dos veces con mi morralito lleno de cosas. Y en ese trayecto solitario me detenía muchas veces con mis bolsitas y decía: "En mi pueblo iba a cargar agua y acá otra vez estoy cargando". Gritaba, lloraba, pero ¿ante quién lloraba? No está mamá, no está papá. Entonces, ¿a quién le dices que te duele?, ¿a quién le dices que ya te llegó tu primera menstruación? Y empiezas, ahora sí, a tomar tus decisiones como mujer, buenas o malas, asumiendo las responsabilidades que eso conlleva.

Terminaba el viaje y luego regresaba al mercado. Mi tío tenía una carretilla viejita y ahí cargaba todo lo que se vendería en el receso. Pero en esta soledad siempre hay alguien que te abraza. Ahí los maestros siempre me ayudaban a cargar y a subir mi carretilla,

41

porque era una niña, pero al mismo tiempo ya no lo era: era ya una mujer luchando por libertad, pero ¿a quién le vas a decir eso? Los maestros me ayudaban a subir mi carretilla, porque había escalones. Entonces llegaba y ponía mi mesita para vender, y terminaba el recreo y a recoger, abrir la caseta, embolsar refresco, a trapear. Y otra vez a ir al mercado para dejar todo listo para la tarde. Nunca me subí en un autobús para ir a estudiar, yo tenía que caminar.

EL GRAN VALOR DE TENER 100 PESOS

En Salina Cruz hacía mucho calor, por eso yo llegaba sudada a la escuela. Una de mis amigas, que sigue a mi lado, estudió conmigo la prepa porque su tía tenía también un puesto y en su casa siempre me daban un taco. Por eso ella ha colaborado conmigo, para que no se me olvide de dónde vengo y por qué estoy aquí. Por eso me encabrono, por eso me peleo, porque hay muchas historias invisibles. Hay muchas niñas, todavía, con sus dos bolsas y nadie está abrazándolas. Cargar dos bolsas, dos veces al día, duele un chingo. Lo que hay en esas bolsas es soledad, frustración, miedo, pero también en esas bolsas, y en la cajita con la que salí de mi pueblo, hay esperanzas, rebeldía. Yo pensaba: "Les voy a demostrar que la pinche india puede". Pero esas miradas seguían doliendo. Cuando fui progresando y entendía más palabras en español, supe qué era la discriminación. Se burlaban de mí porque, en lugar de plural, sigo metiendo singular. Justo por eso a los chavos a los que les he llevado las becas les digo: "Ustedes hablen su triqui, su zapoteco. En lugar de plural metan singular, que no les dé vergüenza. Al contrario, el que está frente a nosotros es quien tiene la obligación de entendernos, no nosotros".

Pero regreso al relato: iba dos veces al mercado, y sábado y domingo a lavar los trastes, a lavar la ropa de los tíos, de la tía, de los hijos. Era una cosa horrible. Tenía manchas en mi cuerpo, estaba desnutrida. No hacía mi tarea de día, no me daba tiempo. Debía hacerla de noche. A veces me ganaba el sueño y me recriminaba a mí misma: "Mejor me regreso al pueblo. ¿Qué estoy haciendo aquí, qué estoy haciendo donde me explotan, donde toman mis cosas, donde no me respetan, donde me ven como la que tiene que servirles otra vez?" Allá yo tenía que servir a mi hermano, pero no era tanto, y acá era servirles a todos. Sólo que me acordaba de que allá mi único destino era casarme y entonces volvía a aferrarme a la realidad que estaba construyendo: "Por lo menos aquí voy a escoger quién se va a casar conmigo", me reconfortaba a mí misma.

Ya no eran sólo imágenes, ya era una posibilidad más tangible y me acordaba de las palabras de mi viejo: "Ni nos digas nada. Además, quién sabe quién va a ser el papá de tus hijos". No creía en mí, así que esas palabras me dieron la fuerza para demostrar que no era cierto, para demostrar que sí se puede cambiar. Prefería pagar mis fotocopias en vez de comer. Nunca pude comprarme un libro, menos una computadora, ése sí era un sueño inalcanzable.

Mis tíos me explotaron tanto que no tuve tiempo para pensar en novio, por ejemplo. Además, las palabras de mi papá no dejaban de retumbar en mi mente: que yo iba a fracasar, que iba a regresar con un hijo y no sabría quién era el padre. Ésa era la proyección de mi papá para su hija, era el destino que él preveía, así que me juré que no se cumpliría. Yo debía demostrarle que nadie tiene derecho a decidir el destino de otra persona. Además, por si fuera poco, nadie me habló nunca de educación sexual. En las clases de secundaria y preparatoria quizá sí, pero no es lo mismo que alguien cercano te eduque en ese ámbito. Por ejemplo, yo pensaba que el embarazo se producía así como así, al primer contacto. Y esa desinformación me generaba miedo hacia cualquier muchacho. Me aterraba caer en una debilidad, ceder a una tentación. Ése fue mi freno.

Aunque fue un periodo muy difícil, pude terminar la secundaria. Luego entré al CBTIS (Centro de Bachillerato Tecnológico Industrial y de Servicios) y ya estaba más madura. Unos señores, los intendentes de la secundaria, vieron cómo me trataban y me dijeron: "Nosotros somos personas ya grandes, vivimos nada más con nuestras nietas que llegan de repente. ¿Por qué no te vas con nosotros? No te vamos a pagar, pero vas a tener comida". No lo pensé dos veces. Me fui a la casa de esos señores. Yo hacía todo, si quieres: lavaba, trapeaba, pero me trataban como ser humano. Si comían algo, me incluían. Si compraban ropa interior para sus nietas, me compraban a mí también. Los domingos, por ejemplo, les decían a sus nietas: "A ver, ella no va a hacer nada hoy porque toda la semana está en chinga. Ustedes tienden su cama". Siempre había nietas odiosas, pero ya no había maltrato. Eso sí, yo quería terminar el CBTIS lo más rápido que se pudiera para irme de ahí, de ese entorno donde hubo mucho dolor, mucha soledad.

Cuando mi mamá fue a verme, sacó 100 pesos de una bolsa de plástico. Ese dinero era todo su ahorro y lo agarré como lo más chingón. No sé cómo le hizo mi mamá para conseguirlos. No sé cómo pudo ahorrar. Por eso juré que un día mis padres iban a dormir en una cama, iban a tener una casa, iban a decidir qué comer. Si llega la señora que vende pan, que se lo compren. Hoy mi mamá puede ponerse el rebozo que quiera. Gracias a esos 100 pesos me dio la fuerza para decir: "Esto sí".

Pero debo aclarar que también me dolió recibirlos, porque eran sus 100 pesos. Quizá no había comido, sus huaraches estaban rotos. Por eso no se me olvida de dónde vengo: el recuerdo de esos 100 pesos me ha dado la fuerza para seguir. En esa etapa estaba a punto de tirar todo, porque era mucho trabajo. Tenía piojos porque no tenía tiempo para mí. Todo era trabajar, trabajar, trabajar, servir, servir, servir.

En esos momentos duros nace el odio contra el mundo, pero ese sentimiento tiene dos caminos: lo conviertes en tu mejor aliado o te frustra, te amarga y hace que estés de la fregada. Yo decidí lo primero. Me dije: "¡Ahora sí, hijos de la chingada! Voy a llegar hasta donde mi capacidad y mis sueños sean el límite, el infinito no se ve". Pero para eso tienes que talacharle, porque la vida no te regala nada, tienes que arrebatarle todo lo que tú crees que mereces. Eso se logra rompiéndote la madre.

Por eso, cuando en una acción pública me dicen que los pueblos indígenas están pobres porque hay carencia de todo, yo contesto: "¿Tú quién eres para decirme qué carencia tengo yo? ¿Me has preguntado? ¿Tú crees que la carencia es que mi casa no tenga piso, no tenga estufa?" La carencia no es eso. La carencia es que otros les construyan su realidad. El reto es cómo cada niña puede construir su realidad y que no duela tanto, que no pese tanto, que no genere rencor, que no haya frustración, que no tenga que cargar tanto peso en esas bolsas, en esa soledad, y que uno mire el cielo y diga: "¿Cómo se verá el cielo en mi pueblo?" Ver la Luna y preguntarte: "¿Se verá también en Quiegolani?" Después aprendí que estaba en todas partes, y que quizá mi mamá, en muchas ocasiones, vio la misma Luna y por eso ella es la mujer que más admiro hoy. Cuando me preguntan a qué mujeres admiro, siempre digo que a mi mamá y a mi hermana, porque yo pensaba que eran débiles y sumisas, pero no: son más fuertes que yo, más chingonas que yo, porque a pesar de que mi hermana tuvo nueve hijos hombres, hoy en su familia su palabra es la que cuenta. Como ella dice: aprendió a ser mujer después de parir tres hijos, y hoy todos sus hijos son profesionistas.

ROSAS EN LA CABEZA

En Quiegolani se hacen dos fiestas. El 19 de marzo y el 15 de agosto. Era época de calor; entonces, yo creo que fue durante la primera celebración cuando regresé por primera vez a mi pueblo. Yo todavía iba en la prepa. El mero día me desperté tempranito, junté para el pasaje y me formé en La Reforma, que es donde llega la camioneta de tres toneladas que sirve de transporte. Quien llega más temprano gana un lugar mejor en la redila, en cuya parte trasera tiene un tablón para que la gente se siente, pero de todas maneras es muy incómoda. Como viajante, llegas todo moreteado al pueblo.

Estaba emocionada de ir a Quiegolani. Mi sueño era llegar con una toalla rosa en la cabeza. Eso era lo que llevaba la gente que salía, y era nada más para taparse el polvo y el sol. Y me compré mi toalla rosa, con flores estampadas. También llevaba flores para la Virgen, porque hasta la fecha no puedo llegar a Quiegolani sin ese presente; eso sí, las compré con mucho esfuerzo. Llevaba mi mochilita de la escuela, ya no la cajita, y me puse el único pantalón que tenía en aquellos días de Salina Cruz. Mis amigos Erasmo, Goyo y Lencho también se emocionaron montones porque llegaba la China, como me decían.

Nos sentamos en la orilla del mercadito que después se convirtió en cancha. Era de adobe y tenía unos espacios muy bonitos para

45

platicar, tenía unas sillitas también de adobe. Ya no me miraban de la misma forma, y eso era porque ya había terminado la secundaria y ahora era la única que estaba estudiando la prepa. Aun así, todavía no me atreví a llegar a la cancha. Sólo hasta ahí, hasta las banquitas de adobe.

Con Erasmo me ponía de acuerdo para escapar de casa. La casa todavía era de adobe y de piso de tierra. A 50 metros estaba la troje donde mi papá guardaba su mazorca y ahí duraba un año para que sus hijos y sus hijas no tuviéramos que comprar maíz. Abajo de esa troje mi mamá amarraba a sus marranos, y en ese espacio había un lodazal permanente, porque llueve mucho. Entonces me ponía yo el pantalón, porque ya para entonces no estaba tan mal visto que yo lo usara. Eso sí, las otras mujeres del pueblo aún no se sentían en libertad de ponerse esa prenda.

El asunto es que, para salir sigilosamente, debía escapar por detrás de la casa y no podía evitar el chiquero, porque el marrano ya no se amarraba a la orilla del pueblo. Me tocaba pisarlo con mis huarachitos de plástico. Ni modo. Ya afuera, íbamos a la iglesia y como ya había agua entubada en el pueblo, yo usaba el agua de la llave que estaba en el atrio para lavarme los pies, porque apestaba a marrano. Resuelto el olor, nos pelábamos para la casa del mayordomo.

Yo era la única mujer en medio de un montón de chamacos del pueblo y no sabían cómo tratarme, tampoco las mujeres. En aquella casa, como en todas las demás, las niñas en automático ayudaban a hacer tortillas. Yo ya no. Yo no iba a hacer tortillas a la casa del mayordomo. Iba en la prepa, pero esta etapa es importante: yo no iba a hacer tortillas con ellas. Yo pasaba directo. La costumbre era que las mujeres debían servir el plato y pasarlo a donde estaban los hombres.

Yo, muy cómoda, me sentaba a la mesa, pero tenía que aceptar la copita de mezcal. Cuando me tomaba dos o tres mezcalitos les decía: "Ya vámonos", porque me ponía yo roja, roja. Y nos levantábamos otra vez sin lavar los platos, que luego vuelven a lavar las mujeres. Ese acto mío era algo anormal, no habitual. Seguramente se cuestionaban si yo estaba loca, si acaso en mi casa no me enseñaban modales. Pero yo era la que estaba estudiando, así que tomaba eso en cuenta.

A mis 15 años, la evolución y revolución de mi mente era fuerte. Eso me permitió hacer esa transformación de mi entorno en ese momento. Este pasaje tiene mucho que ver con mi estancia posterior en El Camarón, pues ahí ya no me veían feo, ya no era la única mujer, otras muchachas me acompañaban. Quizá para ellas no fue fácil ese proceso, pero para mí ya era normal, ya lo había pasado. En ese momento la gente ya sabía que la China podía adornar la iglesia, porque era la profesionista, y era la que tenía que adornar la casa del mayordomo.

A estas actividades ya no asistía a escondidas. Ya hasta me recibían con banda y pirotecnia. Todo eso, repito, se logra estudiando, porque eso empodera a la gente, modifica para bien el "destino" de una niña de una comunidad. Pero antes de eso, cuando salía a escondidas y mi papá se enteraba, la chinga que me ponía, aunque su enojo era mayor cuando se daba cuenta de que yo nunca lloraba. Claro que lo hacía, pero después y a solas, ¡pero delante suyo, jamás!

Desde el primer regreso comencé a romper el paradigma, porque ya no platiqué con Erasmo cerca de mi casa, sino en el mercado, y me senté ahí donde todos los señores se sientan. Claro, de regreso a la casa supe que estaba en problemas con mi papá. Y eso que yo ya estaba en la prepa. Me reclamó por sentarme a la orilla del mercado, me recordó que las niñas no pueden hacer eso. Ahí, con miedo y todo, tuve un momento consciente de rebeldía. Le pregunté a don Domingo Cruz, mi padre, por qué no podía sentarme a platicar con mis amigos si eso no era nada malo. Pero ese señor rudo me contestó con una chinga.

Entonces me dije que no regresaría a Quiegolani. No quería regresar. Para qué, si mi papá me decía que no puedo, aunque en la escuela las niñas sí pueden.

Pero sí volví, y antes de terminar la prepa. La visita me sirvió para decirle a mi papá que ya iba a terminar el bachillerato y que quería ser doctora. Su respuesta fue contundente. Me dijo: "A toda madre, pero yo no puedo ayudarte". Esa misma noche me regresé llorando, porque otra vez le habían dicho no a mi sueño.

Pero no culpo a mi papá. Sé que no podía apoyarme y me regresé con mi rotundo no. Me di cuenta de que estudiar medicina sería imposible, así que decidí aplicar en el Conafe (Consejo Nacional de Fomento Educativo) para obtener tres años de beca.

Esas cosas me marcaron. Porque en el Conafe ya se despertó mi rebeldía real, plena. Ahí descubrí las mieles del liderazgo comunitario. En el pueblo al que me mandaron organizaba, jugaba con los varones, y claro, mi idea era replicar eso en mi propio pueblo.

CORRESPONSABILIDAD

Cuando terminé la prepa terminaron también los peores años de soledad, al grado de que trato de borrarlos de mi memoria porque duelen. Yo quería ser médica, pero mis circunstancias no me daban para eso. Entonces entré al Conafe. A cambio de recibir una beca de tres años, yo debía cumplir una corresponsabilidad. Por eso cuando hablo de subsidios, me refiero a la corresponsabilidad, porque cuando regalas las cosas, la gente no lucha para sostener esa bolsa. No dice: "Claro que puedo cargar esta bolsa y más, y sí voy a llegar a mi meta".

Los programas deben tener corresponsabilidad, y para mí uno de los programas más bonitos es el Conafe, porque te capacitan para ser la maestra del pueblo. Visitas poblados más fregados que el tuyo y a cambio la comunidad te adopta y te da de comer lo que tenga. Terminas ese proceso y el gobierno te da tres años de beca. Tres partes le entran: la comunidad, el gobierno y tú. Y entonces ya puedes decir: "No puedo fallar, porque voy a perder mi beca". Así, le echas más ganas y ahí es que debes demostrar que sí puedes, que soy indígena y soy chingona, acepto retos".

Todo este proceso forjó mi carácter. Con educación entendí que no debía sentir rencor, coraje, hacerme la víctima. Más bien aceptar que son circunstancias de la vida que te tocan vivir, pero que también te dan la fortaleza para rebelarte y cuestionar: "¿Tú por qué me dices lo que tengo que hacer?" Cuando pasé este proceso, me dije: "Llegué hasta aquí como los perritos, con los ojos cerrados, pero ahora que ya tengo conciencia, ¿cómo chingados me van a decir qué hacer?"

Y aunque el miedo siempre está presente, pude convertirlo en fortaleza. Asumí las consecuencias de mi decisión, buenas o malas. Por ejemplo, haber ingresado a la política en un lugar en donde arrebaté espacios a pesar de no ser hija de alguien importante. Eso también fue un reto, también implicó romper paradigmas. Hoy lo pienso y digo: "¡Pues claro que se puede!" Aunque hay que aceptar que fue un doble reto: demostrar que eres mujer indígena y que sí te rueda el cerebro. Eso es de todos los días.

SER JOAQUÍN

Trabajar para el Conafe fue una experiencia que me marcó. Yo tenía unos 17 años cuando fui instructora comunitaria, algo que para el pueblo significa ser maestra. Entré en *shock* cuando llegué a la comunidad que me asignaron: ahora yo me convertía en mi maestro Joaquín.

El Conafe es un subsistema de educación que llega a las comunidades donde el sistema normal no llega… donde en realidad nadie llega: son rancherías de cinco, ocho familias, y en donde los grupos van por niveles: nivel 1, nivel 2, nivel 3. Cada instructor tiene 15 o 20 alumnos multigrado. Y bonitas cosas te enseña la vida: quien entonces era el subdelegado del Conafe, años después se convirtió en mi secretario particular.

Primero recibí dos meses intensivos de capacitación cuando salí de la prepa y fui seleccionada. Dos meses de las ocho de la mañana a las ocho de la noche, de lunes a viernes. Sábado, medio día. Me orientaron acerca de cómo dar clases. Me prepararon para enfrentarme a una realidad impuesta a mis alumnos. Entonces yo tomé la responsabilidad de enseñarles a construir su propia realidad.

Como yo provenía del Istmo, cuando completé la capacitación me mandaron a esa zona, pero yo ya no quería estar ahí. Yo quería olvidar, huir de esa región. Entonces me mandaron a una ranchería. En esa finca me trataron muy bien, pero yo no quería pasar por la carretera y recordar cosas dolorosas.

Estuve en un proyecto llamado PAEPI (Programa de Atención Educativa a Población Indígena), un programa de indígenas para indígenas, en el que los instructores que habláramos una lengua local teníamos que ir a las comunidades que hablasen zapoteco o triqui. Así, con base en el conocimiento local construíamos el "diario de campo", el diario de los saberes comunitarios. Por ejemplo, clase uno: "Hoy ocupé cinco maíces para restar con Juan, con María, con las alumnas del primer nivel". Clase dos: "Hoy trabajé con Juan en las piedras del río…"

Esa comunidad es una finca y se llama Chayotepec. En ese subsistema construí una hermandad bonita. Ahí encontré historias iguales a la mía, con compañeros con los mismos dolores, las mismas frustraciones, pero con el hambre de arrebatarle a la vida lo que merecían. No nos decíamos nuestros nombres, sino la comunidad asignada. Obviamente a mí me decían Chayote, por Chayotepec.

Y era igual: en la cabecera tomaba el autobús y de ahí a patita para llegar a la comunidad. Pero era una hermandad a donde llegaba y luego de un mes me concentraban en Ciudad Ixtepec, la sede de quienes llegaban de la zona del Istmo. Ahí manifesté que no quería continuar ahí. Después nos convocaron a una asamblea general en Oaxaca a quienes integramos ese proyecto y me cambiaron, pues uno de mis compañeros logró formar un centro cerca de su pueblo. Entonces quedó vacía una comunidad y me autopropuse para ir ahí: era Magdalena Yautepec. Aceptaron y ahí me tocó una cosa bien bonita, porque ya era la maestra del pueblo, era la todóloga, la única. Los alumnos me confesaban sus tristezas, todo. Una joven de 16, yo, ya estaba preparada para dar consejos. Todos me decían: "Maestra, ¿qué hacemos acá o acá?"

Y empecé a seguir la estrategia de mi maestro Joaquín: llevaba galletitas, paletitas a los niños. Yo tenía mi cuartito con un catre chico. Mi cuartito era el mejorcito del pueblo y los niños seguían durmiéndose en el piso y yo ya no. Tenía una pequeña grabadora. En ese entonces estaban de moda las canciones de Enrique Iglesias y él me acompañaba gracias a las pilitas Rayovac. Me sabía al derecho y al revés la que decía: "Es casi una experiencia religiosa…" Ya se me olvidó, pero era mi compañía. Me dieron botas, catre y una cobijita.

Y cuando definieron en el Conafe que yo iba a Yautepec, mi papá me acompañó. Ya se estaba dando cuenta de que su hija estaba cambiando su realidad, como sea.

LA MAESTRA LOCA

Yo era una adolescente tomando decisiones. Por eso maduré rápido y por eso yo pensaba que si mi maestro Joaquín había trazado la ruta de mi vida, ahora la vida me ponía un primer reto: trazar yo la ruta de otras niñas, sobre todo porque yo seguía viendo lo mismo en mi pueblo.

Pero como desde esa edad yo era bien loca, entonces jugaba basquetbol en la cancha de la comunidad, cuyo piso era de tierra, porque en la prepa yo ya desafié abiertamente las reglas. Me veían y decían: "¡Cómo es eso de que la maestra está jugando con hombres!" Y las señoras, admiradas. Yo veía sus ojos asombrados: "¡Guau, ella puede!" Entonces, ya que tenía su atención, llamaba a las niñas, que ya estaban en mis clases "extra". Lo pongo entre comillas porque en realidad programaba esa actividad para que las niñas, fuera del horario habitual de clase, se animaran a jugar.

Cuando los papás veían eso, me regañaban, pero yo les respondía: "¿Por qué las niñas no pueden jugar?" Con eso rompía la cotidianidad de la comunidad. Incluso hicimos una obra de teatro y la presentamos en un festival del Día de las Madres. Yo les advertí: "Sí, participamos, pero quienes van a servir a las mamás van a ser ustedes, los hombres". Y así fue: ese día todos los señores, a servir. Y las señoras, sentaditas. Seguro pensaban: "Ay, esta pinche maestra está bien loca".

Cuando terminé mi labor, me organizaron una comida. Claro que hubo lágrimas, porque llegas a entender tanto el hambre de esas personas y valoras el hecho de que alguien las haya escuchado. Más ellas.

De ahí, el personal del Conafe debía ir a capacitación cada mes. Allá nadie se conocía por nombre, nos conocíamos por comunidad: Magdalena, El Perico Rojo, Mapache, El Pajarito, El Costoche, y así defendías tu localidad. "A ver, Magdalena", así decíamos: "Mi comunidad". Entonces contábamos las anécdotas de nuestros lugares y entre todos construíamos una solución.

Por ejemplo, alguien decía: "Es que a tal niño su mamá o su papá le pega". ¿Qué haces, a quién acudes? Así, conocíamos la historia de cada familia, porque eran comunidades chiquitas. Las señoras empiezan a contarte su vida. Y como la comunidad te da de comer lo que sea, terminas de tomarte tu cafecito y te sientas al fogón a escuchar sus historias. Mi labor empezaba en lo frustrante que resultaba descubrir la misma historia, la historia de cada mamá. Por eso, cuando yo salí de mi comunidad, las que más lloraron fueron ellas. Yo todavía sigo yendo a Magdalena Yautepec de San Carlos Yautepec.

"MAMÁ, ¿AQUÍ VIVISTE?"

El Día del Niño o en Navidad suelo regresar ahí, a *mi comunidad*. He llevado a Diego para que sepa dónde vivió su mamá, cómo vivió y que sepa que, para que él sea un niño con más oportunidades hoy, su mamá tuvo que vivir ahí. La primera vez que fuimos juntos me preguntó: "Mamá, ¿aquí viviste?, ¿cómo era tu cuarto?"

Le conté dónde tenía mi cuartito. El baño estaba enfrente. Lo hacían los de la comunidad, con ramas, y en medio colocaban un tronco como asiento, y luego la letrina. El Conafe nos daba un catre, una lámpara de mano, unas botas, un impermeable, una radiograbadora, dos pilas Rayovac y ya vete a tu comunidad a educar.

Había comunidades inaccesibles, sin buenos caminos. Para llegar a Magdalena había que caminar tres horas, por ejemplo. Iban por mí a caballo. Ahí aprendí a montar, de hecho. Y antes de llegar al pueblo estaba el río gigante. Entonces tenía que cruzarlo con la ayuda de un mecate: unos estaban de un lado y otros atravesando el caudal, y así llegaba otra vez con mi bolsita.

El calor ahí es insoportable. Pero pasa rápido el tiempo y vas conviviendo con la comunidad a partir de tu función como profesora: "Maestra, esto; maestra, lo otro". Y los niños de nivel 1, 2 y 3, chiquititos, todavía se orinaban y tenían piojos. Yo misma los tenía porque los niños me los pasaban. Entonces compraba Folidol (un plaguicida cuya venta ya está prohibida), se los aplicaba a las niñas en su cabellera, les amarraba un paliacate como me hacían a mí y las dejaba tres o cuatro horas. Luego nos íbamos al río, las bañaba y las despiojaba.

Ellas me decían: "¿Me quieres mucho, maestra?" Y yo les respondía: "Sí, las quiero mucho". Así que siempre cargaba yo con paletitas, galletitas, íbamos al río y pasábamos un rato. En ese momento entendí a mi maestro Joaquín, porque cuando estás en la ciudad piensas en tus niños, porque son tus niños. Pensaba qué les llevaría en la próxima visita. A las niñas les llevaba pasadorcitos para el pelo. Y me llamó la atención que nadie les dice que las quiere.

Sábado y domingo me preguntaban: "¿Qué va a hacer, maestra? La invito a mi rancho". Para ellos, su rancho es ir a cortar elotes. Es una expresión de pertenencia. Por eso, cuando llegabas a las reuniones del Conafe decías: "Mi comunidad". Y lo registrabas en un diario: "Hoy me invitó la mamá de Pedro y fui a cortar elotes". Registrabas todo: tus vivencias y tus miedos, por supuesto. Aunque fuera de noche y no tuvieras luz, aunque el catre hacía tra-tra. Pero la maestra escribía todo, y se dormía como el maestro Joaquín.

Ahí valoraba otra vez esa semillita que me enseñó. Ahora yo me ponía en su lugar, cuando priorizaba a sus alumnos. Y no me importaba cargar mi cajita, mi bolsita, los pasadorcitos, el Folidol. Había unas niñas mucho muy humildes, y entonces les llevaba sus huarachitos.

Sé que a algunas niñas que tuve en el proyecto del Conafe pude cambiarles un poco la vida. Tengo fotos con ellas en el momento en que les entregué lentes. Yo no tuve eso, por eso uno de mis ojos tiene una especie de telita y debo cuidarlo todo el tiempo. Me colocaron un tapón porque ya no tengo lagrimal y debo ponerme gotas especiales. Eso me sucedió porque nunca fui al médico, por exceso de trabajo.

UNA ESCUELA PARA LA VIDA

Ese año me dieron un reconocimiento como la mejor instructora. Daban un apoyo de 3 000 pesos. Para mí era un chingo de lana. Me lo dio el gobernador Diódoro Carrasco (mandatario de Oaxaca de 1992 a 1998). Quién iba a decir que hoy es mi amigo. Esas cosas que la rebeldía y la educación hacen que sucedan. Por eso cuando hablo de educación, cuando peleo por estas cosas, valoro el poder de la palabra. ¡Cómo puede ser el arma más poderosa para liberar miedos y romper paradigmas e ir por tus sueños, ¡arrebatarlos a la vida! Esa palabra también significa educación.

Por eso creo que ser maestro es la responsabilidad más grande. Porque ¿quién pensó en la niña y en el niño?, ¿quién se preguntó por sus sueños?, ¿quién se planteó la posibilidad de que esa niña pudiese cambiar su realidad? Casi nunca hay un maestro como Joaquín.

Él era un hombre libre y por eso me enseñó a ser libre. Por eso se peleó por mí para que no me regresaran a tercer año porque mi hermano tenía, "por ser hombre", el derecho de pasar. Por eso mi hermano y yo terminamos sexto año al mismo tiempo.

A mí me encantaba leer, era una cosa maravillosa. Cada palabra que buscaba yo la pronunciaba y me tapaba mis oiditos. Era un descubrimiento cada palabra. A veces decía el maestro: "¿Quién quiere pasar?", y yo decía: "Yo". No sabía ni madres qué leía, pero me gustaba. Me emocionaba tomar mi librito, con mi panza llena de lombrices, por supuesto.

Y de eso me acordaba cuando estaba en el Conafe. Es una escuela para la vida.

Después del Conafe

En el Conafe aprendí que la realidad de esa comunidad era la misma de la que yo había salido: las niñas se levantaban primero que los niños, la aspiración de la niña era terminar la escuela y casarse, el marido le pegaba a la señora, los niños sí podían ir a la cancha de básquet. Pero también me di cuenta de que ahí empecé a ejercer más libertad, ya conscientemente, porque yo era la líder.

En esa comunidad las mamás me daban de comer. Entonces resolví: "Acá no estoy en Quiegolani, acá sí puedo jugar". Y empecé a jugar basquetbol con los señores. Y las señoras se asombraban. Creo que ahí ya estaban procesando un mensaje: ellas también podían hacerlo y, por ende, mis alumnas también. Escuchaba a doña Rosa, a doña Reyna, porque ellas veían en mí al maestro Joaquín. Y de pronto le estaban contando sus historias a una chava de 17 años.

Así que tuve que madurar rápido en ese contexto. Ya podía dar consejos. Expresaba lo que creía que estaba mal. A ellas les preguntaba por qué obedecían a sus maridos, a ellos les cuestionaba por qué las maltrataban, por qué les pegaban. Les advertía que podía denunciarlos. Ya fungía como el maestro Joaquín.

Es muy importante que, cuando llegas a un entorno, esa comunidad contribuya a romper esquemas, esos paradigmas culturales, pero tratando de conservar cierta armonía social. La clave es decirles a los varones que no va a pasarles nada si ayudan a servir o si agarran la escoba. Estoy segura de que ese día muchos de ellos aprendieron a dar un abrazo. Y lo aprendieron antes que mi papá.

Enseñar eso es también una forma de amor, no para mí quizá, porque mi papá en ese entonces no me había abrazado, pero para las otras. Porque amor es dar, es enseñar cómo pueden dar amor a la gente que no sabe dar amor. No es que no quieran darlo, es que no saben cómo hacerlo, porque en nuestros pueblos dar amor es muy complicado, es difícil demostrarlo. Nadie te enseña cómo dar ese amor. Las señoras sólo reían nerviosas y los señores se me quedaban viendo, desconcertados, pero al final, cuando dejé esa comunidad, hasta me hicieron comida de despedida. Ahí concluí que no lo había hecho tan mal. A mi maestro Joaquín no le pudimos hacer su despedida. Le debo eso. Lo sigo buscando, pero no lo encuentro. Él fue quién más marcó mi vida, fue el que más me apoyó para construir esta libertad y que yo entendiera qué es amor.

VISIÓN DEL AMOR A LOS 17

No tenía derecho de tener novio, eso estaba clarísimo, porque mi objetivo era llegar a ser alguien. Acababa de descubrir las mieles del respeto que se le debe a una maestra, pero en un año acababa el servicio, así que dejaría de ser "la maestra" si no estudiaba una carrera. Así que, para conseguir ese objetivo, no tenía derecho de pensar en novio.

No podía distraerme en cosas que me impidieran alcanzar mis sueños. Eso fue otro sacrificio y se llama amor. Me pregunté seriamente si podía tener novio. Me dije: "No". Era un reto que tenía que ver conmigo, desde luego, pero también con mi papá, porque él sabía que otras muchachas que salían del pueblo regresaban al año con sus hijos y además solas. Ése era su miedo: que su hija regresara con ese "fracaso". Yo lo tenía muy presente. Nadie me enseñó cómo vivir la sexualidad, cómo manejar mi primera regla. Tenía incertidumbre, dudas. Además, vi muchas cosas en la prepa, compañeras que dejaron la escuela o se embarazaron. Yo no quería eso, yo quería ser libre. Así que no tuve novio. Claro que algún muchacho me gustaba, pero hasta ahí. Fue una etapa en la que bloqueé mi mente para esas cosas.

Cuando acabó mi año en el Conafe, pensé estudiar medicina. Tuve ese sueño pero también los sueños pueden cambiar, pues desde niña vi muchas cosas y yo querría haber ayudado: mi hermano se murió en manos de mi mamá, mi tía se murió porque el hospital más cercano está lejísimos. Una vecina se murió porque tenía un tumor en la panza. Yo misma me salvé de la muerte cuando tuve lombrices en el estómago. Mi sueño era ser médica, pero estaba consciente de mi limitación: estudiar medicina cuesta mucho. Cuando fui a sacar mi ficha para entrar a la universidad me dije: "Mijita linda, borra medicina de tu mente. No es posible". En la vida se vale hacer ese tipo de sacrificios.

Si yo hubiera querido, quizá sí hubiera estudiado medicina, pero descubrí la contaduría y hoy me siento satisfecha de la carrera que la vida me puso. Cuando llegué a la universidad para sacar la ficha vi tres filas. La fila de medicina, ni pensarlo; la fila de derecho, larguísima; y vi la de contaduría, que no estaba tan larga. Y ahí me formé. Así decidí mi carrera. Eso fue en Oaxaca capital. No estaba mi mamá ni nadie para orientarme. Todos los aspirantes estaban con sus mamás, con sus tíos, con algún pariente. Yo, solita, dándome ánimos para este nuevo inicio y este nuevo reto.

Ahora, a pasar el examen. Si no la apruebas, ¿a quién acudes?, ¿cómo le haces? Es una incertidumbre cabrona, porque muchos de ellos entran con palanca, como se dice, pero yo era yo y nadie más. Cuando hice el examen fue cuando conocí la sede de la universidad. Así que llegué a un entorno ajeno.

Llegué a la máxima casa de estudios en Oaxaca, a Ciudad Universitaria, que para mí era un monstruo. Qué imponente es llegar al sitio en donde obtienes tu ficha, rectoría, ver todas las facultades, pero ¿a quién le preguntas?, ¿cómo preguntas? Era estresante. El día del examen yo estaba sola. No pude estudiar. Me dieron una guía y practiqué llenando los círculos opcionales. Era un mundo de preguntas. Viene de todo un poco: conocimiento general, álgebra, y yo fui mala para el álgebra siempre.

No me sentía segura, porque venía de una comunidad. Y esta burbuja de sociedad hace que te achiques, pues tu acento sigue siendo diferente. Así que, a pesar de que yo había sido líder de una comunidad, me daba miedo hablar, preguntar. Entonces, a esas niñas y a esos niños de las comunidades que vienen a enfrentar a este monstruo les digo que no se agachen, que deben llevar la mirada de frente, que el que está en esa ventanilla está para escucharnos, no para gritarnos, no para bloquearnos.

MI MEJOR AMIGA SOY YO

A esos chavos y chavas les diría: no te achiques, no te acobardes, que tu cabeza no se ladee, porque eso se llama miedo y el miedo detiene, paraliza. Cuando saqué mi ficha tuve mucho miedo. Me sentía así porque estaba sola, a diferencia del resto. Pero aprendes a hablar contigo. Por eso digo que mi mejor amiga soy yo, porque aprendí a platicar conmigo desde los 12 años, a llorar conmigo, a ser determinada: ¿voy o no voy? Mi respuesta es: "¡Pues voy, chingue su madre!" Yo solita me hablo. Eso genera la adversidad, es decir, ayuda a sacar fortaleza de ese amor propio. Eso les digo a esas niñas y a esos niños que se enfrentan a este monstruo: no tengan miedo de preguntar, y si no pasan el examen, pues no pasa nada, habrá otras oportunidades y otras escuelas. Pero sí somos capaces de aprobar un examen, porque, a pesar de mis nervios, yo lo aprobé.

Recuerdo que durante el examen todo fue nervios. Los papás esperando afuera, pero yo solita. Platicando conmigo, pensando en la respuesta correcta, reconsiderando algunas. El día que publicaron los resultados yo imploraba: "Virgencita linda, ayúdame porque no tengo a mamá, no tengo a quién recurrir".

Yo ya rentaba en Oaxaca, porque el Istmo no era mi casa. Ya sabía más o menos moverme, cómo llegar a la universidad, ya sabía tomar camiones, pero la incertidumbre no se disolvía. No tenía otra opción más que aprobar. También pensaba en que, de reprobar, mi papá me reprocharía: "¿Ya ves? Ni para eso sirves". Era un sentimiento horrible. Pero llegó el día. En la lista había que buscar por apellido. "Cruz Mendoza", leí. Y dudé. La vista se me entorpeció, vi triple. También eso puedo decirles a las chavas y chavos: vayan con seguridad, porque cuando decretas algo, sucede. Yo fui con esa seguridad y sí aprobé a pesar de los nervios. Y ahora a definir en qué grupo, apuntar cuándo era el primer día, investigar qué materiales necesitaría.

Ese día fue de felicidad, pero sólo para mí, porque, ¿con quién iba a compartir esa alegría? Con mis padres no, porque a ellos les daba igual. Así que celebré conmigo, en mi amor conmigo. Por eso creo que el amor debe partir de ti misma. En caso contrario, no se puede compartir el amor ni sentir, ni sufrirlo ni darlo.

Entonces, ya pasé. Me quedé en el turno de la tarde porque en la mañana debía trabajar. Así también estudié la prepa. En Oaxaca ya me fue un poquito mejor, porque tenía la beca del Conafe por haber dado mi servicio. Y fue cuando el presidente Vicente Fox (2000-2006) creó un programa de becas llamado Pronabes. Yo empecé a trabajar en la cocina de una fonda; servía, lavaba trastes. No me daba miedo. Luego trabajé en una tienda de abarrotes, de ahí trabajé de botarga y luego de edecán. Cambiaba de trabajo cada tres meses.

Los domingos me iba de botarga porque pagan muy bien los fines de semana. Eso fue en la empresa de baterías Duracell. Por eso yo respeto mucho a la gente que hace esa labor promocional, porque dentro del traje hace un calor infernal, y uno debe manifestar simpatía. Son horas y horas, pero hay que tener carácter, actitud. También recuerdo mi trabajo de edecán para las marcas L'Oreal y Avon. Es cansadísimo. Entras a las ocho y sales a las ocho, así que todo el día estás de pie y sólo te dan una hora de comida. Empecé a buscar varias entradas de dinero, porque mis hermanos vinieron conmigo. Me convertí en mamá de mis hermanos, en mamá de mis sobrinos, hijos de mi hermana mayor.

Yo tenía más de 18 años y ellos ya habían entrado a la prepa. A todos los mandé al Conafe. Todos me hicieron caso y eso disminuyó la responsabilidad. En las vacaciones, mi mamá nos mandaba costales de tortillas, totopos, y duraban dos meses. Nos ahorrábamos ese gasto. Y de lo que yo ganaba compraba huevos.

LA FORMACIÓN UNIVERSITARIA

Mi proceso como universitaria fue una etapa de consolidación de mi carácter. Ahí me convertí en la mamá de mis sobrinos, todavía siendo estudiante. Ahí me convertí en la líder de mi pueblo, porque regresaba y tenía que ir a sentarme con los señores a tomarme unos mezcales, ir a la cancha, narrar los partidos de básquet, buscar árbitros. Los chavos de mi pueblo me decían: "China, vámonos con el mayordomo".

Mi padre, el señor Domingo, se volvía loco al ver cómo su hija estaba con los jóvenes, se atrevía a tomar mezcal con los señores, no iba a sentarse con las señoras. Creo que mi papá era más fuerte de lo que yo creía: resistió que su hija saliera del pueblo, pero resistió más cuando esa hija regresó convertida en "una pinche loca", desde su visión, porque yo estaba estudiando. Él era testigo de mis cuestionamientos acerca de por qué las mujeres deben sentarse en el petate y los hombres a la mesa. ¿Cuál es la diferencia? Ellos tomaban mezcal, yo también tomaba, tengo garganta. La China ya estaba ahí afuera del municipio, sentada con los muchachos o echando partido y gritando.

Eso ocurría en los periodos cortos de vacaciones, cuando podía visitar a mi familia. En cambio, en los periodos largos yo debía trabajar. Pero en mis visitas al pueblo, para mi papá yo era la loca, la marimacha. Hacía un revoltijo en la iglesia. La sacristía era un espacio exclusivo para señores, pero yo entraba y los sorprendía tomando mezcal. Entonces nada de espacios exclusivos: yo también podía tomar mezcal. En ese entonces me decían que yo era una pecadora. Las palabras en zapoteco para insultar a las mujeres son muy fuertes:

"Déjate lo puta, es que ya anda con medio pueblo; de seguro anda con todos los chamacos del pueblo". El prejuicio es poderoso, pero hay que vencerlo.

Por ejemplo, yo tengo más amigos que amigas. Y es así, porque todas mis contemporáneas hoy ya son abuelas. Es muy fuerte esa situación. Tacha ya es abuela. Sus hijos son unos muchachotes y yo tengo un hijo de ocho años apenas. Gudelia, Paula, todas las que estudiaron conmigo la primaria ya tienen nietos. ¡Está cabrón!

Tienen, en promedio, 40 años, pero ya son abuelas. Entonces, cuando de repente llegó "la loca" a echar de cabeza todo eso, hubo resistencias. Pero lo hice porque ya tenía conciencia de que debía tomar esa responsabilidad, quien tenía que hacerlo era yo, nadie más. La que debía romper esos esquemas, esos estereotipos, esos paradigmas culturales, era yo. Nadie iba a cambiar la visión de mi pueblo si yo no empezaba, y entendí que yo tenía que aceptar las consecuencias de eso. En primer lugar, generé un problema en mi familia, pues brotaron muchas habladurías hacia mi familia, hacia mi papá. Era muy difícil capotear el hecho de que mis hermanos me gritaran. Ayudaba el hecho de que yo no vivía allí, sólo se trataba de soportar un periodo y luego regresaba a Oaxaca a seguir aprendiendo.

MAESTRAS Y MAESTROS, NUEVAS POSIBILIDADES

Hubo maestros que marcaron mi vida en la universidad. Luego, la vida me puso a uno de ellos como vicepresidente de la Mesa Directiva cuando encabecé el Congreso. Era mi segundo al mando, digamos, y lo admiraba. Creo que es el mejor fiscalista de Oaxaca y de México entero. Después fue legislador, igual que yo. Cosas del destino, yo nunca le dije diputado, pues para mí era mi maestro Francisco Martínez Neri. Me dio seis semestres en la facultad, casi toda la carrera. Impartía las mejores clases en materia fiscal. Siempre nos decía: "Sí, su maestro está enfrente, pero no tiene la obligación de enseñarles. Ustedes tomen la responsabilidad de exprimir al maestro. Aunque sea la pregunta más pendeja para otros, nunca se queden con nada. Pregunten, porque la vida es de preguntar, de cuestionar, pero sobre todo la vida es de decidir qué quieres de las cosas. Nadie va a decidir por ustedes, pero si otros van a decidir por ustedes, entonces ustedes van a vivir siempre en la mediocridad".

Neri tenía voz de locutor, aunque llevaba un micrófono inalámbrico, porque su voz ya estaba dañada de hablar frente a grupo. Recuerdo que siempre llevaba un motivo: si el alumno se esforzaba en plantear sus propios cuestionamientos, entonces Neri le obsequiaba una pluma o un libro. Él generó la beca de transporte en la universidad. Yo la tuve. También creó un apoyo para los jóvenes de la Facultad de Contaduría con promedios de 9.5 para arriba, que consistía en no pagar la inscripción y en una dotación de libros para el siguiente semestre.

Yo tuve entonces varias becas: la de transporte, la del Pronabes de Vicente Fox, la de Fundación Telmex y la del Conafe, y además trabajaba. En los últimos tres años de carrera ya no sufrí tanto, pero tenía la responsabilidad de mis hermanos, así que debí rentar un espacio más grande en donde llegamos a vivir ocho personas. Cuando terminé la carrera comencé a dar clases. Mi primer trabajo fue fundar un CECyTE (Colegio de Estudios Científicos y Tecnológicos), nivel medio superior, y luego llegaron otros. Cuando me iba a trabajar, tomaba sólo lo programado para la semana y el resto se lo dejaba a mi gente.

En la universidad forjé mi carácter, me fortalecí, gané conciencia de lo que significa ser rebelde, pero con responsabilidad y con causa. Entendí que nadie iba a cambiar mi entorno si yo no daba el primer paso. Entendí que yo debía asumir las consecuencias de lo que yo iba a hacer, de lo yo quería ser. Si yo quería seguir soñando, debía seguir llorando muchas veces. La universidad me marcó más amor por mi raíz y empecé a perdonar el dolor que sufrí en Salina Cruz, porque fue la etapa más dura de mi vida, porque sufrí abusos, hubo dolor, lágrimas y soledad. En mi etapa universitaria afloró con plenitud el dolor hacia mi vida en Salina Cruz, hacia mi papá. La universidad me enseñó a perdonar y a construir una nueva relación con mi papá, a entenderlo en todas sus dimensiones.

Comprendí que mi papá no era el responsable de haber casado a mi hermana, de haberme pegado, de haberle pegado a mi mamá.

Eso era lo que había visto, lo que le habían enseñado, pero estaba a tiempo de aprender conmigo, a tiempo de saber que se podía construir una nueva forma de convivir, de respetar, de hablar y de abrazar a su familia. Eso se logra también con las letras, porque en la universidad estudias más cosas y consolidas conocimientos constitucionales, de derechos humanos, de libertades, aprendes la historia de la vida misma, vas entendiendo los conceptos ideológicos.

Concluí, pues, que mi papá no era responsable. Claro que esa etapa me dolía, pero ahora reconocía que, gracias a ella, hoy estoy aquí. Si mi papá hubiera sido un señor más frágil, quizá no se hubiera metido tanto en mi cabeza la idea de que no podía darme el lujo de fallar. Por eso durante mi bachillerato y universidad la palabra *novio* no estuvo presente, porque era clara mi meta, mi concepción de vida y de lo que yo quería ser.

Tenía a mis amigos del pueblo, pero nada de novio, y cuando me coqueteaban, yo les decía: "A ver, si no quieren ser mis amigos, chinguen a su suerte, porque no estoy buscando novio". Fue una etapa de bloqueo total. Creo que fue gracias a esa dureza de mi papá, a esa exigencia, que me impuse no tener novio. No quería que mi papá dijera: "Regresó la muchacha y regresó con un hijo o dos". Me retó a demostrarle que estaba equivocado. Por eso era tan fuerte la presencia de mi papá en mi cabeza.

Claro que me gustaba un muchachito, pero imaginaba que don Domingo me mataría si le "fallaba". Y acepté el reto a pesar de que yo ya no dependía de él. Me resultaba imposible "fallarle". Cuando me gradué, logré juntar, con mucho esfuerzo, los pasajes de mis papás, para que estuvieran presentes en la ceremonia. Lo que no pude comprar fue la foto de grupo, porque ya no me alcanzó y ya estaban mis hermanitos bajo mi responsabilidad. Así que decidí que lo más importante era que mi mamá y mi papá fueran a la fiesta de graduación, para entregarles a ellos ese documento y decirles: "No les fallé, acá está".

También pagué la cena de la graduación, por eso no compré mi paquete de anillos —que al final de cuentas sí tuve, porque me los regaló mi padrino, el señor Benjamín Calvo— todas esas cosas, porque era una u otra cosa. Pero para mí era más importante que mis dos viejitos, mi mamá con su listón y mi papá con su huarache, estuvieran en esa fiesta glamorosa con que se concluye la universidad. Y estuvieron ahí. Conmigo. Mi papá agarraba los cubiertos como sea, pero yo sé que se sentían orgullosos también, porque vieron cuando pasé por mi diploma. Ya era pasante de contaduría pública y ese documento significaba una parte de la primera etapa de mi historia, la de esa niña que soñaba, que acarreaba agua en el burro, que se rebeló, que caminó con su papá para llegar a Salina Cruz, que lloró. Esa niña le estaba entregando su diploma a su mamá y a su papá, agradeciéndoles por haberla dejado salir del pueblo. Les entregaba un diploma, no un embarazo. Creo que fue el momento de mayor emotividad de mi vida, y ni siquiera ahí mi papá me dio un abrazo. No me dijo nada. Nada más le dije: "Aquí está mi papel". Y respondió con sequedad: "Qué bueno". En el fondo estaba muy contento.

En cambio, mi mamá nada más con su sonrisa. Y ahí conviví con mis compañeros, nos tomamos fotos para el recuerdo. El novio de una de mis amigas tenía una cámara fotográfica y nos compartió las imágenes después. En aquella época, algunos ya tenían *beeper*, pero yo estaba a años luz de tener uno. Tampoco tuve teléfono celular ni computadora en mi cuarto. Yo siempre rentaba un equipo para hacer mis tareas o utilizaba la computadora del despacho donde trabajaba. La contadora no me pagaba mucho, pero permitía que yo usara la computadora y que imprimiera, y aprendí cosas relacionadas con mi carrera. Incluso comencé a formar mi agenda de clientes.

EL LIBRO FISCAL, UNA BIBLIA

El oficio de contador es el peor pagado a pesar de todas las cosas que se hacen: registros, facturas, operaciones, pero es una carrera muy bonita porque no tiene pierde. Ahí $1 + 1 = 2$. Hasta en el cero debes encontrar la desviación, la cuenta tiene que cuadrar. Por eso me gusta mucho mi carrera, porque no hay nada más comprobable que una suma. Y en ese sentido, también llegué a conclusiones sobre derechos y obligaciones, pues no puedes sólo exigir derechos si no haces nada de lo que te corresponde. La contaduría no sólo es matemática, es mucho razonamiento.

Por ejemplo, si el proveedor no pagó, qué vas a hacer, cuánto se tarda, cuál es el activo, el pasivo y la interpretación. Así, el libro fiscal se vuelve tu biblia, y a mí me gusta mucho porque cada artículo se interpreta. La fórmula debe arrojar un resultado. De las materias más bonitas que tuve fue Fiscal, porque mi maestro hacía tan fácil la interpretación de cada artículo que me encantaba. Muchos me han preguntado por qué estudié contabilidad si no me gustan las matemáticas. El asunto es que, como decía, la contabilidad es más razonamiento, tiene que ver más con la manera de construir casi un sueño: si tienes un peso, cómo le puedes hacer para convertirlo en 10. Bueno, puedes ahorrar, trazar un plan, construir y revisar un estado financiero. Amo la contabilidad.

En esa época supe conservar buenos amigos que tenía desde Quiegolani. Por ejemplo, tengo uno que hoy es sacerdote, el padre Erasmo, el párroco del pueblo. Otros eran Goyo, que vive en Salina Cruz, y Lencho, que está en el pueblo. Eran mis tres amigos. Yo no tenía amigas. Me llevo a toda madre con ellos. A Erasmo yo no le digo padre, para mí es Erasmo. Él también rompió el círculo de la pobreza, porque para ser sacerdote se estudia. Sin embargo, dejó la escuela al menos cinco años, pero llegó un cura al pueblo, conoció a Erasmo, lo invitó al seminario y ese lugar les dio libertad y vuelo a sus ideas. Es un gran conversador.

Él y yo tenemos muchos sueños en común, por eso cuando me habla voy al pueblo y veo qué necesita la iglesia. Éramos compañeros en la primaria. Pertenece a la generación de jóvenes que terminaron la prepa en Quiegolani y, aunque ya no salieron, tenían otra visión de la realidad. Y eso sucedió porque en la prepa comunitaria les hablaban de libertades. Por eso la amo y siempre trato de ayudarla en lo que esté en mis manos. Es una escuela que construye ciudadanos, corresponsabilidad, les enseña a exigir, pero sobre todo a cuestionar las acciones de quienes piden cosas, pero no hacen nada para propiciar cambios. Por eso ellos me acompañaron cuando fui candidata a la presidencia municipal.

Ellos me respaldaron. Me dijeron: "Nosotros sí hacemos tequio (colaboración comunitaria), sí participamos y, por lo tanto, nosotros vamos a votar por ti". Me llevo muy bien con ellos. Nunca he sido diputada para ellos, nunca he sido la secretaria. Para ellos yo soy la China y me gusta que no exista esa barrera. Platico mucho con ellos mientras comemos tamales o hervimos chayotes. Por eso se van las tardes rapidísimo cuando voy a Quiegolani, porque existe esa convivencia.

Hoy, que las mujeres se suman, me encanta, porque llegan las señoras, las que eran mis compañeras en la primaria, y se dan ese espacio, echan relajo, animan a las demás a platicar. Ellas están entendiendo que también tienen derecho a dedicarse un tiempo, que no todo es ser la responsable de la casa, de la comida. Allá los hombres ya saben que los mando a calentar su comida, pues ya rompimos esa barrera y ellos ya saben que no se les van a caer las manos. Es verdad. Es algo tan bonito romper esos esquemas, y eso se refleja cuando los propios chavos le dicen al esposo de Tacha que la deje en paz y que él solito se haga de comer. Lo retan, le preguntan si acaso no puede o si ni para eso sirve. Entonces el señor se engalla y contesta: "¡Claro que puedo!" Y los hombres se incorporan y ven que no platicamos nada malo.

Por ejemplo, cuando les relato que fui a México y preguntan cómo es o cómo es otro país, o incluso qué se siente volar en un avión, les respondo que ellos o sus hijas también pueden viajar, pero tienen que mandarlas a la escuela y evitarles el matrimonio a la fuerza. Así he roto la cotidianidad para ellas, y por eso genero confianza, armonía, sobre todo con los muchachos, porque no me ven como funcionaria, me ven como la China, que está con chanclas y pants, que se levantó y nada más se hizo su chongo, que está con la chamarra ahí y que tiene que calentar sus tortillas, porque en Quiegolani no hay tortillería.

A esos chavos también los invito a tomar café y se los sirvo, y comemos pan. Ahí nos pasamos horas en la mesa de mi mamá. Eso no era posible hace 20 años, mi papá me hubiera matado. Y hoy llegan los niños y los chavos a platicar y no pasa nada. Dan las 12 de la noche y seguimos platicando. Eso se logra cuando defiendes eso que se llama amor, pero no con disfraces de estafa sino con un amor con todas las consecuencias que eso signifique.

ANA, MAGO E IVONNE

También conservé a mis amigas universitarias. Una de ellas es Ana, que estuvo conmigo en la Secretaría de Pueblos Indígenas y Afromexicano y dirigió la unidad administrativa. Ale es otra y vive en Salina Cruz. También tengo a Mago, que tiene su despacho. Una más es Ivonne. Ella se convirtió en mi amiga y hermana en este proceso de lucha. A ella me referiré más adelante.

Son pocas, porque yo no tenía tiempo para consolidar amistades. Me la pasaba trabajando y estudiando. Mago y yo platicábamos en el mismo despacho. Todos los días convivíamos y su mamá siempre me daba un taco, porque pasábamos a comer a su casa. Para mí era un privilegio.

Ana venía de la prepa conmigo, de Salina Cruz, y se dio la casualidad de que también entró a la universidad; de hecho, íbamos en el mismo salón. Más que amigas, éramos hermanas. También recuerdo a Alejandro y Nicolás, pero después de terminar la universidad no supe más de ellos. Así que con quien tengo comunicación, plática, abrazo, felicitaciones es con Ana y con Mago, pero no es lo mismo como con los de Quiegolani, allí la amistad va más allá, porque crecimos juntos, nos conocemos tanto, sabemos dónde y cómo vive cada quien. Erasmo, Lencho y Goyo son como mis hermanos de Quiegolani, porque hemos tenido mucha hambre de cambiar nuestras historias en común.

Yo era la única mujer del grupo y me cuidaron, nunca me hicieron nada malo, nunca me faltaron al respeto; al contrario, me protegieron. Hace 20 años en Quiegolani me dejaban agarrar el balón, nos tomábamos el café en la misma taza. Si alguno recibía un pan de regalo, lo dividíamos, o si la mamá de alguno había ido al pueblo vecino y traía algo rico, a escondidas lo llevaban y convidaban un pedazo. Aprendimos a disfrutar de lo simple. Compartir fue lo que más me marcó con ellos.

Por eso pienso que un buen amigo es como Erasmo. Un buen amigo es quien tiene un pedazo y lo divide; te da la mitad para que comas. Un buen amigo también te dice tus errores. El propio Erasmo me los subraya o me dice lo que no estoy viendo. Y aunque me encabrono, me aguanto, porque un buen amigo no debe echarte flores todo el tiempo. Un buen amigo llora también cuando tú lloras, sabe darte un abrazo. Un buen amigo te respeta, no te estafa. Un buen amigo representa lealtad y respeto.

Por eso sé que si le hablo en este momento a Erasmo y no contesta, al rato me busca. A veces, cuando voy a Quiegolani, no me da tiempo de pasar a verlo, pero él sabe que eso no significa que me olvidé de él. Lo mejor es que podemos decirnos de todo y ninguno se enoja. Creo que eso es un amigo, incluso más que un hermano. Esa relación es muy diferente, porque un hermano te lo impone la vida, pero un amigo lo escoges y lo construyes.

CAMBIARSE Y CAMBIAR EL ENTORNO

Durante la carrera regresé más veces a Quiegolani. Fueron visitas de cuestionamientos, de retos. Mi papel era alborotar el pueblo, ir a la cancha, chingarme unos mezcales. Yo era "la loca", "la marimacha" que narraba los partidos de básquet. Cuando recuerdo esa etapa, me digo a mí misma: "Sí estabas medio loca, Eufrosina".

A veces iba a platicar con los muchachos, a echar mezcal, y ya cuando sentía que veía doble, les decía que era suficiente y que debía irme. Y me cuidaban. Por eso quiero tanto a los muchachos de Quiegolani. Nunca me dejaron hacer una cosa indebida. Cuando sentía que estaba media mareada, nos íbamos sí o sí. Ellos me veían como uno más de su grupo, porque actuaba yo como hombre, porque mi plática era de desmadre, no era nada tímida. En mi otra vida, lo juro, fui hombre. En serio, porque nunca me gustó hacer tortillas.

Cuando terminé la carrera, el retorno fue completamente distinto, porque para entonces ya no sólo era la China, ya era contadora pública. Y en mi pueblo el chisme se riega rápido. Esa vez el regreso fue con amor, con ilusión, con muchas ganas de transformar Quiegolani de muchas maneras. A la distancia, pienso que ese retorno fue feliz, también, por el futuro que anunciaba, pues hoy, por primera vez, ya hay mujeres que forman parte del cabildo, y fueron mis compañeras de la primaria. Hoy una de ellas, Gudelia, es regidora de Hacienda; otra es regidora de Obras. Y ejercen ese liderazgo sin haber terminado la secundaria. Ellas son la prueba de que los sueños se construyen poco a poco.

PARIR UN SUEÑO

Cuando terminé la universidad, mi primer trabajo oficial como profesionista lo desempeñé en la educación media superior. Me fui al CECyTE de Oaxaca. Se trata de un subsistema de bachillerato que llega a las comunidades alejadas del estado. La vida me enviaba a una comunidad igual que la mía. En mi vida, en mi entorno, en mi conciencia y en mi concepto de "libertad" siempre están presentes la educación, la escuela, los libros.

Me costó mucho ingresar a ese trabajo, porque vivimos en una sociedad en la que es más fácil ingresar si se cuenta con una buena recomendación o se es hijo de "alguien". Si falta eso, está muy cabrón encontrar un espacio. Para conseguir mi primera chamba me ayudó el secretario particular de quien entonces era el diputado presidente del Congreso de Oaxaca. Le conté mi historia y le dije que yo ya tenía la responsabilidad de cuidar de mis sobrinos. Él, muy amable, me hizo una carta de presentación para que yo fuera a ver al director del CECyTE. Fui a entregar esa carta. Y a cada rato iba yo a preguntar si ya me tenían una respuesta: me decían que regresara al mes y volvía a los 15 días, o que me esperara dos semanas, pero yo iba a insistir cada tercer día. Hasta que se hartaron y me dieron la oportunidad. Así que yo sé que conseguir el primer empleo es complicadísimo, por eso quiero decirles a todos los jóvenes que sean tercos, que sean insistentes, porque sólo así se abren las puertas. Mi primera comisión consistió en desplazarme a San Miguel Chicahua, comunidad de la Mixteca oaxaqueña, y tener la posibilidad de parir un sueño: por primera vez este municipio tendría un bachillerato para las niñas y los niños que únicamente terminaban la primaria y secundaria, en una de las zonas con mayor migración, que "exporta" mucha mano de obra a Estados Unidos, porque las posibilidades de desarrollo que les brinda a sus habitantes son nulas.

Mi tarea era llevar este sistema para que la aspiración de los chavos ya no fuese migrar al norte, sino estudiar la preparatoria en el pueblo para que les resultara menos complicado llegar después a la ciudad a estudiar la universidad. Recuerdo muy bien cómo me trasladé. San Miguel Chicahua está a tres horas y media de Oaxaca capital. Hay que tomar el autobús a Nochixtlán, que es la cabecera de la Mixteca alta, y luego abordar unas camionetitas con lona y banquitos atrás. Hay que esperar hasta que se llene. Cuatro personas pueden viajar atrás en las tablitas, otras tres en la cabina principal, incluyendo al chofer, y otras cuatro atrás, porque ese modelo de Nissan tiene doble cabina. Yo iba sola. Era la primera vez que visitaba San Miguel Chicahua, así que había que preguntar. Durante el trayecto, en cualquier momento el chofer te dice "aquí es", y es hora de bajar de la camioneta, pero ¿y ahora qué onda?

Después de instalarme como pude, fui a hablar con la autoridad municipal. Le presenté un oficio que acreditaba mi visita a nombre de la institución que me envió a iniciar con los procesos de inscripción y de promoción para que los jóvenes pudieran estudiar bachillerato. Era una comunidad igual a Quiegolani, donde las niñas no podían ir a la escuela, pues su labor era hacer tortillas y pronto ser mamás. La misma imagen volvió a mí cuando llegué ahí. Las mujeres, escondidas; las niñas sólo se asomaban curiosas. Veían a una persona que llegó para fundar una escuela, pero era mujer. En ese entonces tampoco ahí había mujeres en el cabildo, en ese espacio de toma de decisiones. Pero mi posición fue firme: "Yo vengo acá", les dije. Y así empecé a imponer autoridad.

El siguiente paso fue buscar el espacio físico para instalar la escuela y, desde luego, hallar a los alumnos. No tenía ni una piedra para hacer la escuela. Chicahua tenía kínder, primaria y telesecundaria, pero nada de educación media superior. Entonces 70% de los jóvenes que terminaban la secundaria migraban a la frontera o a la Ciudad de México. Por eso, en municipios mexiquenses como Nezahualcóyotl y Chimalhuacán hay muchísimo oriundo de San Miguel. Lo recuerdo porque a la fiesta patronal de Chicahua llegaba mucha gente de allá.

Cuando comenzó a funcionar la prepa, muchas familias se regresaron para que sus hijos tuvieran la posibilidad de asistir, pues sabían que en la ciudad la vida es más cara. Y es cierto: si no tienes trabajo, no comes; en el pueblo, en cambio, al menos hay hierbitas. Chicahua es una comunidad con muy pocos árboles, una zona árida. La Mixteca es como desierto: no hay pinos ni encinos, y hace mucho frío, hay mucha piedra. No es como la Sierra Sur, de donde soy yo, o como la Sierra Norte, en donde las casas están muy juntas. En la Mixteca no, ahí las viviendas están muy dispersas. Y Chicahua está sobre una lomita.

Había chavos que tenían que caminar hasta tres horas para llegar a la prepa. Éste es otro proceso y otra historia que vi: llegar, sí, a un pueblo lleno de polvo, otra vez, pero ya no era mi propio pueblo, era otro lugar propicio para construir, con libertad, otros sueños, tal como como mi maestro Joaquín construyó mi sueño en mi pueblo. La diferencia era que mi maestro tenía que caminar 12 horas. Yo ya no. Ése fue otro logro suyo: que los maestros que fuimos abriendo este camino, los nuevos maestros ya no caminamos como ellos, con dolor, con sudor, con ampollas en los pies; ya podíamos subir a una camioneta, llena de polvo, es cierto, pero ya el viaje representaba mucho menos esfuerzo y, por lo tanto, los profesores ya no nos planteábamos claudicar.

Es un pueblo, pues, ubicado sobre una ladera. Casi todas las casas son de adobe y techo de lámina, pero también había casas grandes, de concreto. Pertenecían a quienes tenían familia en Estados Unidos y les enviaban recursos. Esas casas representan una aspiración de alguien que no estudia, que se queda ahí. Su ideal es construir una gran casa y no resolver otras circunstancias. Eso no es malo, simplemente es que ellos consideran que ése es su sueño, su meta.

En fin, ahí la mayoría de la gente habla mixteco, muy poca habla español. Lo cierto es que encontré una autoridad muy sensible que sí quería la escuela, y la quería incluso con amor. Se ofreció de inmediato a hacer lo que yo le indicara, pues sí quería que su comunidad tuviera prepa y que sus hijos estudiaran en ella. Ahí comencé a entender también la adversidad a la que se enfrentan esos hombres.

Cuando vi al presidente municipal, me abrazó frente a los regidores y los policías. Sólo hombres. En eso había demasiado respeto, porque la educación otorga ese nivel, la palabra es la que impone ya. Ahí ya no se trata de si eres mujer o eres hombre. En ese momento, en ese lugar, eres la maestra, eres el maestro. Eso permite la educación. Y el alcalde se dirigía a mí: "Sí, maestra, como usted diga". Me di cuenta del poder de incidencia que obtuve cuando asumí este apostolado que se llama educación, este apostolado de estar frente a un niño, a una niña que no habían tenido la posibilidad de que alguien incidiera positivamente en su conciencia y en su forma de vida.

Recuerdo que en aquellas reuniones de planeación yo le decía: "Presidente, en primer lugar quiero una mesa aquí". Y el alcalde contestaba: "Sí, maestra". Y luego: "Presidente, ¿y dónde vamos a meter a los alumnos?" Siempre tenía una respuesta: "Ah, pues acá abajo tengo una instalación grande". Después pedí una división física para distribuir mejor a los alumnos. El alcalde siempre mostró disposición, incluso ánimo: "Sí, maestra, lo haremos. ¿Cómo quiere hacer esa división?"

Hicieron todo con tanto amor, que inevitablemente llegué a la conclusión de que los hombres no son malos, el problema es que nadie les ha dicho cómo se pueden hacer las cosas sin olvidar su identidad, sin negarla, sin dejar de hablar su lengua. Yo le daba la indicación al presidente, que era de los pocos que sabía español, y él a su vez instruía a su cabildo en mixteco. Y así avanzamos. El espacio escolar se construyó en menos de 20 días. Se adaptaron dos aulas, se pintó la dirección, se instaló la energía eléctrica. En menos de un mes ya teníamos sala de cómputo, nuevos libros, televisor y, lo mejor, los nuevos maestros. El primer grupo lo conformaron 24 alumnas y alumnos. Para ellos yo era la maestra Eu. Y de inmediato empecé a platicar con la señora que me hacía de comer.

Así aprendí mixteco. La primera palabra que dije fue "gracias" y luego aprendí a preguntar "¿Cómo te llamas?", aprendí a invitar a mis alumnos a ir a la cancha. Incluso aprendí a decir frases como "¡ponte chingón!" Ahora veo a mis alumnos que ya son profesionistas, ingenieros, maestras, y me da mucha satisfacción. Cada uno cambió su vida, ya no es una estadística en este país. De hecho, una de mis alumnas hoy es presidenta municipal de San Miguel Chicahua.

LA DOLOROSA INVISIBILIDAD

En Chicahua no practicaban el basquetbol, pero yo alentaba a los policías del municipio a jugar conmigo. Se negaban a creer que la maestra supiera jugar. Yo era la única mujer en medio de todos ellos. Ese hecho rompía el esquema cotidiano de aquel entorno, y eso es lo

que veían las niñas. El mensaje que recibían era muy claro: si la subdirectora puede jugar, ellas también. No había nada que lo impidie-
ra. Empecé a mover su mundo. Las invitaba a participar en el juego.
Al inicio, no sabían agarrar el balón. Después de un año, cuando salí
de esa comunidad, ya eran bien chingonas jugando básquet. Incluso
competían en torneos en otros pueblos.

Lo que quiero subrayar es que hay muchas cosas que puedes romper en un entorno en el que, se supone, se impone una cotidianidad
invisible que duele. Duele no ser vista en el salón de clases, en el palacio
municipal, en una asamblea comunitaria, en la fiesta del pueblo; duele
no ser vista en la cancha, jugando, gritando. Duele no ser vista ni siquiera a la hora de la comida, porque estás en el fogón, en lo oscuro, lleno
de humo. Entonces, llega la maestra a romper este esquema, a ver qué
puede transformar. Por eso la educación es la herramienta más poderosa
para quebrar miedos, pero también quebrar prejuicios acerca de que los
indígenas somos "grupos vulnerables". No.

LA PRIMERA CLASE

Como yo era la subdirectora, me tocó dar las primeras clases. Tardaron
en llegar el director y los primeros maestros. Así que me puse frente al
grupo, porque yo era la responsable de la institución. Impartí el taller
de redacción y cuestiones de ortografía. Había preparado mi clase con
láminas y colores. Contemplé los rostros de aquellos chavos que, en
ese momento, creen que eres el ser humano más chingón, tal como
yo veía a mi maestro. Durante la clase me preguntaron cómo le había
hecho para estudiar. Ahí fui generando confianza con las niñas, porque
yo trataba de que las primeras voces que mi corazón y mi mente escu-
charan fueran las de ellas. Recuerdo que preparé muy bien mi clase,
porque a pesar de que ellos creen que no tienes nervios, da miedo
estar frente a 24 seres humanos que van a comenzar a descubrir la posibilidad de volar, de ser libres y de no repetir la historia de mamá y de
papá, de cambiar su propia historia.

Es una misión importante. Maestra, maestro es la profesión más
sagrada. Incluso creo que está sobre el médico, porque educas a seres

humanos, generas libertad en su conciencia. Ellos te ven como guía. Era una responsabilidad demasiado grande que esa clase, que yo preparaba un día antes, fuera la mejor. Asumí el reto de investigar cada concepto, de usar las palabras más sencillas. Y como siempre hay un niño y una niña que entienden más, aproveché para convertirlos en mis aliados, pues me ayudaban a explicar la clase en su lengua. Por eso sostengo que la educación tiene que impartirse en la lengua de los niños y de las niñas, sin dejar de lado el español.

En ese momento ya tenía más elementos, más posibilidades de hablar, de ayudar y de señalar lo que no estaba bien. Les decía que el maltrato, el abuso, no es normal; tampoco lo es el hecho de no poder ir a la cancha, que les impidieran estudiar. Porque había niñas que querían estudiar, pero sus papás no las dejaban, y más aún: sus mamás les decían que era inútil estudiar si finalmente se casarían al terminar la prepa. Todo eso era el reflejo de mi pasado en Quiegolani, pero yo no quería prolongar esos usos y costumbres que mucha gente ajena a las comunidades puede ver como algo socialmente positivo. No. El uso y la costumbre deben ser otra cosa.

Así que ese entorno me enseñó a ver mis usos y costumbres de otra manera. Yo no quería que significaran violencia, porque no debe ser normal la falta de respeto o no poder estudiar. Mis usos y costumbres deben ser otros, como mi sonido, mi voz, el zapoteco, mi montaña. No la discriminación o el machismo. Eso lo descubrí en esa ladera, en ese terreno desértico, en mixteco. Ése es mi uso y costumbre. Esas manos que tejen palma o esas pastoras que crían chivos, esas mujeres con su sombrero, con calcetines, porque hace mucho frío. Ahí empecé a preguntarme qué debía entender por uso y costumbre. Y desde mi perspectiva, en ese uso y costumbre no cabía el hecho de impedir que las mujeres estudiaran y que, por tanto, repitieran la historia de su comunidad. Construí una concepción más clara de ideas, de conceptos; construí una forma de interpretar mi cosmovisión.

CHICAHUA, LA MADUREZ

En ese sentido, esa etapa en Chicahua resultó determinante para mí. Asumí un compromiso social tan fuerte que incluso hoy tengo compadres ahí. En ese momento por fin conocí el fruto de lo que me prometí al salir de Quiegolani: defender mi libertad y mis ideas, y generar, a través de mi palabra, otras posibilidades de vida para otras personas. Les platicaba a mis alumnos cómo salí de Quiegolani, cómo terminé la carrera. Claro, todavía hay muchas adversidades.

En esa comunicad me enterqué en que existiera un espacio para los jóvenes que no eran de ahí, un espacio que no fuera de nadie, que les perteneciera a ellos, donde pudieran comer al menos dos veces al día, donde tuvieran una colchoneta, fuesen libres y se dedicaran sólo a estudiar.

Afortunadamente lo logré, dejé listas las instalaciones del albergue. El primer grupo fue de 15 chavos. Cuando salí de ahí ya había más de 80 chavos de comunidades aledañas. La Mixteca es una zona muy dispersa y muy hermosa. Por ejemplo, San Antonio Nduayaco es una comunidad desde donde se ve claramente el Pico de Orizaba. Es una vista increíble. Santiago Apoala tiene una cascada increíble, La Cola de Novia, y también unas cuevas y unas pinturas rupestres. Se trata de maravillas poco conocidas de nuestras comunidades. Había alumnos de Tierra Colorada, del Fortín. Recuerdo cada comunidad porque me tocó caminarlas, ir a convencer a los jóvenes de cada telesecundaria, explicar la oferta educativa.

En ese entonces, además, tenía bajo mi responsabilidad a mis hermanos y a mis sobrinos. Mi quincena era de 4 500 pesos, que debían alcanzarme para mi pasaje, mi comida en la comunidad, para pagar la renta en Oaxaca, para dar de comer a mis hermanos, a mis sobrinos. Había ocasiones en que llegaba a la comunidad sólo con 50 pesos, pero la gente era generosa y me compartía tortillas, fruta. Por eso en cada comunidad en la que he vivido he querido mucho a las personas y ellas a mí, porque me propuse generar otra visión de las cosas. Estoy segura de que muchos se inspiraron, en muchos se encendió la rebeldía. Hoy me siento satisfecha, porque creo que muchas niñas de esas comunidades hoy son profesionistas, lograron cambiar su entorno y el de sus familias. Son maestras, enfermeras, doctoras, ingenieras, arquitectas. Y cuando nos encontramos en redes sociales sigo siendo su maestra.

Pero también construí lazos con mujeres mayores. Me gustaba platicar con ellas, a pesar de que nos entendíamos poco. En general, me respondían sólo sí o no, pero eso no me limitaba a preguntarles cómo había sido su vida, por qué se casaron, por qué seguían ahí. Y empecé a conocer sus historias, las de ellas y las de ellos. Eso reforzó mi idea de que los hombres de las comunidades no son los únicos responsables de lo que llamamos violencia, abuso. Es más profundo que una responsabilidad personal. Eso es para ellos tan normal y tan cotidiano que se vuelve común. Pero no es normal que les exijan a las mujeres tener lista la comida, cuando se pasan el día cuidando a tres hijos, arreglando la casa, arreglando la ropa. Ellas no son máquinas. Ellos sí pueden traer el leño, meterlo a la lumbre, poner el comal y calentar las tortillas.

Les sugería que contestaran eso. Yo hacía mucho ese ejercicio y por eso los hombres desconfiaban de mí al principio. Sin embargo, muchos de ellos me quisieron después, porque no era habitual que una mujer les dijera que debían encargarse de traer la leña, porque sus mujeres atendían a los niños. Veía los rostros de mis alumnas, que ya sentían acompañamiento, respaldo. Tenían ganas de decir eso, pero también tenían miedo. No sabían cómo expresarlo, así que cuando yo lo hacía, ellas sonreían con una mezcla de satisfacción y miedo. Atestiguaban cómo la maestra les contestaba a sus papás, y cómo esos papás no podían pegarle a la maestra. Y eso comenzó a derrumbar esa normalidad para instalar otra, en la que era habitual que la maestra jugara en la cancha, le hicieran la comida, le calentaran las tortillas. Así surgió la curiosidad y el deseo en ellas de tener eso algún día. No querían dedicarse a servir. ¿Por qué lo harían?

Las dos señoras que preparaban la comida para los maestros siguen siendo mis amigas. Siempre me quedaba con ellas a platicar 10 minutos más, todos los días, después del desayuno y la comida. Una de ellas tiene su comedorcito o su tiendita y te cuenta la historia de las otras señoras de la comunidad: "A doña Petra su marido le pega, a su hija la quieren casar, sólo están esperando que termine la prepa porque el novio está en Estados Unidos y va a regresar para la boda".

Encontré estas historias y me propuse generar otra visión. Por ejemplo, organizaba asambleas con los padres de familia. Ahí les explicaba que sus hijos no eran chivos que podían encerrar un rato en la escuela. No. La educación es una responsabilidad doble: la de la maestra y la de los papás. Eso lo apuntalé muy bien después de saber la historia de don Francisco, que ya había pactado con un señor que está en Estados Unidos el casamiento de su hija Angélica. Y claro, ella vivía con miedo, porque sabía que ya no tendría opciones de estudiar.

En ese momento regresó la sensación que tuve cuando mi papá quiso casarme. Me volvió ese escalofrío. En la historia de esta niña sentí mi propia historia, y eso me determinó a buscar a su mamá y hablar con ella. Y luego platiqué con la propia Angélica. Empecé a generar confianza. Escuché tantas historias… Tengo la esperanza de haber ayudado a que esas niñas alcanzaran su libertad y que hoy sean mujeres libres e independientes, que no hayan permitido que sus papás las casaran.

Todas ésas son escenas de mi vida que ya no estaban tan presentes, pero al construir este relato emergen de nuevo. Y es que siguen vivas, ocurriendo. Esa comunidad me marcó mucho, sobre todo porque ahí me volví completamente libre. Sí, estudiaba y trabajaba todos los días, pero nunca había ido a un baile, nunca había ido a los torneos de basquetbol, porque tenía que trabajar y estudiar. En San Miguel Chicahua volé, fui, baile, grité y me reí como nunca en mi vida. Yo tomaba mis propias decisiones. Era independiente, no le rendía cuentas de mis actos a nadie, aunque en términos laborales sí tenía que cumplir normas, entregar calificaciones, porque podría perder mi empleo, corría el riesgo de dejar de comprar huevo para mis hermanos. Como sea, al llegar a Chicahua me liberé de muchas presiones, de ese costal de responsabilidades, de demostrarle a papá que su hija era capaz de terminar una carrera y que no iba a regresar como él lo predijo: embarazada y sin saber quién era el padre del niño.

Chicahua significa también el momento en que me despojé de mucho dolor, porque duele arrebatarle a la vida lo que mereces, que es educarte, que es decidir con quién casarte. Duele, porque sigue sin caberme en la cabeza que todavía hoy existen estas historias de abuso. En Chicahua, por tanto, terminé un proceso de maduración importante, porque llegué sin saber en realidad qué contestar a nadie.

Después de un tiempo ya tenía más claro qué debía responder a doña María, a doña Celia, a doña Petra. Y también aprendí a relacionarme con las abuelas. Yo no conocí a mis abuelos porque mi mamá quedó huérfana a los seis años; de hecho, ella no conoció a sus papás. Tampoco conocí a mis abuelos paternos, así que fue una figura ausente para mí, porque cuando otros hablan de sus abuelos, refieren bondad, cariño, alianza, protección. Los abuelos son eso, más allá de cualquier comunidad. Yo lo he visto, pero no tuve esa imagen.

La vida no me dio esa posibilidad. A nadie pude decirle abuelita, abuelito. Me faltaron esos abrazos. A veces me imagino cómo hubiera sido mi relación con mi abuelo. Me contaban que mi abuelo paterno era rebelde y mi abuela materna era bien chingona, que le contestaba a mi abuelo. Por eso lamento no haberlos tenido conmigo y quizá por eso me acerqué mucho a la gente mayor de esas comunidades, para entender su visión, porque muchos de ellos ahí nacen y ahí mueren, y siempre creyeron que eso era lo que merecían, esa forma de vida.

Por eso mismo es más difícil cambiar su visión, es muy complicado convencerlas de que el abuelito también puede servirse solo. Su respuesta era la misma: "Así es la costumbre". Únicamente así fui entendiendo estas cotidianidades. Me gusta mucho usar esa palabra porque es eso, es una cotidianidad de horas, días, años. Yo he dicho que la violencia no puede ser normal, ni la pobreza ni la desigualdad, lo recalco mucho, porque eso no puede caber en ninguna sociedad, pero eso lo entiendes poco a poco, cuando vas adquiriendo una responsabilidad.

En Chicahua conocí a la perfección la historia de cada uno de esos 24 chavos: de Ariel, de Tacha, de Ana, de esas niñas rebeldes. Me daba gusto verlas, porque eran mi reflejo. También me interesaba la niña que nunca quería hablar, me preguntaba cuál era la razón de ese silencio. O la historia de un joven al que ya le gustaba imponer y mandar.

Así que me decidí a romper esos esquemas. Y en ese proceso pude disfrutar mi libertad de manera consciente: me iba a las fiestas de los pueblos, a los bailes, a los partidos. Me iba a la hora que quería, llegaba a la hora que quería. Llevaba a las niñas a jugar a los torneos, niñas que no sabían español. Y ahora que hago este resumen no quiero imaginarme si nos hubiera pasado algo. Porque era una responsabilidad sacar a las niñas de la comunidad y llevarlas a un lugar que estaba a dos horas de ahí. Pero la libertad hacía que valiera la pena el riesgo.

Yo pagaba la camioneta o alguien hacía el favor de llevarnos. Así podían conocer otras comunidades, otros rostros. Muchas de ellas ni siquiera conocían Nochixtlán, que está a dos horas de camino. Es una ciudad pequeña, pero ya hay teléfono, la supercarretera está muy cerca. ¡Podían comer helado! Claro que estar ahí les daba emoción.

CONOCER OTRO ENTORNO

Hubo otro tema que me marcó. En este subsistema de educación media superior había concursos de danza, de poesía, de basquetbol, de atletismo. Así que un día llevé a mis alumnos a Oaxaca capital. Fue muy satisfactorio ver sus expresiones. Estaban contentos y además exhibieron su talento para cantar, para declamar, para participar en atletismo. Las competencias eran algo sencillo para ellos, pues toda su vida habían subido y bajado las laderas de su pueblo.

Las niñas se atrevieron a competir en básquet y perdieron, pero lo importante es que ya pudieron salir, llegaron a un entorno diferente, vieron otros rostros, hicieron amistad con otros jóvenes con los que compartían origen. San Miguel Chicahua me marcó mucho. Me ayudó a clarificar lo que yo quería en la vida: seguir construyendo estas libertades para esas niñas y esos niños.

Duré un año ahí, llegó mi cambio y siempre me preguntaba si era para bien o para mal. No entendía por qué había echado a andar un albergue tan bonito y de ahí a empezar de nuevo. No entendía por qué me aferraba a cada albergue construido. Al final, supe que lo hacía para que estos jóvenes no repitieran mi historia. Porque vivir en un entorno ajeno, en una casa que no es tuya, aunque sea familia, casi siempre significa explotación. Te conviertes en la persona que debe servir, porque eres la arrimada, así que hay que lavar, planchar, hacer de comer. Es lo que te toca pagar por un espacio para dormir. Así que yo no quería que esos chavos sintieran ese dolor, esa humillación de vivir como "arrimados".

Y me fui a la sierra, a la parte colindante con la costa oaxaqueña, San Lorenzo Texmelucan, una odisea similar a la de ir a San Miguel Chicahua o a Quiegolani: terracería, polvo, incomodidad, sol.

Este último sitio también me marcó, pero en otro sentido. Ahí vi una comunidad totalmente olvidada. La violencia hacia las mujeres estaba a la vista, el conflicto agrario era evidente. Un día mataban a un señor de la comunidad y al otro día a otro del pueblo vecino. Ahí me di cuenta de que la marginación por falta de educación arrebata vidas. Esa comunidad tenía una problemática social muy compleja. Hoy puedo decir que San Lorenzo es la comunidad que más admiro, porque superó eso.

La primera imagen fuerte que vi ahí fue la cabeza decapitada de un hombre encima de una penca. Era demasiado para mí. No daba crédito al hecho. Eso no lo explican ni la pobreza ni la marginación. No es normal, ni siquiera porque así lo digan en los propios pueblos, o que las instituciones del gobierno crean que esas comunidades así han vivido y es imposible cambiarlas.

San Lorenzo es el claro ejemplo de que a través de la educación se pueden cambiar las cosas. No solamente la vida del ser humano, sino la vida social de una comunidad. Me gusta mucho visitar San Lorenzo. Ahí también tengo compadres. Pero me gusta también ir a la otra comunidad con la que los pobladores tenían conflicto.

Hoy los chavos del CECyTE de San Lorenzo van al IEBO (Instituto de Estudios de Bachillerato de Oaxaca) de Teojomulco, y al revés. En las fiestas de cada comunidad ya es normal verlos juntos. ¿Qué dividía a estas dos comunidades que están a 15 minutos de distancia? La falta de educación. Cuando llegué no sólo vi al decapitado, también me tocó escuchar disparos. Ese día estaba inscribiendo a los alumnos y tres tiros rozaron el corredor del palacio municipal. En ese momento volví a cuestionarme mi presencia ahí. Claro que tenía miedo, pero en el fondo yo sabía que también era un reto. En Chicahua mi reto era ejercer mi libertad con plenitud, pero en San Lorenzo el desafío era mantener la vida misma en toda su dignidad.

LA REBELDÍA COTIDIANA

La educación, quiero remarcarlo, es la única posibilidad de transformar mentes, realidades y vidas. Cuando fui comisionada a San Lorenzo Texmelucan, en 2004, vi una problemática social muy fuerte, así que mi mejor arma fue precisamente la educación para tratar de ofrecer una solución. Como ya comenté, hubo personas que tuvieron una conexión inmediata con mi historia y con mi realidad, y por fortuna aún conservo esa comunicación con muchas ellas. Pero, a la distancia, lo que veo es que la educación transformó muchas cosas. Por ejemplo, la dinámica entre San Lorenzo y Teojomulco, dos comunidades que sostenían un conflicto agrario permanente, justificado en nombre de "la costumbre", cuando en realidad eran víctimas de la marginación. Claro, una pobreza no alimentaria, porque en estos entornos hay formas de sobrevivencia, sino de acceso a la educación.

Hoy esos pueblos tienen otros rostros. Por ejemplo, muchos de mis alumnos de San Miguel Chicahua y de San Lorenzo Texmelucan son autoridades municipales de sus comunidades. Hoy, que estoy en otro espacio de acción social, se dirigen a mí para gestionar diversas cuestiones. Me queda la satisfacción de haber sembrado al menos un pedacito de este presente, que es parte de mi sueño, de lo que quiero que todo Oaxaca tenga.

Es claro que si estos jóvenes no se hubiesen preparado, no serían autoridades tan jóvenes. Hoy una comunidad llamada San Jacinto Tlacotepec, por ejemplo, tiene un alcalde de no más de 30 años y, por cierto, se llama Jacinto. San Lorenzo Texmelucan, el mismo caso. Esos jóvenes dirigen el rumbo, toman decisiones, sopesan prioridades. Pude sembrar una semilla tal como lo hizo el maestro Joaquín conmigo. Si él no se hubiese arriesgado a caminar, a llorar a escondidas, hoy no estaría escribiendo este libro, registrando esta memoria.

Muchas niñas de San Lorenzo ya no se casaron. Esa población tenía un promedio crítico de casamientos de niñas de 12 a 13 años de edad. El índice era mayor que en mi propio pueblo. Desde lejos se veía la desigualdad y también ese dolor colectivo por el conflicto agrario en que vivían. Pero las condiciones fueron cambiando. Y en esa transformación tuvieron que ver las instituciones educativas. Recuerdo que los maestros del bachillerato de la otra comunidad y yo nos pusimos de acuerdo para llevar a los jóvenes a un punto neutral y pusimos en práctica una dinámica de charla. No tardaron en descubrir que podían llevarse muy bien. Congeniaron perfecto.

La otra estrategia consistió en que aprendieran español, porque en San Lorenzo muy pocos jóvenes podían expresarlo bien. Sólo hablaban su lengua materna, el zapoteco. Eso era un factor de marginación. En cambio, el otro pueblo, Santo Domingo Teojomulco, era minero, había más profesionistas, su comercio era mayor. Así que las instituciones de educación media superior de ambas comunidades comenzaron a trabajar juntas, a abrazarse en un punto neutral. Eso contribuyó a que se firmara un convenio de conciliación, después de año y medio, justo en ese límite neutral. De hecho, ahí existe hoy un lugar emblemático: el Hospital de La Paz. Y este avance germinó a partir de la educación, eso marcó una nueva forma de convivencia.

Planear aquel primer encuentro entre jóvenes fue muy complejo. Costó trabajo hallar la excusa adecuada para los papás. No podíamos decirles que sus hijos se encontrarían con habitantes de Teojomulco, seguro nos hubieran linchado. Pero debí tomar estas decisiones difíciles. Ya no solamente me había rebelado ante mi propia historia, sino también me tocaba rebelarme ante un entorno ajeno. El propósito era construir soluciones. Eso fue clave: rebasar la rebeldía personal para convertirla en algo cotidiano a escala comunal. Si no ponemos un poquito de rebeldía en cada uno de nuestros actos, la vida no tiene chiste. Claro, se trata de una rebeldía con responsabilidad. Eso quiero subrayarlo: como sociedad necesitamos un poquito de locura, pero con corresponsabilidad.

Y esa mezcla fue la que aplicamos en aquellos primeros acercamientos entre estos jóvenes, aunque había miedo, eso es cierto. Pero había que combatirlo, porque yo veía miedo todos los días. El miedo se huele cuando vives cerca tanto dolor. Y era difícil evitar el miedo: ¡yo había visto las ráfagas de cerca! Así que donde hoy está construida la escuela era la zona más violenta. Por eso los padres de familia no querían que las instalaciones de nivel medio superior se construyeran ahí, por todo lo que significaba.

Esa zona era, literalmente, la orilla del pueblo. Si te parabas en ese espacio se veía el otro pueblo, que está a pocos minutos de distancia. Entonces, de monte a monte los tiros de los rifles llegaban cerquita. De hecho, ya tenían una mala experiencia, pues hacía no mucho habían baleado a un niño de la secundaria que estaba muy próxima.

Sin embargo, decidí arriesgarme, porque era el único espacio digno para instalar la escuela. Era el proyecto de la comunidad y se trataba de soñar en grande: que contara con cancha, con un albergue, con un laboratorio. Para eso se necesitaba un espacio grande y nos costó mucho trabajo convencer a los papás.

Ahí comenzaron los encuentros con los maestros de la otra comunidad. Las redes empezaron a tejerse. Concluimos que debíamos marcar la diferencia desde nuestra función magisterial. Para eso debíamos impartir clase, desde luego, pero también alentar la rebeldía en nuestros alumnos, mostrarles que sí tenían otras posibilidades, que el mundo se extendía más allá de su montaña. Queríamos que esos jóvenes aprendieran que se puede dialogar y construir, y que la violencia no es el camino, mucho menos la muerte, eso sólo acarrea dolor.

En esos pueblos hay muchas viudas, la mayoría de ellas debido al conflicto agrario que se había prolongado por más de una década. Esa circunstancia era demasiado fuerte. El problema tenía que ver con límites de tierra, y se acentuó justamente por las condiciones de marginación, pues lo que yo puedo considerar una simple piedra, para un pueblo se trata de una pertenencia, se trata de "su piedra". Y la otra parte dice: "No es mía". Ahí, aunque parezca increíble, empezó la confrontación.

Por eso, antes de intervenir y opinar, es importante saber cómo piensan las comunidades. De otra manera es muy riesgoso. Nos pusimos de acuerdo entre instituciones. Una de ellas es la CDI (Comisión de Desarrollo de los Pueblos Indígenas), una instancia que otorgaba becas a los jóvenes. Así que empezamos a tramitar los apoyos para los alumnos, pero para cuidarlos mejor debíamos procurarles un espacio con alimentación. Para eso inventamos un requisito: si querían la beca, teníamos que presentarnos en Sola de Vega, la cabecera distrital, y organizar una reunión.

No les dijimos que ahí mismo iban a llegar los alumnos de Teojomulco. Con esa estrategia, basada en una mentirilla piadosa, los papás autorizaron el viaje. A la primera reunión fue un grupo de ocho chavas y chavos y fuimos creciendo. Ahí pusimos esa semillita, ahí nació la construcción de la paz. A partir de entonces se sumaron otras estancias, pero fueron los jóvenes quienes inauguraron ese diálogo que maduró y, con el tiempo, ya pudieron convencer a sus papás de que siempre hay otras formas de solucionar los conflictos. Hoy, esas dos comunidades conviven, se abrazan, se ríen, cantan.

Ya nadie impide que entre las comunidades se visiten. El comercio es cotidiano. Los de Teojomulco van a las fiestas de San Lorenzo; he visto a los jóvenes conversando, riéndose, silbando. Al final eso es lo que persigo: romper paradigmas, formas de vida marcadas por la pobreza. Por eso enfatizo el valor de la educación. El cambio en mi entorno ha tenido que ver con ella, me ha permitido tocar otras vidas. Por eso las comunidades en que he vivido y trabajado me marcaron muchísimo.

ROMPER MIEDOS

Si Chicahua me liberó de mucho peso personal, San Lorenzo me impuso un reto mayor, porque ahí veía reflejado el rostro de mi papá, con su sombrero, sus huarachitos, el pantalón roto; veía a mi mamá en cada mujer de esa comunidad. Chicahua no está cerca de San Lorenzo, pero por supuesto que eran muy similares. A veces no entiendes las coincidencias de la vida. Por ejemplo, mi hermano que falleció se llamaba Lencho, y justo ese pueblo se llama San Lorenzo. También, en el primer señor que me recibió en el pueblo yo veía a mi papá con ese sombrero chueco, viejo, su camisa un botón arriba y el huarache roto. Para mí eran notables esas circunstancias, aunque no podía explicármelas.

Lo cierto es que, a partir de la acción y la palabra, uno puede cambiar lo poco o lo mucho que considera que no está bien, asumiendo las consecuencias y responsabilidades de ello, por supuesto. No fue nada fácil lograr ese cambio, pues dentro de la comunidad surgieron amenazas para mí. Enfrentar esa realidad implica retar a los caciques locales que no quieren que la gente despierte, tenga

83

líderes y tome sus propias decisiones. Los cacicazgos ejercen control en los pueblos, por eso es tan importante la educación, pues rompe miedos. Y cuando eso sucede la gente ya tiene elementos para contestar al cacique y negarse a hacer lo que le ordenen. Es como el gobierno: no le gusta que le respondamos. Eso pasa también en las comunidades.

A mí me enviaban mensajes anónimos. Me advertían que no me metiera en asuntos ajenos, porque me iban a "tronar". Claro que el miedo se instala, pero el abrazo de la comunidad da fuerza, tal como se la dio a mi maestro Joaquín. Ahora me tocaba hacer lo mismo y asumir las consecuencias lejos de mi familia, sola en un cuarto con un catre. Claro que es una situación muy complicada, pero llegaban las niñas a mi cuarto y ahí veían mis libros, recortes de revistas. Esos flashazos que viví con mi maestro fortalecían mi misión. Eso es lo que ayuda al buscar romper esquemas con educación.

Por todo ese contexto de tensión fue decisiva aquella estrategia de inventar un requisito para que los jóvenes de ambos pueblos se desplazaran a un punto neutral y así "obtener una beca". Desde luego, los papás nunca se enteraron de que lo que hicimos en realidad era propiciar un encuentro para que se conocieran y se liberaran de prejuicios. Era muy riesgoso que se enteraran. Así, bajo ese sigilo, los muchachos comenzaron a convencer a sus propios padres.

El primer día fue muy intenso. Los de San Lorenzo advirtieron la presencia de los de Teojomulco. Yo los calmaba, porque pensaban que, por ese simple hecho, sus papás los regañarían al regreso. Más pronto que tarde preguntaron cuál era la verdadera razón de esa "gestión". Yo les respondía con toda calma que el motivo era el trámite de las becas y que los jóvenes de ambas comunidades serían beneficiarios. Claro que ya nos habíamos puesto de acuerdo incluso con el encargado de la institución. En un momento determinado, echamos a andar una dinámica de juegos y ahí comenzó el proceso de interrelación.

En la primera visita los jóvenes se quedaron dos días, y todo marchó muy bien. Aunque hicimos cuatro encuentros en un año, yo sólo estuve un año y de ahí me comisionaron a otra comunidad para fundar otra escuela. Como ya estaban terminando de construir las instalaciones, ya funcionaba el albergue, ya había más de 100 jóvenes inscritos en primer y tercer semestre en menos de año y medio, entonces yo debía asumir otra tarea.

Lo satisfactorio fue que, cuando me fui, la comunidad ya tenía vida. Las niñas empezaban a jugar básquet. Ahí fue más difícil jugar con los hombres, porque eran reticentes a interactuar con la maestra. Así que empezamos a jugar con los colegas, y paulatinamente se fueron integrando los varones. Fue más complicado romper los esquemas de cotidianidad de la comunidad, pero al final se logró.

Hoy recuerdo la escena y me sorprende: dos comunidades en un pleito de años y de repente unos maestros locos nos arriesgamos a tanto. No sé en qué estábamos pensando. Incluso podrían haberme matado, porque la problemática estaba en un punto muy peligroso.

Y entonces no das crédito de que al gobierno no le importe esta situación social, porque se trata de pueblos indígenas, que "sólo son estadísticas", "grupos vulnerables", "objeto de investigaciones". En ese momento hay que tomar las riendas y asumir los costos, pues de otra manera nadie lo hará. Y tomas decisiones y sigues avanzando, a pesar de los anónimos que llegaron al menos cinco veces a mi puerta. Esas amenazas las hacen personas que saben generar miedo, pues así han podido conservar los cacicazgos. Eran hojas blancas y con letras recortadas de periódico. Y aunque sí siembran miedo, hay que tratar de no demostrarlo. En esos momentos se confirma un refrán: el valiente vive hasta que el cobarde quiere.

Estuve en muchas situaciones similares. Seguro el maestro de la otra comunidad también. No recuerdo su nombre, pero tendría 26 o 27 años, una edad en la que cuesta trabajo medir las consecuencias. Yo sacaba fuerzas del ejemplo de mi maestro. Claro que el impulso mayor radica en la voluntad genuina de querer transformar las realidades de Oaxaca a partir de la educación, porque no creo en los subsidios, no creo en regalar. Creo en generar mentes libres que sepan cuáles son sus derechos y cuáles son sus obligaciones.

No se trata sólo de reclamar, sino de estar dispuestos a hacer, asumiendo los costos de esas decisiones buenas o malas. Lo más valioso de la educación es la liberación mental, pues entiendes por qué las personas inmersas en la cotidianidad te cuestionan. Esa circunstancia es normal para ellos porque no han visto otras posibilidades. Eso les pasó a mis alumnos cuando salieron de su entorno: supieron que su realidad no era la única. El otro rostro no es malo, pues también llora, ríe, sueña, canta y baila, aunque viva en medio del conflicto, aunque crea que los balazos son la única solución al problema.

ROMPER EL HIELO

Después del primer día de aquel encuentro, mis alumnos comenzaron a cuestionarme ya de forma más decidida la presencia de los de Teojomulco. Pero ya era demasiado tarde, ya se habían percatado de que no eran unos matones; al contrario. El momento en que se relajó la tensión fue cuando empezaron a hacer chistes y a bromear entre ellos acerca de quién los había flechado, de quién se habían enamorado. Así logramos que se vieran de otra forma. Les dije que seguramente los del otro pueblo se estaban haciendo en ese momento las mismas preguntas.

En el segundo encuentro invitamos a otras comunidades, para integrar a más alumnos, pero también para camuflar el plan. Así que llegaron chavos de otros centros educativos de la región. Ahí nació la convivencia entre comunidades. Todo se acordó perfectamente con las autoridades escolares. De hecho, los directivos autorizaron las becas alimenticias, con la condición de concretar este encuentro. Todo salió tan bien que, año y medio después, lo enfatizo, se firmó la paz. Estoy convencida de que gran parte de esta estrategia educativa terminó construyendo la paz entre ambos pueblos, aunque el gobierno no lo reconozca.

En ese entonces, el presidente era Vicente Fox y en algún momento visitó la comunidad. En aquella ocasión burlé al Estado Mayor con la complicidad de mis alumnos y le entregué una carta al presidente en la que le solicitaba el equipamiento del centro de cómputo. A los 15 días recibí respuesta de la Presidencia de México, y mes y medio después nos enviaron 20 computadoras. Luego arrancó la pavimentación de la carretera. Así que hoy esa comunidad ya tiene mejores vías. El presidente, 18 meses después, regresó al lugar del conflicto a atestiguar la firma de la paz y a colocar la primera piedra del hospital.

Aquel día liberaron dos palomas blancas. Fue muy simbólico, desde luego, porque ese hospital se levantó a partir del dolor y de muchas muertes, pero también enseñó que es posible cambiar la cotidianidad de nuestras comunidades y empoderar a los jóvenes, tanto así que tres de ellos hoy son autoridades locales. Ya fueron tesoreros y síndicos, tres ya fueron presidentes municipales. Ésa es la semilla que debemos replicar. El Hospital de La Paz, producto de esa semilla plantada, está justo en el límite de ambas comunidades y pertenece a las dos. Ése fue el principal acuerdo al que se llegó. Es increíble. Así fue como tomé impulso y ritmo. Por eso, cuando me ordenaron desplazarme a otra comunidad no sabía si se trataba de un reconocimiento o de un castigo por la rebeldía generada.

Aquella misión nueva significaba mi tercera escuela fundada e implicaba regresar a la zona de la Mixteca, pero ahí ya no estuve tanto tiempo. Si acaso, mes y medio. Se llama Magdalena Yodocono, uno de los 570 municipios oaxaqueños. Era mi tercera comunidad y ahí germinó la inquietud de ser presidenta municipal de mi pueblo. Sólo eché a andar el proyecto. La primera tarea fue registrar a los jóvenes, busqué las instalaciones provisionales, recibí a los maestros y de ahí me fui a otro lado.

Para lograrlo debía estar más cerca de mi pueblo, de mi madre y de mi papá. Sabía que lo aprendido hasta entonces debía aplicarlo en mi comunidad. Entonces platiqué con el director general del CECyTE, doctor Vicente de la Cruz, y aceptó cambiarme a otro plantel del CECyTE, que tiene dos subsistemas: educación a distancia para comunidades alejadas y planteles con un promedio de 180 alumnos cada uno. Así llegué a El Camarón, en Yautepec, una comunidad que funge como centro de comercio y de movilidad de mi zona. Mi pueblo está a tres horas de ahí. Eso para mí ya significaba cercanía.

A ese plantel llegué como la directora más joven de todo el sistema CECyTE, cuando ese cargo solían ocuparlo maestras mayores de 45 años, pues el cargo implica enfrentarte al sindicato, tratar con los jóvenes, que están en proceso de rebeldía y más cerca de los medios de comunicación, por lo que tienen acceso a otras cosas. Eso complicaba el escenario, pero afortunadamente me fue muy bien. Gracias a eso, cada viernes ya no iba a Oaxaca, sino a Quiegolani a comenzar a trabajar directamente con las mujeres y los jóvenes. Ahí empezó otra rebelión.

HERRAMIENTA SOCIAL

Siempre he dicho que los seres humanos, de alguna u otra forma, hacemos política todos los días. Para ponernos de acuerdo en algo elemental usamos la política, pero nació en mí el deseo de hacer política formal. Ahí determiné que quería rebelarme para enfrentar y resolver las circunstancias que padecía Quiegolani. El primer paso ya estaba dado: jugaba con mis amigos, tomaba mezcal con ellos. Luego comencé a hacer lecturas en la misa del pueblo. Así fue como mi estancia en El Camarón marcó definitivamente mi acceso a la política.

Muchas ideas y hechos acompañaron esa metamorfosis; aunque reconozco que mi impulso inicial no era precisamente ser política, más bien las circunstancias de la vida me llevaron a ese sitio. Y ya cuando estás ahí entiendes qué es política.

Logras entenderlo cuando descubres que es una herramienta que sirve para acelerar muchas cosas que desde la sociedad civil se empantanan. Como mujer política tienes más incidencia en la toma de decisiones, y puedes cuestionar, reclamar, pero sobre todo proponer soluciones en donde sea posible cambiar lo que no está bien. Descubres ese camino y entonces hay que asumir una nueva responsabilidad. No es fácil entrar a la política, es una actividad señalada; las personas meten a todos los políticos en un mismo costal, aunque haya diferencias entre uno y otro. Así que hay que preguntarse qué tan dispuesto está ese político a asumir esos costos.

En estas páginas remarco esa idea, porque los seres humanos debemos estar conscientes de lo que nos toca hacer y lo que nos toca dar. No sólo se trata de recibir y recibir. También la vida es dar, pero asumir la consecuencia de eso. Algo que ayuda a entender esa corresponsabilidad es el hecho de saber que nadie hará por nosotros lo que nos toca hacer. Nadie cambiará por nosotros esas cosas que no nos gustan y que son parte de una vida que llamamos cotidiana.

UN SUEÑO CON LLANTAS

En El Camarón cumplí un sueño: comprarme una camioneta; a crédito, claro. El propósito era que vieran que la China había llegado en su troca, aunque yo ni sabía manejar. Quien me enseñó fue el intendente de la escuela. En ese proceso me atoré muchas veces en el campo de futbol. Incluso tuvimos que sacarla con un camión de volteo. No había pasado un mes cuando le di un golpe en un estacionamiento. Lloré toda la noche porque me dolió haber chocado la camioneta, porque ese automóvil era parte de lo que yo debía demostrar a mi entorno acerca de cómo la educación te puede generar otras cosas. Quería que vieran a una mujer llegando con una camioneta, manejando, con Los Tigres del Norte a todo volumen.

Eso rompería un esquema de años, por supuesto. Pero esa transformación no inició ahí, desde luego. Ya había comenzado cuando en mi pueblo ingresé al mundo de los hombres, cuando entendí que la que debía asumir eso era yo. Por eso mi mundo era el mundo de los hombres en el pueblo, sobre todo en la etapa profesional de mi vida.

La primera vez que manejé la camioneta de Oaxaca para El Camarón hice ocho horas, cuando el trayecto se hace en tres horas habitualmente. En aquel viaje lento, mi máxima hazaña fue rebasar un tractor, pero hasta esos retos te pone la vida. Son detalles que te indican que debes romper el "no se puede". El entorno vial de mi tierra es muy transitado, porque por ahí circulan pipas de gasolina desde Salina Cruz y la empresa Cruz Azul produce toneladas de cemento.

Recuerdo aquella larguísima fila de pipas sobre la carretera y mi paso de tortuga. Los choferes me pitaban, "saludando" a mi madre. Yo me orillaba y dejaba pasar toda esa cola. Manejar el carro es como la vida: atreverte a hacer lo que crees que no puedes hacer. Atreverse a controlar una máquina, con responsabilidad, por supuesto. Hay que saber usar el freno, el acelerador, cómo meter los cambios. Era una camioneta estándar: primera, segunda, tercera velocidad. Lógico, al principio sólo iba en primera, quemaba el clutch. Pero, eso sí, me acompañaba la música de Los Tigres del Norte y de Los Temerarios. Esa música me acompañó en mi valentía. Desde aquí quiero decirles a Los Tigres que me "deben" un concierto en Quiegolani. Quiero decirles también que tienen una fan que vivió y que creció en rebeldía con su música.

En poco más de un mes aprendí lo básico en El Camarón. Y un buen día me puse al volante y me dije: "Ya me voy, suerte. Que Dios me bendiga". Me fui sola. Para llegar a mi pueblo debe cruzarse una parte llamada El Empedrado. Es un tramo impresionante de barrancos. Yo no sabía cómo pasaría por ahí, pues además es un solo carril. Me angustiaba la idea de encontrarme un automóvil de frente. No sé cómo lo logré, pero cuando llegué al pueblo las señoras se asombraron de ver a la China manejando. El plan de romper esquemas había arrancado bien.

Ese día era viernes y me quedé todavía el sábado y el domingo. Luego regresé a El Camarón, aunque esa vuelta era más complicada para mí porque el camino es de bajada y yo todavía no dominaba el freno. Imaginaba lo peor: que metía el acelerador de más y me caía al barranco. Por fortuna, mi papá, el señor que no creía en mí, me acompañó para pasar ese tramo y caminó de regreso al pueblo durante tres horas. A pesar de la dureza de don Domingo, estaba orgulloso de su hija, de esa niña loca y rebelde. Vio que Eufrosina no estaba tan equivocada. Y entonces la camioneta comenzó a probar su utilidad. Empecé a ir con las muchachas a los otros pueblos a jugar básquet o a traer leña, por ejemplo.

Esa camioneta fue mucho más que algo material. Significó mucho. Simbolizaba posibilidades. Aquella niña que acarreaba leña en el burro ahora de adulta regresaba a su tierra en su troca con Los Tigres del Norte a todo volumen. Gracias a esa camioneta quise ser presidenta municipal, porque ese transporte me permitió ir de El Camarón a Quiegolani todos los fines de semana. Ya no iba hacia Oaxaca capital, sino a mi pueblo. Eso me conectó más con las mujeres del pueblo, porque mis visitas ya eran semanales.

Los viernes, en tres horas y media de camino ya estaba platicando con ellas. Me convertí en su referencia. Se quejaban conmigo de que no les llegaba un programa social o que el médico del centro de salud no quería atenderlas. Y luego a la cancha, y de ahí a saludar al mayordomo a hacer lo "no habitual". ¿Y qué era eso? Lo habitual para las mujeres de mi edad era ser mamás: levantarse a las tres de la mañana y ser la última en dormirse; todo el día hacer tortillas y traer la leña.

Y yo ya no hacía eso. Yo hacía otras cosas que no eran habituales a los ojos de ese entorno, como comprar mi propio balón de básquet, que subía a la camioneta, porque yo viajaba con él para todo, quería tenerlo disponible para jugar en cada lugar al que llegaba, aunque yo no supiera si ahí las niñas podían o no ir a la cancha.

Así, de golpe, rompía la monotonía, irrumpía con mi balón en la normalidad. Si no querían prestarme la pelota del municipio, yo ya llevaba la mía. Ese simple gesto atraía, y los chavos me proponían jugar. A veces era yo la única mujer ahí gritando, y eso no es normal allá, y claro, yo era la loca, la marimacha o "la que andaba con todos los muchachos del pueblo", la que no recibía correctivos del papá. Con la educación entendí que yo tenía que romper esta normalidad y decirles a las mujeres de mi pueblo que hay otra forma de vivir. Ellas también podían jugar, no todo era hacer tortillas. Así que por eso fue muy importante para mí esa Frontier roja, que me ayudó a transportar muchas cosas. A veces llevaba flores, a veces frutas.

Para entonces yo ya convivía más con los hombres de mi comunidad. Eso generó en mí el deseo de ser presidenta municipal, sabiendo que en Quiegolani las mujeres no votaban y mucho menos habían votado por una. Esa posibilidad no estaba en el radar de nadie.

FRAGILIDAD SOCIAL Y POLÍTICA

El Camarón es un pueblo que concentra el comercio de la Sierra Sur, por eso tiene mucha movilidad. Ahí los jóvenes tenían acceso a más cosas ya, como alcohol y drogas. En ese sentido, eran más frágiles ante las circunstancias. Se me ocurrió generar dinámicas con sus papás. Les decía que la responsabilidad de la educación no sólo es de los maestros. Claro que también entendía a los papás, porque la mayoría de esos jóvenes venían de la montaña, de la sierra. Entonces, es natural que cuando estos jóvenes ven una posibilidad de libertad quieren comerse el mundo.

Pero no se trata de eso. Se trata de avanzar con responsabilidad y asumir las consecuencias de eso. Así que recorrí las comunidades aledañas a El Camarón y hablé con cada uno de los padres de familia. Ahí comprendí cabalmente las problemáticas particulares y aproveché para ir desmadejando los prejuicios de las comunidades. Claro que eso me metió en muchos problemas, porque me alié con la autoridad local para establecer medidas que prohibían la venta de bebidas alcohólicas a menores de edad, y eso no es algo que les gusta mucho a los centros de comercio.

Eso me acarreó otros líos en un escenario muy diferente a una comunidad, pero también avances. Por ejemplo, generé mucho más acercamiento con las mujeres y los jóvenes de Quiegolani, a donde ya podía ir cada fin de semana. Organizaba torneos de básquet, de futbol. De mi bolsa ponía los premios y esa acción sumaba a mi estrategia de romper estereotipos y lograr un cambio real a larga. Las mujeres empezaron a otorgarme plenamente su confianza y apoyo, y entonces ya podíamos pelear con la autoridad, reclamarle constancias y diversas gestiones. Esa rebeldía colectiva creó otras batallas.

También me obligó a crear otros proyectos. Justo en un momento lleno de líos surgió una muy buena idea: la radio comunitaria, que los chavos de Quiegolani echaron a andar. Ahí la rebeldía se convirtió en voz, una voz de mayor alcance. Al principio nadie nos tomaba en cuenta, pero los chavos comenzaron a difundir sus comunicados, en donde denunciaban, por ejemplo, que el presidente municipal no había pagado la luz.

Claro que eso atrajo la atención de la comunidad. Algunos empezaron a señalarnos, a cuestionarnos, pero eso produjo una gran sensación, porque entre nosotros mismos, los jóvenes, nos respaldábamos y nos abrazábamos. Es aquí en donde la educación vuelve al centro de este relato, pues esos jóvenes eran los alumnos de la prepa comunitaria, la única escuela de educación media superior en Quiegolani. Era comunitaria porque no dependía de ningún gobierno: la financiaba la embajada de Japón, a través de una extensión de la escuela marista.

Ahí sigue de pie ese bachillerato, y es sustentable. La prepa comunitaria se concretó gracias a la acción de un sacerdote que llevó al pueblo ese sistema. Es así como la educación se consolidó como mi aliada en todo este proceso de crecimiento político.

También crecí en el plano personal. En el CECyTE tuve mi primer novio, pero me salió de la chingada. Ya tenía 23 años y era la primera vez que me emocionaba. Era mi primera pareja y mi primera vez en todo. Me enamoré muchísimo, tanto, que pensaba que era el amor de mi vida, pero mi intuición femenina me alertó: llevábamos un año de novios y comencé a percibir situaciones extrañas. Siempre me salía con que tenía que ir a ver a su mamá cuando muy regularmente me pedía que lo acompañara a sus partidos de futbol. Y de repente dejó de pedírmelo. Entonces le pregunté a uno de sus amigos al que le tenía confianza. Un 30 de agosto me enteré de que mi novio se iba a casar el siguiente 15 de septiembre. Me quedé en shock, sentí que el mundo se me venía encima. Inevitablemente caí en depresión.

Luego asumí que ese tipo de cosas eran parte de la vida. Sí duelen mucho. Sentía que la vida se me iba, pero hay que atravesar ese proceso. Cuando lo superé, me curé, y me preguntaba cosas como: "¿Pues qué estabas ciega, Eufrosina?" En ese justo momento conocí a quien sería mi esposo y padre de Diego.

QUEBRAR EL CICLO DE LA POBREZA

Cuando terminé la carrera y entré a trabajar supe que quería evitar que se repitiera la historia de mamá, de mi hermana, de papá: casarse y empezar el ciclo de nuevo. A mi hermana la vida le dio nueve hijos varones. Tres fallecieron, porque su matriz era joven. Viven seis y todos son profesionistas. Son como mis hijos. Me respetan. Les digo lo que tienen que hacer y lo hacen, porque saben del sacrificio con que se construyó su libertad.

Eso tiene que ver con el amor, pero primero debes cambiar tu propio entorno. Yo ya había cambiado el mío a través de la carrera que había terminado. Así que fui maestra después de la carrera universitaria. En ese trayecto fundé tres bachilleratos en mi estado. En tanto, vivía en un cuarto como el de mi maestro. Y ahí llegaban las niñas. Siempre llevaba mis cajas de dulces y de galletas, porque yo quería que esas niñas, de las comunidades donde me tocó ya trabajar como maestra o directora del plantel de bachillerato, vieran que también podían construir y tener su habitación, podían ser líderes del pueblo. Pero a la vez tenía la responsabilidad de mis hermanos, de Mingo, de mis sobrinos, de mis primos. ¡Puros hombres!

PROFESIONISTAS

Éramos 10 hermanas y hermanos. Murieron tres, vivimos siete. Mi hermana Claudia, la más grande, es a la que mi papá casó a los 12 años. A los 13 años ya era mamá.

Tengo tres hermanas. Somos cuatro mujeres y tres hombres. Mi hermana Claudia, que se casó chiquita; mi hermano Bulfrano, que es maestro, estudió licenciatura ya grande. Yo lo ayudé, pero él estudió para cambiar su historia y mantener a su familia. Primero terminé yo mi carrera y luego él terminó pedagogía, no hace mucho. Ya pasa de los 50 años. Otra hermana es licenciada en matemáticas y otra en ciencias naturales y tiene maestría en matemáticas. Es una chingona. También tengo un hermano arquitecto.

Después mis sobrinos se convirtieron en mis hijos, cuando me los traje a Oaxaca. Todos entraron al Conafe. Yo había sido la primera y de ahí les dije: "A ver, papacitos, acá tendrán huevo y tortillas, pero deberán trabajar". Ellos tuvieron la ventaja de que al pueblo llegó la telesecundaria y después llegó la prepa. Hoy hay dos prepas. De ahí todos se fueron al Conafe. Mi casa parecía albergue y los chamacos comen mucho, pero rompimos con ese círculo de pobreza y marginación. Eso no sólo cambió el entorno de mi familia más cercana, también el de mis primos. Mi tía tuvo 15 hijos, de los que viven 11. Ella no sabía nada de español. Pero cinco de sus hijos se vinieron conmigo: David es arquitecto, Misael es ingeniero, Leoncio es odontólogo, Amalia es administradora y Mari es abogada. Ella es como mi hija, es muy cercana a Diego, mi hijo, y está viviendo un proceso muy difícil, porque le dio cáncer en el rostro. Por eso Diego es maduro, porque ya sabe qué significa el cáncer.

Mi sobrino, el más grande, es licenciado en administración de empresas. Otro es ingeniero industrial, uno más es cantante de ópera y apenas fue a Grecia. Tengo otro sobrino que es médico. Otro es criminólogo y otro es veterinario. Mi hermano es arquitecto, mi otra hermana tiene maestría en matemáticas. Mi hermano Bulfrano es pedagogo. Le dije: "Si quieres cambiar tu vida, estudia. Estudiar no tiene edad, caducidad, no tiene límites. Si quieres, yo te ayudo, aunque no tengo dinero. Tú tienes que generarlo, y para eso lo único que te queda es estudiar. Tienes que sacrificarte. Estudia la prepa en el pueblo. Ahí no vas a pagar renta y vas a tener comida". Mi hermano hoy tiene más de 50 años, terminó su licenciatura a los 43. Ya estaba casado, tenía una familia.

Cuando estudió la prepa, era el más grande del salón, "el viejo". Y aun así acabó. Le sugerí: "Ahora sí, vamos a buscar dónde vas a estudiar una carrera". Como en Oaxaca capital sale muy caro, se fue a Cacahuatepec, en la costa. Las clases eran en verano, que era una ventaja. Se fue con su familia. Cuando ya estaba en tercer año de pedagogía, de manera automática le dieron una plaza y después logró una plaza interina. Por eso a mi hermano lo quiero y lo admiro, porque nunca claudicó. Nunca dejó de aspirar. Hoy vive con su familia en Salina Cruz. A lo mejor no tiene lujos, pero vive dignamente. Rompió el ciclo de la pobreza.

Mi sobrino administrador trabaja en el gobierno. Otro sobrino, que hace un año se accidentó y estuvo a punto de morir, tiene su empresa mezcalera y hoy exporta. Mi sobrino que canta ópera fue solito a presentar su examen para el Conservatorio Nacional. Intentó tres veces el examen y sólo en la tercera aprobó. Hoy vive en Suecia y se llama Pepe Díaz.

Cuando siembras una semillita, quienes están alrededor comienzan a sembrar la suya. Mi maestro Joaquín sembró la semillita en mí y a mi alrededor ya están otros sembradores. La semilla de mi sobrino Pepe llegó en 2019 a Suiza, en donde cantó. En aquel momento me mandó una foto en la que decía: "Voy llegando a Berna". En otra se despidió de México. "Gracias, querido país, es momento de embarcarme al estudio de ópera en Suiza".

Él estudió en la prepa del pueblo. Tengo una foto en la que aparece con dos maestros: uno, el director de la prepa comunitaria, y su esposa. Ellos son de la Ciudad de México, pero fundaron una prepa comunitaria en Quiegolani. Gracias a eso, todos mis hermanos estudiaron allá en el pueblo. Yo salí de ahí cuando no había secundaria y ahora ya hay dos prepas. En otra foto, ya en Viena, escribió: "Me miro en el espejo y me digo: yo creo que México no ha muerto. Nuestro pasado está en cada paso, en cada color de barro, está en mí que soy de barro, y para nunca más olvidarlo, canto. Ahora oficialmente soy parte del estudio Swift". Me impresiona.

Terminó su licenciatura como tenor y ya está especializándose. Es su mundo. Él admira al fallecido historiador Miguel León-Portilla, autor de *La visión de los vencidos*. Es un muchacho polémico y sostiene: "Yo no presumo de ser indígena, lo único que me gustaría es que entendamos que todos somos seres humanos. No sé qué es raza".

Parece que es mi favorito, pero no, porque todos mis sobrinos tienen una historia. Lo que sí debo reconocer es que quien más ha defendido su ideal ha sido Pepe. Tengo más fotos suyas. Hay una en donde aparece en el coro que dice: "Hace varios ayeres, cuando estaba en la escuela de música de mi pueblo zapoteco". Está junto a otros niños que tuvieron otras oportunidades. En otra imagen aparece con su sax. La música de viento es hermosa. Por eso pienso en cuántas cosas pudieran concretarse si los chavos tuvieran oportunidades de volar, de soñar, si tuvieran a su maestro Joaquín.

ESCONDERLOS DEL DOLOR

Otro sobrino es médico. En él me reflejo, porque ahora ya está en un centro de salud. Ya es el doctor Luis. Y mi hermana es la mujer que más admiro, Claudia, que hoy tiene sesenta y tantos años; le robaron su niñez. Ella me lleva 20 años. Somos 10 hermanos.

Una escalerita de dos en dos años. Primero fue Lencho, después Claudia, luego Bul, Gero, otro hermano, Mati, otro hermano, yo, Munda y Mingo. Mis sobrinos son como mis hijos, porque yo les lavaba los pañales. Mi hermana, que no estudió, que la casaron bien chiquitita, aprendió qué es ser mujer.

Un día le pregunté cómo se había dado cuenta de que ya estaba casada, que ya tenía responsabilidades. Me respondió: "Fue después de haber tenido tres hijos, y que todos se me morían, que mi suegra me gritaba porque yo no podía llenar el comal como ella de tortillas, que yo no servía como esposa de su hijo". Mi cuñado le lleva 10 años a mi hermana. A eso me refiero, a casarte a los 12 años. Ella se casó antes de tener su primera menstruación. No era ni adolescente, era una niña.

A mi hermana la vida le dio puros hombres. Pero hoy, todos mis sobrinos que llegan a la casa se lavan, se cocinan, se sirven. Tiene mucho poder mi hermana. Aprendió a no callarse, aprendió a responder y a ejercer su derecho para que fuera ciudadana de Quiegolani. Mi hermana es bien chingona. Por eso cuando me preguntan a qué mujer de la política admiro, yo digo que no necesariamente tiene que estar en la política, yo admiro a mi hermana y a mi mamá porque son las mujeres más valientes de la tierra.

A mi hermana la admiro porque le robaron su libertad y su inocencia. Y no culpo a mi papá, sino a esa circunstancia que se llama marginación. A mi mamá, que yo creí que era sumisa, por su forma de proteger a sus hijos. Nos escondía en la casa de la vecina para que no viéramos el dolor y el maltrato que le daba mi papá, porque, dentro de esa sumisión, ella no quería que repitiéramos ese retrato. Cuando salí de Quiegolani, todos esos retratos, todos esos sonidos los escuchaba yo. Por eso en este proyecto que estoy haciendo, llamado Mujeres Abriendo Caminos, que consiste en ir a las comunidades, el rostro que aparece en el video promocional es el de mi madre.

El sonido que yo escucho en la voz de ellas se repite en frases como: "¿A qué chingados vas a la cancha si eres vieja?", "No es si quieres, para eso eres mi mujer", "Sírvele a tu hermano, para eso eres la niña aquí". Quiero que sepan que eso se llama violencia, que eso no es costumbre, que eso no es cultura. Por eso yo admiro a estas dos mujeres, mi madre y mi hermana, porque se dieron cuenta de que el grito, el golpe, la palabra inician la violencia, y ellas pararon eso. Por eso, para mí son las más chingonas, porque, a pesar de esa adversidad, de ese dolor, hoy mi hermana está en Quiegolani y le contesta a su marido, les contesta a sus hijos, los regaña, tiene poder.

Sus hijos entendieron que deben romper los esquemas de la cotidianidad, de lo que tiene que ser un varón en el pueblo, que no se les cae nada si se sirven, si lavan su plato. Cuando llegaron conmigo y les dije que nadie les serviría, ni la mamá ni la abuela, que ellos podían y debían servirse, se preparaban huevo, y luego lavaban el sartén, limpiaban el patio, se encargaban de lavar, tender y acomodar su ropa.

Eso es vivir con tres hombres, que comen que da miedo. Luego llegaron mis primos, los hijos de mi tía, que hoy también me ven como su protectora. Dos son ingenieros, otro es arquitecto, uno más es odontólogo y otro me ayuda a manejar el coche. Él, de hecho, apenas terminó su carrera en sistema abierto. Tiene 42 años y yo le dije: "A ver, Pablo, ¿toda la vida va a estar así? Y no me digas que no te da tiempo, porque hay tiempo". El asunto es que no pongan pretextos para construir su sueño. Que antepongan el amor por la libertad.

Porque pretextos puede haber muchos. En mi caso, por ejemplo, cuando regresaba del mercado con mi morralito, lloraba y me preguntaba qué estaba haciendo ahí, sentía que ya no podía, pues eran muchas las humillaciones de mi tío. Por eso siempre estaba latente en mí la idea de regresarme, pero allá en mi pueblo mi futuro estaba sellado. Y en ese momento, en casa de mis tíos, por lo menos ese futuro estaba en calidad de incierto.

Así que confirmé que en la vida nada es gratis, que debía asumir una responsabilidad. De ahí se fueron a vivir conmigo mis dos primas, que son como mis hijas. Una es licenciada en administración de empresas, Amalia. La otra es Mari, que hoy me ayuda con Diego y hace cuatro años le dio cáncer de rostro. A pesar de eso ya terminó su carrera de abogada.

De lo que se trata es de romper este círculo de pobreza y marginación. Mostrar eso. Y ahora los hijos de mi hermano Gero, por ejemplo, ya saben el caminito. Van a terminar la prepa en el pueblo, se me van al Conafe y de ahí a terminar la carrera. "Van a tener techo y comida, pero ustedes van a tener que luchar por su sueño", les advierto. Porque la vida es esa lucha. Por eso, yo pienso que tenemos una corresponsabilidad en la vida, victimizarse no se vale, eso no es amor. El amor no cabe en frases como "estoy jodido, no puedo". El amor vive en palabras como: "¡Claro que se puede! A ver, ¿qué puede pasar? Si no se logra, ya lo intenté". Pero si no lo intentas, no te amas, y por lo tanto estás cometiendo una estafa de amor en la vida.

SUPERAR PARADIGMAS CULTURALES

Hay personas que piensan que los pobres son pobres porque quieren serlo. Cada que escucho eso, lo analizo dependiendo de quién lo dice y bajo qué perspectiva lo hace. Para mí hay diferentes tipos de pobreza. Una es la marginación alimenticia, aunque en nuestros pueblos haya abundancia de hierbas, de quintoniles, de verdolagas, de paloma del campo, de venado, de ardilla comestible, pero a veces no se fomenta una actitud aspiracional. En estos entornos hay casas sencillas, humildes, con piso de tierra, pero bien ordenadas. Por ejemplo, la cocina de mi cuñada, esposa de mi hermano, es de tejas y piso de tierra, pero está tan ordenada e impecable que me encanta ir a su fogón, porque tiene armonía y limpieza en un espacio rústico. Pero hay otras casas en donde encuentras todo desordenado: el pollo acá, el marrano allá. Eso se llama pereza, no pobreza.

El otro tipo de pobreza es mental, porque cuando una persona no se educa a través de la palabra y se deja manipular con frases como: "Tú eres pobre", "eres indígena", "así siempre ha sido", "es que están jodidos", entonces ejercen control sobre ella y termina pensando: "Ah, sí, soy pobre, no voy a poder".

Por eso, repito, hay muchas personas que pueden llegar a la universidad, ese monstruo académico, pero se achican, porque toda su vida han escuchado el discurso de la victimización. Así que hay que plantear soluciones, crear programas que contribuyan a que salgan del círculo de la pobreza, aunque entonces llega otro problema: su aspiración se reduce a la ayuda gubernamental y ese plan de vida se conforma con los 2 000 pesos que les da el gobierno cada mes, porque ya están predispuestos a pensar que ése es el respaldo que merecen y no saben que podrían ganar lo que ellos quieran. Pero tienen que esforzarse, no esperar a que la vida les dé. Y para superar este problema deben romperse algunos paradigmas culturales.

La sociedad debe dejar de mirarnos como población vulnerable. Así nos califican, y pareciera que el concepto "vulnerabilidad" fuera lo mismo que imposibilidad de razonar, de defenderse. Pero no somos niñas y niños toda la vida. Pensamos, razonamos. Mi planteamiento es que la sociedad y el gobierno nos ayuden a generar oportunidades, que no nos regalen nada. Cuando esas condiciones de apoyo no pueden generarse, entonces nosotros debemos arrebatarlas. Duele, pero hay que hacerlo. La gente sólo logra entender eso rompiendo estos esquemas sociales.

El otro tema es la pobreza que se proyecta en una casa sucia. A partir de ahí se desarrolla el prejuicio de la pobreza como justificación para no amarrar a los animalitos, carecer de letrina, no tender la cama, tener la ropa sucia, dejar los pañales usados. Todo esto es simple flojera, no necesariamente pobreza. En contraste, hay casas hermosas que huelen a tierra, porque a mediodía le riegan su agüita, sus jardines están llenos de florecitas. Así que en ese mismo entorno vive una señora con el vestido enmendado, pero limpiecito, bañada. No hay cremas ni aceites, pero ahí se reflejan estos dos conceptos de pobreza. Por ello mismo considero que estos dos tipos de pobreza hay que analizarlos dependiendo quién lo dice y en qué circunstancias lo dice.

Mezcal para el alma

Mi papá se fue en paz. Aprendió a darme un abrazo. Ese día lloramos. En las comunidades nadie nos enseña a dar abrazos, pero de repente ese señor rudo me abrazó. Él falleció hace tres años. Estuvo postrado en cama dos años y medio. Ese abrazo me lo dio antes de que se enfermara. Se enfermó por la pobreza y la marginación, porque el hospital más cercano sigue estando a seis horas. No pude llevarlo, porque no quisieron prestarme una ambulancia aérea y equipada con oxígeno. Después de 10 horas mi papá llegó a un hospital, siendo yo diputada federal. Hoy recuerdo la pinche frustración. Si a mí me negaron ese préstamo, ¿qué no harán con mi raza?

Para llegar a San Bartolo Yautepec tienes que pasar por un pueblo, y a la mitad de ese pueblo hay un río. En época de lluvia debes esperar un día para cruzarlo. Mis hermanos y mi hermana calentaban el cuerpo débil de mi papá con puro mezcal. Iban a buen paso, pero se toparon con el río crecido. Intentaron cruzarlo por otro lado. Llegaron a Salina Cruz, pero el hospital no tenía el oxígeno requerido. Le llamé a un funcionario de gobierno, que por cierto, bendito Dios, hoy está en la cárcel, y me dijo: "Sólo podemos hacer la tomografía. Le doy mi sentido pésame". ¡Pero mi papá todavía estaba luchando por su vida! Nadie quiso prestarme una ambulancia y yo, desesperada: "Secretario, yo nada más quiero una ambulancia que tenga oxígeno adaptable". Y se negó a ayudarme. Por eso yo sé que la gente de nuestros pueblos me quiere, porque ese día hubo señoras que llegaron a abrazarme.

La respuesta de la autoridad es frustrante, porque uno quisiera que las cosas se resolvieran rápido. Por ejemplo, ya pasaron cuatro meses y los proyectos de la Conagua (Comisión Nacional del Agua) no avanzan en la comunidad. Y eso me enoja, porque la dependencia pone muchas trabas, su personal no entiende la urgencia social, no entienden que las niñas no deberían acarrear agua, más bien deberían estar en las resbaladillas. Ellas no deberían de hacer trabajos pesados. Eso es un crimen.

Pero vuelvo al relato de mi papá. Por un fin un agente municipal de El Camarón me prestó una ambulancia, pero no tenía oxígeno adaptable, sino manual. Así partieron, pero a la mitad del trayecto el oxígeno se agotó y debieron pasar a un centro de salud a recargar el tanque. Por fin, 10 horas después mi padre llegó a la ciudad de Oaxaca, pero ya con la sangre coagulada.

Los médicos lo recibieron, aunque advirtieron que, científica y humanamente, ya no le veían esperanzas; sin embargo, la desesperación te nubla y te empuja. Dije: "No importa, inténtelo". Mi papá estuvo dos meses en terapia intensiva y tres meses en terapia intermedia. Durante esa estancia empezó a mover sus manos, pero volvió a tener un derrame. Fue un retroceso.

En esas circunstancias, decidí llevarlo a Cuba, porque supe sobre un tratamiento avanzado con células madre, pero allá me dieron el diagnóstico real: el daño mayor estaba en el tallo cerebral. En aquel momento, todavía con lucidez, mi papá pronunció unas palabras que me mataron. Pronunció con voz apagada: "Ya déjenme ir". Y le rodaron dos lágrimas. Yo me recriminé a mí misma, pues me di cuenta de que en realidad yo no era consciente de mi proceder, porque los enfermos en esa etapa se convierten en bebés y hay que atenderlos las 24 horas, darles de comer día y noche, que no les salgan llagas en la espalda. Es una situación bien fuerte. Las enfermedades no tienen horario fijo.

Así que a los enfermos hay que darles terapia. Si no, la piel se va resecando. Mi papá, después de ser un señor robusto, quedó flaquito. El médico nos recomendó regresarlo al pueblo, para que estuviera en su entorno "y se fuera en paz". Eso hicimos y permaneció un año ahí. Se veía bien, reanimado, y eso nos dio esperanza, pero ya no era posible su recuperación, ya no estaba plenamente consciente. Entonces los médicos nos dijeron que lo lleváramos otra vez en caso de crisis, para reanimarlo, pero eso equivalía a alargar su agonía. Y esas crisis llegaban. No soportaba el dolor y suplicaba que lo dejáramos ir. En medio de la impotencia, yo sólo alcanzaba a susurrar una plegaria: "Lo pongo en tus manos, Señor".

Mi papá falleció un 9 de mayo. Lo enterramos al día siguiente. Los únicos que nos acompañaron fueron los lugareños, porque mi pueblo está muy lejos, pero llegaron el expresidente Felipe Calderón y su esposa Margarita Zavala al funeral de mi papá. No daba crédito. ¡Un expresidente al pie de Domingo Cruz!

RETORNO A LA TIERRA

El ritual funerario es bonito. Por eso creo que vale la pena que el mundo conozca los saberes de la comunidad, el respeto, sus valores. El cuerpo de mi papá estuvo en el petate. Ahí deben quedarse, porque al final regresan a su madre, la tierra. No hay que inventarse pendejadas. Mi papá se veló ahí, ¡qué ataúd ni qué la chingada! Yo ya no alcancé a mi papá. Aquel día me hablaron para decirme que ya estaba muy mal y me dirigí a verlo, pero a mitad de camino tuve que mandarle un audio. Ahí le decía que se fuera tranquilo, que íbamos a estar bien, que iba a cuidar a mi mamá. Ese mensaje se lo envié cuando yo estaba en Totolapan, pero hubo señal sólo al llegar a El Camarón. Para entonces mi papá ya había fallecido.

Aun con el dolor, me quedó la tranquilidad de que en ese trance al más allá escuchó mi voz: "Pinche Domingo, otra vez me lo hiciste. Ahora me toca llevarte tu vela, tu pan, tu ropa". Así que mejor me quedé en El Camarón a comprarle todo para velarlo. Flores, sábanas blancas, ropa nueva, porque así es la costumbre. Compré velas, pan, café y su ataúd. Suspiré. Fue muy fuerte llegar y ver el cuerpo inerte de mi papá, pero pensé que su sufrimiento había terminado, ya había dejado de dolerle. Se fue tan tranquilo. Yo vi esa paz en su rostro y decidí ponerle las siguientes palabras en su boca: "Si cometí algún error, si falté al respeto, creo que ya lo pagué con esos dos años y medio postrado".

Por eso creo que recordar da mucha fuerza. Después de la muerte de mi papá recordé que tengo una foto de la época en la que estaba llena de lombrices. Por eso veo a las niñas de los pueblos y digo: "Ésa soy yo". Quiero que haya muchas Eufrosinas en el mundo y en Oaxaca que cambien sus historias.

Pasado el funeral, empecé a gestionar un puente para el río. Quería evitarles a otros la suerte de mi papá. Don Domingo falleció el 9 de mayo y yo inauguré el puente dos semanas después y, frente al gobernador, dije: "Para mí, este puente no es cemento, es libertad, es vida, es salud, es educación; nadie se va a quedar en la orilla para alcanzar sus sueños". Eso a veces no se entiende. El apoyo que se pide no sólo es eso: es la apertura de posibilidades.

También decidí que conseguiría una ambulancia nueva para el pueblo. La conseguí y la entregué a nombre de mi papá. Yo no pude llevarlo de emergencia al hospital, pero ahora ya existe esa posibilidad para otras personas.

En fin, despedir a tus muertos es todo un proceso, dejarlos ir, preparar todo lo que tengan que llevar a su último viaje, soltarlos y entender que ahora regresan al lugar de donde venimos todos. Todo eso es un proceso.

Ahora que ya pasó el tiempo, miro las fotos familiares. Tengo una que otra foto mía de niña, de mi hermana, la más grande, de su bebé. Fueron captadas por un señor que llegó de la ciudad y que llevaba una cámara. En las fotos siempre salgo viendo a otro lado. Aparecen mi hermanita chiquita, mi hermanito, mi mamá, cuatro hermanos, mi hermana y yo, pero viendo para otro lado, porque siempre me valía madres. Ya no estaba Lencho, pero tengo una foto más vieja de él con mi papá.

CURADA DE ESPANTO

La enfermedad de mi papá no la convertí en frustración, sino en voluntad: en honor a ese viejo, ahora el puente está ahí y es útil. Igual con los 100 pesos que me dio mi mamá. Significaron todo en los momentos más difíciles de mi vida. Quizá haya gente para quien no signifique nada, pero en esa soledad para mí significó fuerza y lucha y la libertad, y me prometía no fallarme a mí misma. En esa mirada que se cruzó con la mía cuando sacó el dinero de su vestidito. Ahí vi la fuerza que mi madre posee.

Sigo viendo en mí a una niña caminando a las dos de la mañana por las veredas, cargando su cajita y su morralito. Una niña desafiando, sin saberlo, a su propia montaña: "Me voy, pero no te voy a olvidar". Me siento orgullosa de decir que soy de Quiegolani. Yo sé que unos me quieren y otros no, pero al menos 80% de la gente de ahí me ha demostrado su cariño, pues lo hemos aprendido juntos.

Así que ahí sigue esa niña que desafió esa inmensidad y llegó a donde ella miraba cuando se sentaba en esa roca. Llegó más allá. Cuando veía el horizonte se divisaba la presa de Jalapa o veía yo luces, porque se distinguía la carretera. Hoy, cuando paso por ahí, veo mi pueblito con sus luces, porque ya hay luz. Luces como estrellas en lo alto de mi montaña.

Por eso no hay que permitir que el dolor y la soledad se conviertan en frustración, en pretexto para victimizarse. Creo que, al contrario, eso es lo que debe darnos fuerza para decir: "Voy por lo que quiero, voy a ir más allá de esa montaña".

Lo que ha sucedido es que otros construyen tu realidad, porque no vas y porque no conoces otra, porque te han dicho que así es. El asunto es que se pueda cambiar eso por algo más grande. Eso es lo que yo quiero. Que nadie construya tu realidad, que tú la construyas a pesar de la adversidad; que aprendamos a detectar los momentos más duros de nuestras hijas, porque cuántas ellas están cargando hoy esas bolsas también, pero que esa búsqueda no signifique dolor, porque lo tienes que vivir, tienes que llorar el dolor, tienes que frustrarte con él, tienes que odiar con ese dolor, tienes que cuestionarlo, pero también tienes que liberarte de él.

Liberarte de esa frustración es la última etapa de sanación en este proceso. Porque no es culpa de nadie, son circunstancias de la vida. Pero ya lloré, ya me frustré, pataleé, y nadie va a cambiar esa circunstancia de dolor si no lo hago yo, si no lo abrazo yo, si no lo animo yo, si no me río yo con esa frustración. Cuando entiendes eso, te liberas de verdad y puedes concluir parte del proceso.

Ya viviste lo que tenías que vivir y ya no duele tanto. Ganas conciencia y voluntad. Por eso en mi carrera universitaria obtuve 9.7 general.

Nunca pagué inscripción, me regalaban mis libros, porque me liberé de esa frustración, abracé el dolor y me reí con él para convertirlo en mi fortaleza. Decidí que me acompañara para demostrar juntos que no estoy frustrada, que soy chingona y voy a ser la mejor ante esa adversidad, que yo seguía viendo como universitaria, pero ante ese panorama logré mi 9.7 de aprovechamiento académico. Puedo decir que fui la segunda mejor estudiante de mi generación, porque una amiga mía logró 9.8 de promedio.

Entonces, siento que aprendí a sanar, a no permitir que mi frustración me dominara. Nadie va a cambiar mi circunstancia si no lo hago yo, nadie va a dar un paso por mí, nadie va a cambiar la historia de mi entorno. Y para llegar a esa etapa debes asumir los costos, frenar esa frustración para que no te frene a ti. Aprender a convertir la frustración en fuerza. Por supuesto que eso tiene consecuencias.

En ese sentido, empecé a ser señalada, cuestionada. Me decían loca, rebelde. Pensaban que no iba a terminar mi carrera, que iba a llenarme de hijos. Y justo ahí es donde ya está tu realidad. Demuestra que nadie tiene derecho a construir tu realidad, sólo tú como persona única, sin violentar el derecho del que está enfrente. Tú eres responsable de tu historia y nadie más, porque ya eres adulta, ya eres consciente y ya sabes cuáles son tus derechos y tus obligaciones. Y lo supiste a través del poder de la educación. Cuando entiendes eso mandas todo al carajo. Ya estoy más curada de espanto que la chingada.

EL AMOR PUEDE SER UNA GRAN ESTAFA

Cuando desempeñé una función pública mi amiga y hermana Ivonne Gallegos me ayudó a elaborar un proyecto al que costó trabajo nombrar. Se llama Mujeres Abriendo Caminos, que aparentemente no tiene relación con conceptos como el amor. Pero sí lo tiene. Me explico. Cuando una niña o una mujer no está consciente de hasta dónde llega su capacidad de ser ella misma, de ser mujer a través de sus decisiones, su independencia económica, su poder, por supuesto que vive una estafa en muchos sentidos. Una de ellas, y que ampara casi todo, es eso que se llama amor, porque eres mujer y tienes derecho a ejercerlo, pero la estafa suele venir de que "eres mujer" y "tienes" que cuidar a los hijos, eres mamá y tu tiempo "debes" dedicarlo al hogar y no a desarrollarte. Por lo tanto, claro que se vuelve una estafa. Es una estafa no ser tú.

Ivonne siempre luchó por ser ella. En esta lucha feminista y política se le fue la vida. Años después, cuando buscó la presidencia municipal de Ocotlán de Morelos, le arrebataron la vida, y con ella se fue un pedazo de mi alma y mi corazón.

Pero ella también me enseñó que es una estafa no defender tu amor y, por lo tanto, tú también estafas al que está enfrente, porque no te desarrollas con libertad, porque te pesa eso que te dice la sociedad, tu entorno; te pesa, en el entorno comunitario, esa costumbre de que debes casarte a los 12 años, debes hacer tortillas. Y en otro entorno: una señora con maestría debe sacrificarse por el esposo con doctorado. Quizá tienen una oferta similar de futuro, pero la que sacrificará su desarrollo profesional es ella, en nombre del amor. Por supuesto que ésa es una estafa amparada en la palabra *amor*. El problema es que, desde mi punto de vista, eso no es amor, es una estafa.

"¿Es el amor un juego sublime?" Esa pregunta, que leí en un libro, es muy fuerte, porque la palabra *sublime* envuelve todo: es entrega, es sacrificio, implica la idea de detenerte en nombre del amor, porque el amor está sobre todas las cosas, pero eso no es cierto. El amor se vuelve una estafa cuando a las mujeres les exige sacrificio. El amor no es sublime entonces. Es una estafa.

En ese sentido, yo creo que el amor debe generar una conciencia total y absoluta de vivir como tú quieres, como ser humano, más allá de si eres heterosexual, homosexual o tienes una orientación diferente. Hacer que las personas decidan cómo vivir su vida sin afectar a una tercera persona. Para mí eso es amor. Lo aprendí en el camino, en la lucha, porque si yo estuviera todavía en Quiegolani no diría eso.

Por eso, en mi concepto, amor es libertad de conciencia, y también significa arrebatarle a la vida lo que mereces, asumir las consecuencias de ello, bueno o malo. El amor es todo, no se agota en frases como "te amo" o "eres mi vida". No. El amor es el pulso de lo cotidiano, de cómo vives tu vida en este ejercicio amoroso, con esa conciencia de libertad, de derecho y de obligación, de romper tus propios paradigmas, tus miedos, porque la vida no te va a regalar nada. Uno debe construir ese amor infinito, si no, nadie te va a construir el amor. Por eso creo que es una estafa cuando piensan que un logro del amor es casarse, tener una pareja. Eso no es amor. Amor es el conjunto de lo que vives cotidianamente, tengas pareja o no.

Incluso en la decisión de ser madre o no, porque hasta eso tienes que romper. Hay mujeres que deciden vivir el amor sin ser mamás, deciden vivir el amor en libertad. Eso también es amor, porque es un derecho de conciencia, un derecho de libertad. Eso lo aprendí precisamente desde que emprendí el camino al salir de Quiegolani a los 12 años. Comencé a aprenderlo cuando le dije a mi padre que yo no quería casarme, porque, ahora lo sé, eso hubiera sido una estafa, una imposición basada en una costumbre que nadie cuestiona.

Ése era el amor de mi papá, en su concepción. Ésa era su forma "sublime" de amarme, porque eso pensaba. Pero al negarme, estaba defendiendo mi amor por mí, porque nadie más iba a hacerlo. Luego llegué a un entorno ajeno y me vieron de pies a cabeza, por mi tono de voz. Pero me sostuve. Mi defensa del amor por mí misma consistió en demostrar que esta mujer con facciones "diferentes", con tono propio, con tez morena, también es chingona, le carbura el cerebro y lo único que quiere es una oportunidad.

En esa defensa estaba implícito mi amor por ser libre, libre de no repetir la historia de mi hermana y de mi mamá, ni de mis amigas. Eso es amor. El amor a tus ideales, a lo que crees que es correcto. Pero hubo una tercera cosa que defendí. Eso fue mi empeño en ser alguien, pues no quiero que sólo me digan la China toda la vida. Yo quiero que me digan abogada, doctora. Ese amor también lo construí luchando. Porque el amor se lucha también, se llora, se frustra. El amor duele también, pero el amor también es gozo, es alegría, es éxito. El amor es llegar a una misma. El amor se vive de diferentes formas, todos los días. He tratado de construir mi concepto de amor y que no se convierta en una estafa. Eso se vive en algún momento, con alguna pareja, pero está en tus manos asegurarte de que ese amor no sea una estafa.

Cuando me negué a continuar la tradición de casarme a los 12 años, fijé un límite. Ahí comencé a descubrir mis libertades, porque el amor tiene que partir de la libertad. Si no, no es amor. Con la educación fui descubriendo libertades. Descubrí palabras inéditas en mi comunidad. Palabras como *celébrate*. Eso no existía en Quiegolani hace más de 25 años. Existía, eso sí, la costumbre de casar a las niñas, recibir gritos, "cumplir" la función de hacer tortillas. Pero en ese entorno que se llama escuela aparecen otras cosas. El maestro que caminaba más de 12 horas para impartir clases enseña otras posibilidades de amor bajo el concepto de libertad.

Pero, ¿cómo se hace eso?, ¿cómo se consigue? Empiezas a descubrir que la única manera es seguir viendo a la educación como si fuera un gran menú. Y te lo tienes que tragar para entender cómo se llega a eso que estás viendo en la pared del cuarto de tu maestro. Vas entendiendo que la clave es aprender palabras, estudiar, educarse. Aprender a decir "tengo derecho" y no tengo que casarme, no tengo que dedicarme a hacer tortillas toda la vida.

El primer paso es dejar tu entorno, no para olvidarlo, sino para decirle a otro entorno que las mujeres de la montaña no queremos ser amas de casa, no queremos ser siempre las que debemos agacharnos. Creo que también eso es amor. En ese sentido, el amor sí implica sacrificio, porque una niña de 12 años debe dejar su casa para ir en busca de eso que se llama libertad. Y eso duele, porque no sabe hacia dónde va, qué rumbo tomar. Ahí cabe el amor como sacrificio.

Creo que muchos confunden el amor de pareja, y no, el amor es el conjunto de tus logros, y ahí están tus sacrificios. El amor más grande, el amor por mí, el amor por mi familia, por mi entorno, por mi comunidad, por mi estado. Eso implicó sacrificio. Pero un amor así debe partir de ti.

Cuando decides que no quieres más dolor, más gritos, más llanto; cuando rechazas la idea de tener dos hijos a los 14 años, entonces descubres que el futuro no está ahí, en tu entorno. ¿Entonces dónde está? El poder de la palabra ayuda a entender que lo que viste en esa fotografía puede concretar ese sueño.

Hoy veo un chingo de esas fotos que se parecen a las que vi en el cuarto de mi maestro. Por ejemplo, en la Ciudad de México. Así que es posible, logré tocar físicamente la pared del cuarto de mi profesor. Sí existe, no era un sueño. Llegué a esa meta, pero hubo sacrificio, porque el corazón se parte en dos. Duele mucho. Duele dejar a mamá, a papá, dejar parte de lo que eres, porque ahí naciste, mal que bien y, a pesar del dolor, existía el entorno llamado familia.

Mi segunda decisión importante fue seguir estudiando, porque la primera fue el día en que mi corazón se partió en dos para buscar mi libertad. El día que salí de Quiegolani, el día que me levanté a las dos de la mañana, que cargué mi morralito, mi cajita; el día en que mi papá me advirtió que yo lo había decidido, el día que mis huarachitos de plástico sudaban y me salieron ampollas, el día que subí por primera vez en un autobús y llegué a ese entorno lleno de calor. Hubo mucho dolor para estar aquí. Eso es amor, porque lo hacía yo por mí, pero al mismo tiempo era dolor y sacrificio, era incertidumbre. Porque no sabía ni siquiera a dónde iba ni qué futuro me esperaba. Sólo me aferraba a esa pinche fotografía que vi en el cuarto de mi maestro. Me aferraba a buscar si era real o nada más era mi imaginación.

Hacer política

Creo que empecé a hacer política sin darme cuenta de que siempre hice política. Romper paradigmas es hacer política, pero desde antes ya estaba presente ese deseo: cuando entré al cuarto de mi maestro, cuando me negué a hacer tortillas, cuando me rebelé, cuando regresé a mi entorno, un entorno que dejé para explorar otras oportunidades, otras realidades, otros rostros, otros sonidos, todas estas variedades que tiene México. Ese deseo se afianzó cuando tuve bien claro qué significaba la palabra *discriminación*, cuál es el concepto de la igualdad, de la equidad, de los derechos humanos, saber qué era la Constitución. Todo lo que desconocía en mi entorno.

Con ese conocimiento se desarrolla la capacidad de distinguir lo que no es normal, lo que no está bien, y también lo que sí quieres. Por ejemplo, dentro de toda esa desigualdad, yo amo mi lengua, mi vestimenta, me gusta participar en la fiesta del pueblo, me gusta cargar a la Virgen e ir a la casa del mayordomo, aunque no me guste que las mujeres se sienten en el piso. Ellas también pueden sentarse a la mesa. Ahora, para que las mujeres puedan sentarse a la mesa deben aceptar unas copitas de mezcal, pero está mal que deban pagar ese costo.

Eso no debe ser. La igualdad debe estar al alcance de todas y de todos, pero en algunos sectores y poblaciones eso no es posible. Por eso debes romper prejuicios, exhibir la anomalía, pero eso sólo se logra con la educación, que es un proceso que abre horizontes. Sólo así puedes plantear estrategias de enseñanza que impliquen que el primer paso para que te entiendan es adaptarte a ellos, pues no puedes forzarlos ni pelearte. Supe que la que debía entenderlos era yo, porque ellos son quienes deciden al final. Lo primero que logré fue que aquel grupo de jóvenes locos igual que yo me defendiera, se pusiera de mi lado.

Por eso creo que la igualdad se construye con los hombres y con las mujeres. Nadie debe ser marginado. Se construye con esta diversidad social, esos rostros que buscan también la igualdad y la felicidad, sean homosexuales o lesbianas. La sociedad es tan diversa, que está llena de locos y de locas magníficos.

Madurar la relación con Quiegolani

Mi terquedad hizo cambiar muchas cosas en mi entorno familiar y comunitario. Esta revolución de la normalidad. Ya como profesionista me involucré en otros asuntos, e iba a Quiegolani y lo comentaba. Incluso sentía que ya había más respeto hacia mí, aunque mi papá todavía tenía reticencias. Me preguntaba si acaso yo no me percataba de que todo el pueblo hablaba de mí. Me reprochaba que, en mi ausencia semanal, no recibía yo las burlas ni los gritos. Él sí. Pueblo chico, infierno grande. Pero era su visión. Ya a esa edad no me pegaba, pues yo ya estaba dispuesta a responder cada golpe. Así que era más que urgente resquebrajar esa cotidianidad. Si me hubiera dejado, si le hubiera dado la razón a mi papá, lo más seguro es que del trabajo me hubiera guardado en casa a ayudar a mi mamá, a lavar los trastes, y no estaría escribiendo un libro hoy.

Para entonces yo había fundado tres escuelas, había hecho un montón de cosas en cada comunidad, pero llegaba a mi entorno y todavía la fuerza y el grito de mi papá me pesaban tanto, que incluso llegué a pensar que quizá tenía razón. Pero no iba a claudicar, yo no estaba haciendo nada malo. Y pensaba: ¿por qué me van a decir que no tengo derecho de jugar, narrar el partido, gritar y sentarme aquí?

Entonces tomé la decisión de liderar esa transformación. Un lugar importante en ese cambio fue la iglesia, porque en las comunidades las mujeres sólo pueden ser catequistas y cuidadoras, pero el hecho de que el sacerdote me encargara hacer la lectura casi provocó que lo corrieran, porque históricamente esa lectura la hacían los hombres.

Así poco a poco, picando piedra. Una de las claves en ese avance fue mi presencia constante en mi pueblo, porque ya iba yo cada fin de semana, así que cada ocho días causaba una pequeña revolución. Y las niñas más chiquitas comenzaron a seguirme. Siempre llevaba canicas y me ponía a jugar con ellas. Pobres, seguramente sus papás les pegaron en algún momento por esa causa. Además de básquet, jugábamos beisbol. Yo no sé jugar mucho, pero poníamos cuatro piedras en cada esquina del campo, bajo la lluvia, descalzos, y también eran puros chamacos. Y gritar todo el tiempo.

En fin, cada escapada de la casa era un logro, aun siendo yo ya una profesionista. Escuchaba el grito de mi papá. Me reclamaba porque ni siquiera había hecho mis propias tortillas, que mi mamá no estaba para eso, que no había lavado la ropa de mi hermano. Yo, por supuesto, le respondía que la lavara él, que para eso tenía sus dos manos. Esas reacciones ya iban despojadas de miedo, ya le contestaba de tú a tú, y lo hacía porque ya no dependía de él y porque yo llevaba las cosas para la comida.

Esa posibilidad me la brindaba la educación, porque genera economía, independencia, criterio, libertad y revolución. Cada semana era así: discusión con mi viejo, que mostraba su visión, una perspectiva que había adquirido por vivir en ese entorno. Aprendí también que no fui víctima, que así son las circunstancias de la vida, y que uno debe cambiar ese entorno asumiendo los retos y las responsabilidades que ponen esas circunstancias.

Yo no podía ir a la cancha, no podía sentarme a la mesa, entonces eso fue lo primero que tuve que modificar. Pero tenía que asumir el costo, bueno o malo. Gracias a eso se abrieron otras posibilidades. Hoy las mujeres y las niñas ya se sientan a la mesa y ya pueden bailar, aunque por mis acciones fui señalada y juzgada, y mi familia sufrió por ello.

TIEMPO DE DECISIONES

Mi vocación política se fortaleció en ese recorrido que hice de la prepa a los años de la carrera, pasando por el CECyTE, cuando se afianzó mi trabajo con las mujeres. Cada domingo el presidente municipal les informaba a las viudas y a las mamás solteras acerca de algún programa social que podría beneficiarlas, pero primero debían conseguir marido "y luego, a ver si les tocaba". Y esa arbitrariedad ocurría porque a ellas no se les reconocía el trabajo comunitario. Por ejemplo, en la fiesta grande de la comunidad ellas hacían la comida para darles a todos los visitantes. Eran tres o cuatro días de estar las 24 horas frente al comal. Eso implicaba más trabajo que servir todo el año en el pueblo, pero no lo reconocían. Cuando había tequio (trabajo colectivo), las que preparaban el agua eran ellas, pero no las tomaban en cuenta. El trabajo no respaldado por un hombre no era reconocido.

La anomalía era evidente y mi conclusión lógica era: cuando un político pide el voto, ellas sí existen, su voto cuenta, pero para lo más importante no. Una constancia para acceder a un programa de gobierno era la de vecindad de origen o constancia de posesión de tierras para proyectos productivos. Pero en mi entorno las mujeres no eran dueñas de nada, los hombres eran los dueños de la tierra. Es más, si una mujer se casa, su marido toma posesión legal de la tierra. De esta manera, las mujeres carecían de herencia, no estaban en ninguna lista, no tenían nombre ni derechos, no eran ciudadanas.

Estas acciones las hacían invisibles y las marginaban del acceso a proyectos productivos, como sembrar flores, criar marranos, tener ganado. No eran dueñas de nada. Sólo la cercanía con ellas, la convivencia cotidiana, me permitió darme cuenta de la profundidad del problema. La aportación de las mujeres era invisible. Toda la vida aportaban para el desarrollo del pueblo. Por ejemplo, cuando se construía otro tramo de carretera o el primer salón de clases, ¿quiénes se levantaban primero para que el señor fuera por el bulto de cemento? Ellas, desde luego. Hacían las tortillas y el atole para ellos, para que pudieran ir a laborar. Eso era una aportación esencial, pero la cotidianidad la negaba.

Eso no estaba bien. Mi cultura no podía ampararse para siempre en el concepto de "usos y costumbres", porque ese sistema ni siquiera estaba respaldado por los mitos fundacionales de la región. Una de esas historias ancestrales señalaba que Quiegolani fue gobernada por una mujer. Las voces de los abuelos hablaban de la diosa del maíz, que había sido hallada en la laguna. Entonces, si una mujer aparecía en el origen mítico de mi pueblo, no había razón para seguir negando su aportación. En esos momentos pensaba en el mal que los españoles nos habían hecho. No sabíamos quién tenía ascendencia española. Pero yo escuchaba a mi papá y a mis tíos contando la historia de Quiegolani, nombrando con orgullo a la diosa del maíz, a la gobernadora.

Ese contrapunto fue muy fuerte para mí. Esos descubrimientos te los brinda la conciencia, la libertad, el criterio para diferenciar lo bueno de lo malo. Esos diagnósticos son producto de la educación. Hay que rebelarse ante eso, cuestionar la autoridad. Y en ese camino las mujeres se fueron acercando a mi labor. Casi sin darme cuenta, ya estaba involucrada en la problemática. Entonces llegó la prepa comunitaria, una parte muy importante en mi proceso político y, por tanto, en mi decisión de ser candidata a la presidencia municipal.

Una razón esencial de la relevancia de esa prepa es que no dependía de ningún gobierno, sino de una fundación. Y así comenzó a formar jóvenes críticos desde un sistema autosustentable, que a los alumnos les permitía estudiar en internado, pero al mismo tiempo podían tener su granja de pollos, de vacas, de chivos, de coliflor, de elotes, de ejotes. Es el subsistema de bachillerato más chingón de México. Los maestros llegaron con un sacerdote, porque es una filial marista, pero se conoce como prepa comunitaria, porque los maestros no reciben un salario, sino un apoyo simbólico por parte de los padres de familia.

Ahí, los maestros enseñan a hacer trabajo. Como alumno, debías lavar tus trastes, llevar tus tortillas, y otros chavos de otras comunidades se quedaban a dormir en instalaciones que construyeron los papás. Todo era convivencia, todos comían a la misma hora, todos lavaban su ropa, hombres o mujeres. Todos tenían la misma responsabilidad de cuidar el huerto y a los animales. Y luego se instituyeron las clases

115

de teatro, de música, de bordado. Podía verse a los varones aprendiendo punto de cruz y cosiendo, haciendo corte y confección.

Esa posibilidad inédita de educación revolucionó la mente de la juventud y de la niñez de la zona. Ahora tenían otra visión, ya sabían que las mujeres también pueden hacer todo, y entre ese nuevo universo podían hacer obras de teatro. El director de la prepa, el maestro Chovy, fue y es mi gran aliado, y su papel sigue siendo un problema para muchos hombres en la región, porque su labor generó una revuelta mental en sus estudiantes. Por eso creo que ese sistema pedagógico es el mejor. Aquellas obras se montaban en nuestras lenguas, en zapoteco, en chontal, y daban funciones en cada fiesta. Esas obras de teatro exponían el alcoholismo, la violencia y, sobre todo, abordaban la participación política de las mujeres. En los diálogos hacían referencia a cómo se les gritaba a las mujeres.

Después instalaron la radio comunitaria, casi clandestina, que ya mencioné. Los sábados a las cinco de la mañana usábamos el altavoz para informar que el presidente municipal no hizo tal gestión o no proporcionó tal servicio. El asunto se puso rudo. Incluso el funcionario señalado rompió una pequeña cámara fotográfica que habíamos comprado para nuestra labor. Pasé de ser un problema dentro de la cotidianidad del pueblo a convertirme en un problema para el poder político del pueblo.

Sin embargo, la base de ese trabajo seguía siendo la formación de los muchachos, porque la prepa generó igualdad: las niñas y los niños en condiciones parejas, nadie se sentaba en el suelo, todos a la mesa, y revueltos. Desde la enseñanza se inculcó la igualdad para construir equilibrio. Y eso fue en los hechos, en la realidad, en la cotidianidad de cada niño y de cada niña que asistía a estos salones.

Ese proceso lo viví casi dos años y, cuando se acercaba la renovación de la presidencia municipal, estos mismos jóvenes, ya con mayoría de edad, me animaron a postularme.

Yo no les creía mucho, los tildaba de locos. Eso fue en 2007 y el ánimo fue creciendo. Pero la historia de estos jóvenes fue la clave, por eso siempre les doy las gracias. Y así nació la idea de postularme en Quiegolani, porque mi pueblo es referencia de mi libertad. Por eso a la prepa marista la quiero mucho, pues para mí significa el nacimiento de muchas libertades. Cuando voy a Quiegolani no falta mi visita al profesor Chovy, y nos echamos dos o tres mezcalitos. Es un manjar platicar con ese señor, que dejó su vida para construir libertad en la montaña. Pertenece a una familia con recursos económicos en la Ciudad de México, y dejó todo. Ya tiene dos décadas en mi pueblo, dando su vida para crear conciencia. Sus hijos nacieron ahí y hablan zapoteco. Él dice que son de Quiegolani. El profe Chovy no es ostentoso, trae su pantalón roto, pero nunca dejará de ofrecerte café y pan cuando lo visitas. Él representa para mí esa generosidad que no siempre tenemos como humanos. Esa generosidad de dar todo por construir una sociedad en donde no existe eso que llamamos nivel socioeconómico, sino convivencia y hermandad.

MUNDO DE SOMBREROS

Los muchachos de la prepa marista fueron los que me animaron a emprender la ruta política, aunque yo me negaba al principio, pues sabía que en la historia de mi pueblo nunca había votado una mujer y menos habían votado por ella. Ni siquiera existía una lista de ciudadanas. Cuando se convocaba a una asamblea, se sobreentendía que sólo se convocaba a los ciudadanos. Los que asistían a las asambleas eran los hombres. Lo recuerdo bien: cuando convocaban, mi papá asistía. Mi mamá, ni asomarse a la ventana. Puro sombrero se veía en la cancha.

Eso, desde luego, estaba mal, pero nadie se daba cuenta. Las mujeres estaban relegadas con el pretexto de que cumplían otro papel: se quedaban en casa a cuidar a los niños, calentaban las tortillas para cuando regresaran sus maridos de la asamblea. Yo me preguntaba: ¿por qué no pueden hacer los dos ambas cosas? El valor de la aportación de la mujer, y yo creo que eso pasa en toda la sociedad, no es visible, el trabajo en el hogar no es remunerado, es su obligación de manera automática. Su obligación es que el baño y el fogón estén limpios, que la comida esté lista. Ésa es la costumbre. Y si no la cumplen, significa que "no sirven".

En cambio, un caballero se va al trabajo, es el que trae el dinero y es el que sostiene una familia, pero no se dan cuenta de que, sin el trabajo del hogar, una familia tampoco se sostiene. ¡Cuántas veces vi a mi papá en la asamblea y a mi mamá en la casa! ¡Cómo se iba a asomar si era un tema de hombres! "Discutir el desarrollo del pueblo es un tema de hombres." Todo eso, esa cotidianidad, lo fui entendiendo.

Me di cuenta de que en San Miguel Chicahua, en San Lorenzo, les decía que no se dejaran, pero en Quiegolani, mi propio pueblo, se vivía la misma circunstancia. Lo primero que me dijeron los muchachos fue que ellos, para empezar, sí votarían por mí, porque ya tenían 18 años, hacían el tequio y cumplían con la ciudadanía. Ya con esa base me decidí, aunque el primer obstáculo fue mi familia. Mis hermanos me acusaron de locura, me decían que en el pueblo se iban a burlar de la familia, que nos iban a correr de la comunidad. Todo lo que me advirtió mi hermano, que es el más enojón, pasó exactamente. Señalaron a mis papás y me expulsaron a través de una asamblea. Yo no daba crédito a esa expulsión, porque para los hombres del pueblo yo no existía como ciudadana, pero un acta del cabildo me desconocía como ciudadana. Entonces, si no era ciudadana, ¿cómo iban a desconocerme como ciudadana? Entonces sí soy ciudadana.

Ahora lo cuento sin llanto, pero ese proceso significó mucho dolor. Regresaba la angustia infantil de aquellas noches cuando mi papá quería casarme, cuando yo quería que la tierra me tragara. El mismo sentimiento que surgiría en el futuro, cuando fui presidenta del Congreso local y yo pensaba entre lágrimas en el problemón en que me había metido. Rezaba, deseaba desaparecer. Pero también estaban los muchachos que me apoyaban. ¿Cómo decirles que tiraba la toalla? No, eso no, pues para ellos yo era la rebelde, la que se atrevía a ir a la cancha, a chingarse unos mezcales. ¿Cómo iba a decirles que siempre no y, por otra parte, cómo iba a convencer a mi familia?

Todo estaba en mi contra, las noches se me hacían eternas. El insomnio era insoportable. En mis plegarias me preguntaba en qué momento había dicho que sí, cómo no medí las consecuencias, en qué asunto metí a mis papás. Estuve a punto de claudicar ante la violencia de la mente, a punto de decir "no puedo con esto". En ese trance psicológico se iba acercando más el proceso de elección y los chavos no perdían el ánimo.

Recuerdo a José, a Servando, a Pompilio, a Carlos, puros chamacos. Ellos hacían la campaña, porque eso era uso y costumbre. Ellos hablaban con los señores para convencerlos acerca de mi candidatura. Cada señor que convencían me lo mandaban, y yo tenía que decirle por qué quería ser presidenta. Y cada señor que yo convencía, lo registraba en una libretita, le ponía una palomita. En un pueblo, esa organización se establece a partir de los apellidos. Se ubica al líder de la familia Martínez, al líder de la familia Villavicencio, y se van anotando.

Los chavos hacían cosas increíbles. Hay que imaginar a unos jóvenes rebeldes convenciendo a unos señores tradicionales de que votaran por una mujer. Debo decir que todos esos muchachos estudiaron en la prepa con el maestro Chovy. Por eso eran tan revolucionarios, por eso tenían esa visión. Puedo asegurar que ni los estudiantes varones de la mejor prepa de México tenían tan clara la idea de igualdad como esos chavos que terminaron la prepa con Chovy, porque no se trató sólo de recibir un discurso sobre educación. No. Ellos fueron construyendo esa igualdad en sus vivencias, desde cómo sentarse a comer y cómo producir su consumo educativo. Todo eso propició que nos juntáramos a construir la posibilidad de que fuese yo la primera mujer presidenta del pueblo.

Esos chavos iban casa por casa convenciendo. Eran jóvenes haciendo una revolución en cada casa y yo enfrentando a mis papás, a mi familia, que estaba segura de que nos iban a correr. No daban crédito a lo que sucedía, simplemente porque ninguna mujer había participado en política, y yo quería postularme para la presidencia. Me reprochaban que no había servido al pueblo, pero luego caía en la cuenta de que ya llevaba 11 años cargando a la Virgen de la Soledad y eso no me lo tomaban como servicio. A mi hermano sí, que llevaba cargando la cruz siete años. Esa desigualdad era parte de lo cotidiano.

Me cuestionaron que quise romper los usos y costumbres de las comunidades de Oaxaca por no haber hecho los servicios escalafonarios, pero la vida me enseñó a tomar los espacios que nadie me daría. Si yo no hubiera hecho esa revolución, hoy no estaría hablando de una reforma a la Constitución de mi estado y de mi país, hoy no habría cabildo en Quiegolani con proporción genérica. Si no me hubiera saltado las trancas escalafonarias para postularme, todo seguiría igual.

Si ni siquiera me llamaban ciudadana ¿cómo pretendían entonces que yo hiciera el servicio escalafonario que me exigían? El argumento que me dieron para rechazarme fue que no había prestado servicio comunitario. Pero ¿cómo voy a dar servicio si mi nombre no aparece en una lista ciudadanas? Todo eso revolucionó el sistema de participación en Oaxaca, principalmente en municipios indígenas en donde las mujeres eran invisibles, porque para mí lo importante no era ser presidenta, sino visibilizar la presencia femenina que nadie quería ver. Así que me sostuve: nosotros no somos así. La historia de mi pueblo dice que la primera gobernadora fue una diosa. No podían decirme entonces que la costumbre era al revés. Es más, la ley me apoyaba. Invisibilizar a las mujeres no es una costumbre. La costumbre es la lengua, la vestimenta, el color, el olor, pero no la violación a los derechos humanos, no el freno a la participación de las voces femeninas. La "costumbre" era matar la voz de las mujeres. Estaban, pero no estaban.

Esa revolución la propició la rebeldía, no de Eufrosina, sino de esos jóvenes, locos rebeldes, que gracias a una prepa comunitaria construyeron, desde los hechos, la igualdad, un elemento para construir una sociedad en equilibrio. La sociedad se construye con base en la aportación de todas y de todos. Ni más ni menos. Es una báscula.

LA "MALDICIÓN" DE SER MUJER

Para anunciar mi candidatura no hubo ningún aviso oficial, ninguna carta membretada. El cabildo se enteró a partir de los chismes del pueblo. El nombre de la China sonaba. La Mesa de Debates la eligió el cabildo, cuando en años anteriores la elegía la Asamblea Comunitaria. Por eso cuando defendí mi candidatura, no demandé a la asamblea, demandé a quien organizó esa asamblea. El pueblo estaba votando por mí, así que no solamente violentaron mi derecho como mujer, sino los derechos de los hombres conscientes que votaron por una mujer.

Yo tenía 27 años, y los chavos tenían entre 21 y 22. Estábamos en la edad de soñar sin medir consecuencias. Sólo queríamos cambiar las cosas, pero no previmos los insultos. A ellos les gritaban de todo, les criticaban que anduvieran "detrás de la falda de una pinche vieja". Ese día, el de la asamblea, me dolió ser mujer, me frustré por ello. Ese día maldije ser mujer, porque dolió demasiado. La violencia política duele, porque hasta la tierra tembló ese día cuando esos señores me insultaron.

Dos días antes de aquella asamblea repartieron unos papelitos. En ellos no debían escribir ningún nombre, sino el día de entrega. Ellos escogieron a quienes iban a entregar la mesa de debates, o sea, a quienes iban a recibir esos papelitos. Cuando empezó la asamblea a las ocho de la mañana, el 7 de noviembre de 2007, comenzaron a convocar a los ciudadanos hombres. Todos fueron entregando según la lista inscrita en el municipio, por orden alfabético por apellido, y a las 12 del día llegaron los muchachos a mi casa para informarme que la asamblea estaba anulando todos los papelitos a mi nombre. Eso sucedió, argumentó la asamblea, porque no estaba registrado mi nombre en la lista de ciudadanos (porque no había una lista de ciudadanas), además yo no vivía en Quiegolani y era profesionista. Tres argumentos en contra. Mi asombro fue mucho, pues además éramos sólo dos candidatos. En ese entonces, sólo votaban en la cabecera municipal, no en las agencias. Si el municipio tiene en las agencias a 10 000 habitantes, pero la cabecera tiene 250 ciudadanos, únicamente votaban estos últimos.

De hecho, ese rezago social en las comunidades se explicaba porque no están representadas en las tomas de decisión. Ésa fue una parte de la lucha que construimos, pues pedíamos la participación de las agencias, pero no la permitieron. Aunque argumenté que eso era una injusticia, mi papá comenzó a reprocharme que no había hecho caso a sus advertencias, y mis hermanos se quejaban de que ahora éramos la burla del pueblo. Pero la frustración y el dolor me sacaron de la casa. Era la una de la tarde, era noviembre y hacía frío. Me dirigí a la asamblea. Ahí estaban unos señores medio borrachos. Llegué a la mesa y les pregunté por qué anularon los papeles con mi nombre y me dijeron: "No estás en la lista de ciudadanos, eres profesionista y no vives en el pueblo", y que así lo habían acordado en alguna acta.

Por supuesto, exigí ver ese papel, y entonces, prometí, entendería toda la argumentación. También exigí que se anularan los papeles del otro candidato, Eloy, porque también era profesionista, no vivía en el pueblo y sólo iba cada ocho días. La única diferencia, les dije, es que yo no me emborrachaba en la calle con ellos, pero también podía hacerlo si eso solucionaba el problema. Fue en ese momento cuando los señores, ya medios mareados, empezaron a insultarme, a gritarme cosas muy fuertes. No fui capaz de levantar la mirada, porque el dolor era mucho. Y eso que ya era profesionista y había fundado tres escuelas.

No pude levantar la vista, porque esas palabras me causaron mucha indignación, pesaban. Yo temblaba del coraje, y juré que eso no se quedaría así. Sentía el dolor de ser mujer, dolor de que ya tenía 27 años y seguía luchando por ser mujer, seguía luchando porque a los 12 años mi papá me iba a casar, seguía luchando porque cuando estaba en la prepa me preguntaba si valía la pena seguir estudiando. Y ahí estaba yo, frente a un monstruo que me decía: "Todo por ser mujer".

¿De qué sirvió partirme la madre para arrebatarle a la vida mi educación y mi trabajo y que aquí me digan: "Es que no sirves, es que así es la costumbre"? Fue una tremenda frustración. Ese día pensé: "¿Por qué nací mujer? Hubiera nacido hombre, porque es más fácil, es menos complejo". Y sí, lloras, pataleas, pero volteas y las mujeres que todos los días lo padecen te advierten: "Cuidado, no te vayas a agüitar porque estamos contigo hasta el final". ¿Qué haces en esa situación?

Luego volteas al otro lado y ves a tu papá y a tu mamá diciéndote: "Ya párale, porque todo el pueblo habla de nosotros. Nos van a correr". Entonces, esa "grandeza", esa soberbia y esa libertad que ya habías adquirido en la universidad se desvanece y hace que te cuestiones. Ante ello, eliges el amor de este lado o el amor de este otro lado.

Ahí es donde ruegas que la tierra te trague, imploras que sólo sea un mal sueño, que amanezca y que la pesadilla se disuelva. Pero no, la realidad está ahí y concluyes: "¿En qué momento me metí en este rollo?" Mis padres nunca demostraban cariño, no daban un abrazo, pero verlos llorar y escuchar a mamá cuando me decía: "Ya párale", con su delantalito desgranando la mazorca, eso sí ya estaba muy cabrón, estaba horrible.

Romper paradigmas duele y hay que estar dispuestos a pagar el proceso, porque hay soledad en él: a quién acudes, con quién lloras cuando todo tu alrededor confía en ti, cuando todo tu alrededor cree en ti, cuando piensa que tú eres la chingona y que no tienes derecho a flaquear. En esa soledad te agüitas: "¡Ya no puedo más! ¿Qué hago?"

Otra vez aprendes a hablar contigo. Aprendí eso y también a responderme. Como que tengo mi otra yo, y yo misma me contesto: "Pues si te equivocas, ya es tu problema". Porque aquí, ¿quién puede orientarme en este tipo de cosas? Sales de tu tierra desde los 12 años, aprendes a tomar tus propias decisiones, buenas o malas, pues no hay nadie para decirte: "Eso es bueno o eso es malo", y entonces forjas un carácter donde estableces que tu libertad es lo más sagrado que tienes. También asumes las consecuencias, buenas o malas, de tus decisiones. Pero tu personalidad rebelde te va forjando también, y puedes ir a donde tú quieras. Lo demás importa poco.

Por ejemplo, las primeras veces que visité la Ciudad de México con mis trajes típicos la gente me veía raro y yo reaccionaba internamente: "¿Qué chingados me ven?" Me sentía orgullosa de mi rebozo, de mis vestidos, y defiendo eso porque sé lo que significa la libertad. Libertad de color y libertad de ser feliz. Libertad de vestirte como tú quieras.

Pero aquel día era tanta la frustración que yo me preguntaba dónde quedaba la ley, dónde está esa letra que dice que todos somos iguales, el artículo 2º constitucional. Ahí quién va a saber qué dice el pinche artículo 2º constitucional, porque lo que se imponía en mi entorno era la cotidianidad, no la ley. A mí me reprochaban mi "atrevimiento" de querer romper lo que siempre se ha hecho, porque yo no era "nada ni nadie". No les importaba si había estudiado o no. Ellos mandaban.

Y de regreso a la casa, a recibir la andanada de reclamos de mis hermanos y mi papá: "Nos metiste en problemas". Pero entonces comenzaron a llegar algunas mujeres, las que todos los días padecían los "usos y costumbres". Y me apoyaron, y no me permitían claudicar. "Estamos contigo", me decían. No sabía qué hacer. Era una encrucijada. Era mucha carga. Yo sólo quería irme de ahí, porque el dolor era intenso, y también era el miedo que había provocado en mi familia. Hoy lo entiendo, porque era también su vida y yo estaba rompiendo una cotidianidad de siglos, aunque por otra parte estaba la fuerza de esas mujeres que llevaban las manos vacías porque les dijeron que debían buscarse un marido y después les decían si les tocaba algo; esas mujeres que vi llorar porque no les dieron su constancia, o la señora Adelaida, que hoy tiene 90 años y que nunca había sido beneficiaria, porque siempre había estado sola, ni siquiera tenía un piso para vivir, su casa era de pino. Yo ya no sabía qué hacer.

Todo lo que les decía a mis alumnos en las escuelas estaba presente, ante mis ojos. Yo les decía que no se dejaran de nadie, que tenían que cambiar, pero yo estaba a punto de abandonar mi lucha. Y en mi fuero interno me decía: "Yo ya soy contadora, ya tengo un trabajo, para qué me meto en rollos, puedo exponer a mi familia, ya resolví mi vida".

Después de que sopesé esas dos partes, la de mi familia y la de las señoras, me subí a un cuartito de adobe que mi papá había construido en la parte de arriba de la casa y lloré a mares. Nunca he llorado tanto como ese día, ni siquiera cuando murió mi papá, por ejemplo. Pero aquel día lloré tres horas seguidas. No sabía de dónde salían tantas lágrimas. Lloré tanto, que acabé por limpiar mi rostro, respiré profundo y resolví que ni saldría huyendo del pueblo ni la situación se iba a quedar así. No sabía qué pasos dar, pero a alguien debía contarle lo que estaba pasando. Pero ¿quién me iba a creer? A ocho horas de la montaña, sin internet, sin cámara, sin compañía en ese proceso de dolor.

Ese día marcó mi vida. Fue una jornada revuelta, como una película caótica. Yo había salido del pueblo, había logrado algo, ya había fundado escuelas, pero nada de eso sirvió, porque estaba yo frente a un hecho que vi desde niña, y lo estaba viviendo, nadie me lo estaba contando. Yo escuché aquellas palabras que diariamente recibía una mujer cuando iba al municipio a gestionar algo: "Primero búscate un marido. ¿Tú quién eres para pedir? ¿Cómo pides una constancia si no estás en la lista?" Eran invisibles, aunque estaban. Era esencial resolver esa situación.

El viaje de la indignación

Entonces empecé a aclarar mis ideas. Tenía que ir a Oaxaca capital a denunciar. No sabía quién me escucharía, pero la queja debía proceder. No sabía cuánto tiempo me llevaría o si alguien me creería, pero era necesario hacer algo. Cuando sentí la fuerza de la voz de las mujeres, pensé que yo ya era profesionista y podía proteger a mis papás, pero ellas no tenían quien las abrazara. Entonces entendí todo lo que les decía a mis alumnos acerca de asumir responsabilidades y sus consecuencias. Era mi turno. De otra manera, no habría sido congruente conmigo misma.

Así que le di las llaves de la camioneta a uno de los muchachos y nos fuimos a Oaxaca. La Frontier me acompañó también en eso. Nos fuimos más relajados. Llorando, pero con la música de Los Tigres del Norte. Llegamos a Oaxaca a medianoche. Busqué al director general del CECyTE, el señor Vicente, uno de los aliados que la vida me puso, porque las circunstancias también abren posibilidades. Tocas tantas puertas. Es como el dilema que enfrentan las mujeres ante la violencia, que prefieren no denunciar debido a que el ministerio público no les hace caso, pero hay otras puertas o, más bien, ventanitas, huecos como aquel por donde se escapaba el humo del fogón de mi mamá, que volaba y se dispersaba y llegaba al infinito.

Yo estaba convencida de que alguien me escucharía. Le hablé al señor Vicente y fue el primero que me abrazó, que me abrió la puerta a los medios de comunicación, por ejemplo, que también fueron mis aliados en este proceso. La comunicación es un poder, por eso hay que hablar los problemas, gritarlos, porque si no los dices, nadie escuchará, nadie va a construir contigo tus sueños, porque no se construyen solos, necesitan aliados, pero hay que gritar, expresar, pues de otra manera se quedan en sueños, algo que está ahí, quieto, dormido. Por eso hay que moverlos, despertarlos, ponerlos en acción, abrirles camino, encontrar aliados. Así se construyen.

Y el sueño de esa niña de la montaña que logró cambiar la Constitución de su país y que logró hablar en la ONU (Organización de las Naciones Unidas) se construyó con muchos aliados, y ha servido para que otras niñas tengan otros sueños más grandes que reformar unas leyes, que sepan que sí se pueden concretar con la ayuda de muchos aliados, buenos y malos, porque también hay que aprender a distinguirlos.

VOZ PLENA

Llegamos al cuartito que rentaba en Oaxaca, donde sólo cabía la cama, un roperito, las cajitas de mis zapatos, la estufa, un pequeño refrigerador y ahí nos acomodábamos. Recuerdo todo lo que decían de mí: que la China dormía con tres o cuatro chamacos. Es tan difícil que las mujeres ejerzamos nuestro pleno ejercicio de derechos, porque si te ven con "tanta libertad", entonces no eres normal, no eres decente, eres la puta, la que duerme con todos. Claro que eso no era cierto, pero dolía, porque a mi alrededor tenía a mi familia y a ellos claro que les dolía. Esa parte de mi vida también fue dolorosa: cuando vi llorar a mis viejitos porque su hija era rebelde y se atrevió a arrancarle al destino esa totalidad llamada libertad.

Llegamos a media noche a Oaxaca capital. Al otro día temprano le hablé al señor Vicente, que me atendió a primera hora en su oficina. Le conté todo lo que había pasado. Me propuso que lo acompañara al día siguiente a una pequeña gira. El propósito era que yo personalmente les contara a los medios todas las anomalías del proceso. Y así fue. En ese momento no lo sabía, pero ya estaba construyendo un camino.

La periodista a la que le conté todo se llama Martha Izquierdo. Es una mujer a la que también admiro mucho, porque además es una sobreviviente de cáncer. Gracias a su labor confirmo que ser periodista no nada más sirve para chingar, también construye historias, cambia vidas. Tiene el poder de la letra, el poder de su voz, puede abrir libertades impresionantes. Martha Izquierdo abrió a plenitud mi voz a Oaxaca, a México y al mundo, porque en ese entonces, en 2007, nadie conocía Quiegolani. No estaba trazado en el mapa de este país. Buscabas Quiegolani y no existía ni para bien ni para mal. En ese momento yo decía: "Para mi pueblo no existo, y para mi estado y para mi país no existe mi pueblo". Y era más compleja aún la situación, porque para el pueblo sólo existían los hombres. Éramos mujeres sin voz, sin rostro, ni siquiera éramos estadística.

Martha Izquierdo me hizo una entrevista hermosísima, que se publicó el domingo siguiente, en primera plana en el periódico *Reforma*. Eso causó una revolución, pues puso el dedo en la llaga no sólo en mi pueblo, sino en el gobierno de Oaxaca. Aquella nota exhibió el hostigamiento brutal del estado, el hostigamiento del poder por defender tu derecho, por exigirlo, por reclamar tu libertad. Y en la misma marejada llegó el hostigamiento institucional, el de tu comunidad, porque para los señores que no me dejaron ser presidenta yo exhibía al pueblo. Yo era la que los tachaba de malos.

Ese asedio ya no era sólo para mí, también lo recibían mi familia, los chavos y mujeres que me respaldaron. Lo primero que hizo la autoridad fue cancelarles los programas sociales que beneficiaban a cada una de las personas que me apoyaron. Luego vino el acoso sobre mí. Al señor Vicente tuve que deslindarlo, porque era su cabeza o la mía. Yo no podía exponerlo. Le di las gracias y me fui. Fue horrible enfrentar una lucha sin financiamiento, porque había que pagar gasolina, comida para quienes me acompañaban, renta. La presión ya no radicaba en cómo refrendar mi derecho, sino en cómo sobrevivir. Mucha gente no habla de eso. Ganas cierta presencia en las noticias de la televisión, pero cómo sobrevives una lucha, cómo sostienes la defensa de tu libertad. No sólo es el desgaste emocional, sino el económico.

En ese momento de mi vida no juntaba ni para el pasaje, pero Dios es tan generoso que en el camino puso gente que me abrazó, gente que me ayudaba a hacer comunicados sin cobrarme, que me ayudaba a llenar mi tanque de gasolina. De aquellas personas hay quienes hoy trabajan conmigo. Por ejemplo, el que fue mi subsecretario de Planeación en la Secretaría de Pueblos Indígenas y Afromexicano se llama Enrique Muñoz y tiene un carácter muy fuerte. Él me acompañó en los momentos más cabrones de mi vida. Dos años estuvo conmigo sin cobrar un peso y hoy le agradezco que siga a mi lado.

Mucha gente me ha criticado por mantenerlo conmigo, porque sí tiene un temperamento muy difícil, pero ante todo le debo gratitud. La vida me ha formado en la lealtad y el agradecimiento, porque cuando luchas por abrir oportunidades, siempre te encuentras a gente que te abraza. Es muy intenso. Así que hay que ser leal, y asumes también las consecuencias de esa retribución.

El expresidente Felipe Calderón y la señora Margarita Zavala me abrazaron, me visibilizaron, me cuidaron, le dijeron a México de mi existencia. También reconozco a quienes se formaron conmigo en esta etapa difícil y dolorosa de mi vida; en esta etapa de lucha y sobrevivencia en la que se llora y se vive con miedo, porque recibes el hostigamiento institucional y gubernamental, porque fui blanco de dos atentados. En ese proceso de lucha cuestionar y exigir fue lo más difícil.

Tanto fue así, que la policía federal debió cuidarme durante dos años. En mi estado son 570 municipios y 417 de ellos se rigen bajo el sistema de usos y costumbres. En ese entonces, en más de 150 la palabra mujer no existía. Para una institución de gobierno es lo mismo convencer a 10 que convencer a 20 000, porque eran puros hombres. Pero llegué a cuestionar eso. Les dije: "No es cierto, acá estoy yo. Yo también quiero ser presidenta", pero en el "catálogo" de mi municipio no estaba escrita la palabra *mujer*. Violar mi derecho era "normal", es que "así son ustedes". Ésas fueron las respuestas de cada institución a la que acudí.

Toqué la puerta de todos los abogados de mi estado y ninguno quiso llevar mi caso, porque eso "atentaría" contra mi estado. Todos me preguntaban si ya había hablado "con la gente del gobernador". Yo no entendía por qué debía hacer eso. Me encontraba en un punto muy complejo en el que no podía creer que había sido directora y maestra de tal comunidad y que les había dicho a los chavos que no se dejaran, que existía la Constitución, que creyeran en la justicia, ¡y yo la estaba padeciendo!

Fue muy duro que me golpearan en la mesa, que me dejaran claro que las reglas eran las de ellos. Y aparece la soledad, la duda acerca del camino andado. Dudé acerca de si mi papá tenía razón, pero recordaba que las mujeres de mi comunidad no saben qué es igualdad, pero tampoco saben qué es sufrimiento, porque es tan cotidiano, que no tienen con qué compararlo. Incluso llegué a pensar que mi contendiente político había ganado bien. Era tan fuerte la presión mental, que llegué a creer que la que estaba mal era yo.

Pero por eso muchas luchas se quedan a medio camino, porque ante la realidad tan fuerte es sencillo claudicar. Concluyes que nadie quiere cambiar, que así les gusta vivir. Entonces la idea de renunciar a la batalla gana terreno, pues ya no se le ve caso. Pero no, hay que seguir. Para generar cambios, tenemos que volvernos un problema, porque sólo así nos dan soluciones. No dejar de hablar de las problemáticas, gritarlas, porque eso se vuelve tu armadura más fuerte. Mi hijo escribió una poesía: "Mi mamá se pone su armadura para defenderme contra los monstruos".

Efectivamente, esa armadura fueron los medios de comunicación. Fueron mi escudo contra los monstruos, porque si Martha Izquierdo no hubiera publicado mi historia, hoy no estaría aquí, habría sido una activista más, una estadística mortal más, porque trastoqué un tema que nadie quería alterar. La vida me ponía otro reto: en medio de esta vorágine, encontrar un abogado. Gracias a los medios, unos juristas de Morelos llevaron mi caso sin cobrar un peso. Venían a Oaxaca a reunir los pormenores del caso. Me dijeron que debía de presentar una queja ante la Comisión Nacional de los Derechos Humanos, para que ésta exhortara al gobierno del estado a atender mi caso, y eso implicó exhibirlo. En ese entonces, José Luis Soberanes era el presidente de la Comisión Nacional de Derechos Humanos

Así lo hice, y en mi queja relaté lo siguiente: "En mi pueblo, la elección se realiza por medio de lo que se ha denominado Usos y Costumbres, y cada uno de los participantes escribe en una boleta el nombre de la persona que desea que gobierne en un lapso de tres años. Pero a mí me fue negado ese derecho. Cuando los funcionarios de la mesa responsables de la asamblea se dieron cuenta de que los hombres de mi comunidad estaban escribiendo Eufrosina Cruz Mendoza en la mayoría de las boletas, decidieron suspender la Asamblea y tiraron las boletas a la basura". Al final, la queja rindió sus frutos y la CNDH se pronunció a mi favor.

Alzar el vuelo

La primera vez que subí a un avión fue gracias a Sergio Sarmiento. Él fue el segundo periodista que conocí. Él había visto la entrevista en el diario *Reforma* y luego me contactó. Yo le dije que aceptaba la entrevista, pero que no tenía dinero para ir a la Ciudad de México. Me dijo que no me preocupara y me mandó mis boletos. Yo no sabía cómo subirme a un avión, y eso que ya era profesionista. Esa vivencia me provocó muchos nervios. No me agobiaba tanto el aterrizaje como la cantidad de accesos en el aeropuerto. Pero llegué e incluso me pagaron hotel.

Ese paso me recordó, desde luego, la primera vez que, llena de sueños, me subí a un autobús. Aquella vez llegué a Tehuantepec, vi otros rostros, y de ahí a Salina Cruz. Ese sentimiento renació a mis 27, descubriendo cómo se aborda un avión; descubriendo, no sin nervios, una nueva posibilidad que me daba la vida.

Cuando llegué a la Ciudad de México me recibieron mi tía Lola y su hija Maru, mi prima. Lola también salió de Quiegolani siendo niña y ya había perdido contacto con ella, pero la localicé y me abrió las puertas de su casa en Santa María la Ribera. Ellas fueron por mí al aeropuerto. Ahí realmente conocí a mi tía, una mujer formidable, chingona, impetuosa. A mí me sorprendió tanto su energía vital, que de inmediato me pregunté dónde había estado esta señora tanto tiempo, de dónde venía. Me di cuenta de que mi familia tenía alma rebelde. Ella también rechazó su entorno y salió de él. Se negó a repetir la historia de muchas mujeres.

Lola es una mujer mayor, pero muy fuerte. Pronto llegará a los 90 años y siempre ha luchado contra la adversidad. Tuvo dos hijos, ambos profesionistas. Los sacó adelante vendiendo garnachas, trabajando en casas de la Ciudad de México. Ella me abrazó, nunca me faltó un plato de sopa en su casa. Recuerdo con cariño su hogar. Vive cerca del famoso kiosco Morisco y al lado hay diversos locales. En una esquina venden patitas de pollo con vinagre. ¡Nunca había comido eso! Es una de las delicias que la Ciudad de México me enseñó. ¡Hasta se me hace agua la boca!

Perdón por el paréntesis, pero fue inevitable. El caso es que mis primos pidieron permiso para ausentarse de su trabajo y me acompañaron a la entrevista con Sergio Sarmiento y, terminando, nos fuimos a grabar otra entrevista con Adela Micha; ahí, con mis flores de alcatraz.

Ese viaje significó una apertura total hacia la libertad, así, en la práctica, porque desde que salí de Quiegolani gané libertad, pero en esta etapa ya era compartida, porque no solamente construía mi libertad, ésa ya la tenía, sino la de las mujeres que estaban en mi comunidad, o las que estaban en otros espacios quizá siendo señaladas como las locas, las rebeldes, pero no tenían rostro ni voz. A lo mejor yo se los di, pero de manera compartida. Yo estaba segura de que había más voces silenciadas.

En esas entrevistas, en estos espacios informativos, nació esa libertad compartida real, porque la libertad es compartida, no es tuya solamente, es de todos los seres humanos y deberíamos ejercerla, hacerla valer sin violentar el derecho social, con respeto, con una responsabilidad compartida y cotidiana. Ahí entendí que ya no era yo, que esos alcatraces que les regalé a todos los que me abrieron su micrófono representaban la libertad compartida y construida para todas las mujeres.

Aquel día de entrevistas tuve los mismos sentimientos de cuando salí de Quiegolani, porque todo era descubrimiento: el Metro, el Metrobús. ¡Era mi primera vez en la Ciudad de México! Así como cuando conocí la ciudad de Oaxaca. Y yo no dejaba de pensar en todas las posibilidades que la educación ofrece: conocer el mundo a través de la tecnología, por supuesto, pero sobre todo pisarlo, vivirlo, oler su tierra, oler su color, su sabor, su contaminación. Todo eso son oportunidades que debes vivir, experimentar. En ese momento gané mi derecho de conocer la capital de mi país, porque soy mexicana, porque también razono.

Ese viaje también visibilizó a mi pueblo, a mi estado, la circunstancia que atraviesan muchas mujeres en las comunidades indígenas: cómo nos miran, cómo nos catalogan. Cómo, de manera automática, equiparan "pueblo indígena" con "grupo vulnerable". No. Era mi oportunidad de poner esa situación en contexto.

El Metro y el Metrobús se volvieron mis aliados, gracias a que todos los días hacía gestiones. Iba a la Reforma Agraria, a la Sedesol (Secretaría de Desarrollo Social), a la SEP (Secretaría de Educación Pública), a Hacienda. El Metrobús me conectaba con muchas dependencias. Entonces aprendí cómo ir y regresar por cada ruta, desde Indios Verdes hasta el Centro. Fueron mis primos quienes me enseñaron todo eso. Cuando me equivocaba, les hablaba y me guiaban. Creo que eso también significa libertad compartida, porque no la conseguí yo sola, mucha gente me dio cobijo, micrófono, cámara, voz. También mi familia, que me dio techo y comida. Mis primos estuvieron pendientes de mí. Quizá yo no hubiera hecho nada de eso estando sola, porque no tenía la misma seguridad, era llegar a un mundo desconocido, con mucho miedo, pero al final del día, ya con ese apoyo que recibí, entendí que mi miedo tenía que ser mi mejor aliado. Entonces le pedí que me acompañara, pero le advertí que no me dejaría dominar. También me rebelé ante eso. Y así fue como llegué y fui adaptándome a la Ciudad de México.

De esta metrópoli me impresionaron sus rutas de transporte público, en efecto, pero mucho más la libertad que está presente en esta gran ciudad donde convergen muchos rostros, muchas culturas. Una urbe en la que nadie te cuestiona, nadie te señala, nadie te ve de pies a cabeza ni te juzga cómo vas vestida. Yo llevaba mi huipil y al mundo no le importa si llevas rojo, verde, morado. No le interesa si eres güera o del color que seas, si eres gay o heterosexual. Y también se vive rápido, porque esa verdad también consiste en dejar vivir a los demás en tanto no molesten a nadie, aunque eso deriva en otra situación: ya casi nadie saluda. Pienso que estos valores tienen que restituirse en lo social. Me impresiona darme cuenta de que en la capital cada quien está en su mundo, cada uno sobrevive a su manera. Trato de entender esa dinámica, pero acepto que me encantaría ver que la gente saludara en cualquier lugar público, aunque nadie se conociera.

He visitado muchos lugares, pero los sitios de la Ciudad de México que siempre consideraré simbólicos para mí fueron el set de grabación de Sergio Sarmiento y el de Adela Micha. Con el primero también fui a cabina, a Radio Centro, en Santa Fe. Veía los edificios y quedaba maravillada. No podía creer en ese momento que me entrevistaran Sergio Sarmiento o Adela Micha, que además conducía aquel programa que se llamaba *Big Brother*. Y de repente verla ahí, en persona, a esta mujer que es muy alta y muy flaquita.

Quizá esas cosas podrían ser banales, pero para mí, que jamás había visto algo así, resultaron impresionantes. Además de que eso me protegió. Ya no podían hacerme nada, porque en cada entrevista responsabilizaba de mi integridad al gobierno del estado. No me callé nada.

Eso quiero subrayarlo en estas páginas: cuando se emprende una lucha, hay que construir muchos aliados y hay que decir con claridad las cosas, sin guardarse nada. Eso protege y también te acerca a gente generosa que te abraza en este camino que se llama lucha social.

Aunque la verdadera maravilla fue tratar de dimensionar cómo llegaba hasta mi pueblo lo que se estaba transmitiendo desde aquí. Eso también me impresionó, pues finalmente se trata de atestiguar estas posibilidades de conexión con el mundo. Si yo no hubiera salido de mi pueblo, nunca habría conocido estas maravillas. Y, desde luego, jamás me hubieran conocido a través de la tecnología que, a su vez, se convierte en oportunidades para muchos.

CONVERTIRME EN PROBLEMA

Esa proyección televisiva hizo que yo me convirtiera en problema para Quiegolani, para mi estado y hasta a nivel federal, porque mi existencia cuestionaba un sistema que el gobierno controlaba, pues todo mundo sabía que en los municipios oaxaqueños la participación de la mujer era invisibilizada, pero nadie se atrevía a denunciar eso, a visibilizar esa situación, a darle rostro. Y de repente aparecí a nivel nacional reclamando, aseverando que las mujeres indígenas éramos como una pared blanca y que nadie había tenido el valor de escribir sobre esa pared blanca. Eso sucedía porque ni nos veían con capacidad de gestión ni pensaban que era un asunto digno de atenderse. Por eso me convertí en un problema para ellos; y, por ello también, cuando retorné a la ciudad de Oaxaca empezó el hostigamiento contra mí, el cerco.

133

Esa presión consistía en hacerme saber que debía cerrar la boca, callarme, "porque las reglas las pone el gobierno", ¡reglas que yo me atrevía a cuestionar! Llegaba en forma de mensajes, a veces en publicaciones. Creció tanto, que debí renunciar al CECyTE, pues no quería poner en riesgo a la gente que me apoyaba. Tomé la renuncia como parte de la lucha, porque sacrifiqué una parte del camino avanzado para no arriesgar la estabilidad emocional de mi familia, aunque sí puse en peligro mi estabilidad económica. Era mi fuente de trabajo y con eso me sostenía, comía, pagaba los pasajes. Desde luego, yo no debí renunciar, porque se trataba de mi labor profesional y de mi capacidad para llevarla a cabo, pero vivimos en un país en donde cuestionar puede costarte la rescisión de tu contrato, porque, ¿cómo puedes reclamarle algo a un sistema del que comes?

Así que renuncié porque la presión fue muy fuerte. Además, yo tenía cierta libertad que ya me había hecho cuestionarme que no podía estar a medias en un trabajo, pues faltaba dos días a la semana. Eso tampoco era correcto, así que fue otro factor para mi salida. Y antes de que me corrieran, renuncié. Esa nueva situación me permitió ser libre, aunque hubo meses en que el tema económico se complicó demasiado, porque había que pagar pasajes y alimentación de los colaboradores.

La lucha social cuesta mucho, no solamente en lo emocional, en lo familiar, sino también en lo económico, pero hay que sostenerse, por todas esas voces que hay que abrazar, acompañar, resolver el tema de la comida. Para ello, debes tocar puertas, ir a cada dependencia, visibilizar la lucha. En este camino, como ya he relatado, me ayudó mucha gente. En especial, recuerdo que mi prima me daba una tarjeta del Metrobús con un saldo de 20 o 30 pesos y ahorraba mucho en pasajes. Eso fue en 2007. Tampoco pagaba por comida.

En esos días tan complicados, decidí escribir una carta a la opinión pública, para que todos supieran qué pasaba y qué me movía:

"Hace algunos años huí de mi pueblo, de lo que más amaba yo; me separé de mis padres y de mis hermanos, de mi tierra florida de alcatraces y de los surcos de maíz donde la lluvia y el sol han bañado durante siglos la miseria y la soledad que se dibuja en el rostro de los niños, de los hombres y de las mujeres de Santa María Quiegolani.

"Huí, corrí, escapé de un destino al que me negué, y me sigo negando muchos años después. Cada paso me alejaba del cobijo de mi familia y me estrujaba el corazón con una tristeza infinita. No sé si algún día pueda olvidar aquellas noches de lluvia y frío que me cosían la piel como alfileres; como hormigas que corrían igual que yo, sin saber a dónde ir ni tampoco si algún día podría regresar.

"Aquella vez escapé de un destino que yo no elegí. Tuve que romper mi corazón en dos para seguir siendo una mujer libre, para tener derecho a elegir el destino que yo misma quería forjarme. Me negué a dejar de ser una niña y convertirme en la mujer de un hombre al que nunca conocí. Corrí para construir el sueño de tantas mujeres indígenas de mi pueblo y de todos los pueblos de Oaxaca. Ese día comencé a soñar por mí y por todas las mujeres de mi raza. Por las zapotecas de la Chontal Alta y de todo Oaxaca.

"Soñé entonces que la mujer indígena tenía derecho a estudiar y a ser independiente. Soñé que podría convertirme en una profesionista que enseñara a otras mujeres y otros hombres el valor de la dignidad y el respeto a sí mismos. Soñé que ser indígena no era una condición inquebrantable de pobreza, de hambre, olvido y tristeza. Soñé que era una mujer con los mismos derechos que las demás, que las mujeres de la gran capital oaxaqueña y de cualquier otra ciudad de México o del mundo. Me soñé y soñé a todas las mujeres zapotecas vistiendo sus hermosos trajes bordados con hilos de colores, entrando a una universidad y dialogando con orgullo en su lengua, entre los pasillos rumorosos llenos de muchachos sonrientes.

"Ayer logré mi sueño y me convertí en profesionista. Tomé el destino en mis propias manos, las mismas que un día cortaron alcatraces para adornar las fiestas y los funerales de mi pueblo.

"Hace poco quise soñar de nuevo, pero la realidad me despertó de golpe, como cuando niña me despertaba la tormenta. Ya no es el golpe sordo de las gotas sobre la teja del techo lo que me sobresalta, sino los gruesos manoteos de los caciques al golpear la mesa. Quise soñar con el derecho de las mujeres a la equidad de género; con el derecho a mandar obedeciendo la voz de las familias de mi pueblo. Soñé con ser presidenta municipal de Quiegolani, pero la realidad arrebató mi sueño.

"El 4 de noviembre de este año, como bien saben todos, se consumó en mi pueblo un atropello constitucional que me negó el derecho a dirigir, atacando la voluntad de la Asamblea Comunitaria. Con mentiras, amenazas y humillaciones, los hombres que "anularon" el derecho a que pudiera conducir el destino de mi pueblo durante los siguientes tres años han consumado su agravio con el respaldo del Instituto Estatal Electoral, que validó una elección anómala e ilegal. Tampoco el Congreso del Estado ni las mujeres diputadas me han dado su apoyo. A pesar de ello, me niego a admitir que las mujeres indígenas de Oaxaca no tienen derecho a votar y ser votadas en una elección, aun si ésta se realiza mediante el Sistema de Usos y Costumbres. ¿Se trata de perpetuar la segregación? ¿Es un Uso y Costumbre que la mujer no tenga voz ni voto en la vida oaxaqueña? ¿Acaso la Ley está hecha para adormecer la conciencia de las mujeres y arrebatarles sus garantías individuales? ¿Cuánto tiempo más se permitirá el cacicazgo y el atraco en los pueblos indígenas? ¿Por qué Oaxaca no alza la voz en contra de una ley que margina a las mujeres y les conculca su derecho a votar y ser votadas? ¿Qué intereses impiden que la Constitución que rige a los mexicanos garantice también el derecho de las mujeres oaxaqueñas?

"Me atrevo a pensar que un día la mujer indígena será reconocida y respetada por las leyes oaxaqueñas, y no sólo en su expresión cultural como hermoso mosaico de nuestra identidad y folclor. Es incomprensible que ninguna autoridad tenga un argumento sólido para defender el derecho de las mujeres. No busco que se defienda a Eufrosina, sino a todas las mujeres indígenas de Oaxaca y de México. Que un día la Constitución Mexicana vuelva a campear con pretinencia en el derecho oaxaqueño. El desconocimiento de la Constitución en el derecho consuetudinario nos vuelve a todos, no sólo a los grupos indígenas sino a todos los ciudadanos oaxaqueños, cada vez más desconocidos, cada vez menos libres, cada día más solitarios.

"Agradezco a la opinión pública nacional, al pueblo de Oaxaca y a los medios de comunicación que han hecho eco de esta lucha por el valor y la dignidad de alzar la mirada hacia este pequeño lugar de la geografía oaxaqueña, donde las mujeres estamos sembrando una semilla de lucha por la defensa de nuestros derechos.

"Como los alcatraces que un día llevé entre mis manos cuando escapé de mi pueblo para atreverme a ser libre, quiero decirles a todos que no me voy a quebrar. Mi tallo como mi derecho es firme, y mis pétalos como mis ideas no se venden a ningún postor. Ni los diluvios ni las sequías, ni las hambrunas o las amenazas, ni siquiera las agresiones o la humillación, habrán de frenar mi lucha por la dignidad de las mujeres indígenas. Gracias a todos por su generoso apoyo a esta humilde servidora. Me niego a admitir el fin del sueño. Por eso, continuaré ante todas las instancias legales de Oaxaca y de México, incluso ante los organismos internacionales, con la impugnación de un proceso ilegal y oscuro.

"Seguiré soñando con mi derecho y el derecho de todas las mujeres indígenas. Un día amanecerá en Oaxaca y la luz del sol iluminará a las mujeres, como hoy ilumina a los alcatraces de mi pueblo."

Aventura por el mundo

Mi primer viaje al extranjero fue todo un suceso para mí e inolvidable en más de un sentido. Se trató de un periplo muy peculiar, porque se mezclaron tres cosas en un tiempo muy corto: el encuentro de España de Jóvenes Líderes Iberoamericanos, el Premio Nacional de la Juventud y el encuentro de Mujeres Líderes Iberoamericanas. De hecho, ya estaba todo listo para participar en la primera actividad, pero en ese momento me informaron que me habían otorgado el galardón mexicano y tuve que regresar a recibirlo y al otro día de nuevo a volar a Madrid. Una locura.

Me detengo un poco en el Premio Nacional de la Juventud porque me dio mucho orgullo ganarlo. Para competir por él hay que inscribirse en una convocatoria nacional que lanza el gobierno y que se divide en varias categorías. Hay que registrar una propuesta para ser nominados entre miles de jóvenes de todo el país. De hecho, tres años después de que gané fui jurado del certamen, y es una experiencia increíble, pues no conoces a los competidores. La decisión se complica mucho porque algunas propuestas son extraordinarias. Se trata de jóvenes mexicanos que en su entorno realizan labor social, activismo, organización con la sociedad civil, política. Yo metí mi solicitud en la categoría de Democracia y Cultura. Honestamente, jamás pensé en ganar.

En tanto esperaba el fallo, me invitaron al encuentro Jóvenes Líderes Iberoamericanos en Sevilla. Era mi primer viaje fuera del país: de Oaxaca a México y de México al aeropuerto de Barajas. Estaba nerviosa, desde luego, pero la ventaja del español como lengua común me dio confianza. Yo dije: "No me pierdo, no hay problema. Yo pregunto con mis mejores herramientas".

Fue un viaje muy bonito, porque conocí a otros jóvenes que estaban haciendo más revolución que yo. Esa conexión con el mundo fue muy fuerte. Comprobé que los chavos no son el futuro. ¡No! Están haciendo acciones en el presente, en la vida cotidiana, en sus entornos, y muchos asumen esa gran responsabilidad de liderazgo, aunque falta acompañarlos, visibilizarlos, darles voz y seguir organizando estos encuentros de hermandad. Al final, es ahí donde germinan estas alianzas a nivel mundial. Si te pasa algo, los chavos de Italia, de Portugal, de Alemania, de Estados Unidos, de Chile convergen y denuncian estas presiones que surgen alrededor de los activistas. Esa labor solidaria visibiliza las luchas de cada uno.

Esa ocasión nos llevaron de Madrid a Sevilla a visitar la universidad y luego nos ofrecieron una cena. Estaba sentada cuando me notificaron lo del Premio Nacional de la Juventud y que el presidente de México me lo iba a entregar. Ya había conocido al presidente Calderón en el acto de las mujeres, pero los nervios eran mayores ahora, porque además me pidieron ser la oradora del evento. En ese momento me aterré, porque no tenía idea de lo que debía decir, y quizá por el estrés me dio tos, gripa, fiebre. Y justo en medio de la congestión nasal pensé en mis papás y en lo hermoso que sería que estuvieran conmigo en la premiación, aunque la logística se complicaba, pues mis hermanos no conocían la Ciudad de México. Entonces recordé al licenciado Paco Reyes, un señor que nos había ayudado en algún momento de la lucha. Le hablé y le pedí el gran favor de llevar a mis papás de Oaxaca a la capital mexicana. Accedió de buena gana. Luego hice otra llamada, esta vez a Liliana Rojero, la funcionaria del Instituto Nacional de las Mujeres que me había identificado en el evento presidencial de Tecalita, Morelos.

A ella le expliqué toda la situación, y de manera muy generosa me ayudó a hospedar a mis papás en el Gran Hotel de la Ciudad de México, en el Centro Histórico. Ése fue otro impacto más para mí y para mis papás. El caso es que, por las prisas de regresar, no pude concluir mi participación en Sevilla. Incluso el gobierno mexicano pagó mi boleto de regreso y antes de abordar el vuelo me recordaron que yo era la oradora. El estrés aumentó. Fue un viaje horrible, por la fiebre, la gripa y la tos. Y así 12 horas de trayecto. ¡Fue la muerte! Además de todo, la diferencia en el horario, que es de siete horas. Aun así, debía redactar el discurso mientras mantenía la preocupación por mis papás, pues no sabía cómo iban a llegar. ¡Qué tal si se mareaban, nunca habían viajado tanto tiempo!

Pero el licenciado Paco Reyes lo resolvió todo, incluso trajo en el viaje a mi hermano más pequeño. A los premiados, que éramos 20 de todas las categorías, nos concentraron en el Hotel Fiesta Americana, en Paseo de la Reforma. Yo seguía con gripa y con la preocupación por mis papás. El estrés había cerrado mi garganta, no podía hablar, y sólo me relajé cuando me avisaron que mis papás ya habían llegado al hotel y de inmediato me trasladé hacia allá caminando, pues la distancia no es mucha.

Ver a mi mamá y a mi papá como dos niños explorando el mundo fue maravilloso. Pasé con ellos y para los tres fue impactante ver esa construcción: la enorme alfombra roja, los barandales virreinales, el elevador antiguo. Mis viejitos estaban asombrados. Mi mamá llegó con sus huarachitos y sus listones. Mi papá, descubriendo todos los mecanismos. Me remonté a cuando yo entraba al cuarto de mi maestro Joaquín y cómo los recortes de revistas me trasladaban a otras dimensiones. Lo veía en el rostro de mis viejos, y más de mi papá, porque entró al baño y vio el jacuzzi.

Fue la misma emoción de cuando llegó la energía eléctrica a Quiegolani. Ese asombro de encender y apagar, de imaginar de dónde salía luz. Así estaba don Domingo accionando la regadera, viendo cómo salía agua caliente y agua fría, y luego ver la tele. Ahí en la habitación me ganó el llanto porque, al menos para nosotros, todo eso era un avance. Quizá sean cosas materiales, pero mucha gente nunca tuvo la oportunidad de conocer otras posibilidades de vida, de comodidades. Hay personas que piensan que los pueblos indígenas "así viven", "que es normal la precariedad", "es que no quieren cambiar", y si es de esa manera, es porque no han visto otras posibilidades, nunca las han tenido a la vista, a la mano, no las han tocado jamás, pero cuando lo hacen, el mundo se abre.

Yo, por cuestiones de logística, debía regresar a mi hotel, así que dejé a mis papás y a mi hermano, y después el señor Reyes los llevó a comer. "Es un deleite ver a tus viejos", me decía don Paco. Primero, me relató, mi papá agarró el bolillo y lo sopeó en el café. Era un acto de tal inocencia, que hacía que las reglas se disolvieran. El asunto era cómo se disfruta la simpleza de la vida. Don Paco me contó: "Todo mundo alrededor se les quedaba viendo, porque eran dos señores y dos rostros que no estaban acostumbrados a ver en ese entorno".

Dos personas mayores con sus huaraches, sus morrales, estaban presentes en un gran espacio en donde se supone que no debiesen estar. Es cierto que todavía vivimos en una sociedad muy cabrona en donde se te estima por cómo te vistes, por cómo te comportas, cómo caminas, porque de manera automática se nos niega el acceso. Pero esta vez no, ese día esos dos viejos estaban accediendo a estos espacios llenos de brillo, con toques dorados.

Para mí fue una emoción muy fuerte, porque ahí aparecieron todas las desigualdades que debemos diluir en esta sociedad en la que como te ven, te tratan. Nos falta mucho para romper estos prototipos, y lo comprobé porque me tocó verlo, me tocó vivirlo con mis viejos. Incluso imaginé que la gente se preguntaba cómo le habían hecho esos señores para entrar al hotel y luego al restaurante.

Más allá de eso, en lo personal fue una experiencia irrepetible, transformadora, porque mi papá descubrió en ese momento que su hija no estaba tan loca y que mi rebeldía les permitía también a ellos descubrir el mundo.

Su curiosidad comenzó desde que se subió al autobús y luego llegó a la terminal de ADO y continuó en el elevador del tremendo hotel, y luego en la habitación.

Todas las preguntas de mi papá eran las de un niño, con esa curiosidad innata, desde que llegó y vio el elevador. "¿Qué es esto, por qué entra la gente?" Y la regadera: "¿Cómo hace para generar agua?", "¿cómo se calienta el agua?" (A mí me sigue pasando. Pinches baños. Al dar conferencias me hospedan en Quintas Reales y digo: "¡Puta madre, ¿cómo chingados se hace eso?" Y ya le aprieto y le digo a la chica del hotel que me explique y no entiendo a la primera.)

Mi papá, en la habitación, seguía preguntando: "¿Cómo se hace para usar el teléfono?, ¿Cómo construyeron esto?" Eran muchas las dudas genuinas de un señor cuya única vista siempre fue el entorno de Quiegolani y su montaña.

Hasta tenía miedo de sentarse en la cama, porque era tan exquisito ese espacio que tenían miedo de ensuciarlo. Era tanta su pulcritud, de ser rectos ante lo que estaban viendo, que no se atrevían a tocar nada. Entonces les dije: "Este espacio es temporalmente de ustedes, pueden hacer lo que quieran, bañarse, tocar, abrir". Y cada respuesta incluía la frase "¿en serio puedo?" Le dije a mi hermano que se hiciera cargo en mi ausencia y que los dejara ser, que los dejara disfrutar ese espacio.

También tenían la firme intención de visitar la Basílica de Guadalupe. Lo tomaron como una encomienda.

Durante el premio, cuando hice uso de la palabra en el Patio Mariano de Palacio Nacional, yo seguía angustiada porque no sabía a qué hora llegarían mis papás ni dónde los iban a ubicar. Era tanto mi estrés, que la tos no se me quitaba. Fue emocionante porque el Palacio impone. Recuerdo que los premiados recibimos al jefe del Ejecutivo y luego nos sentaron en el presídium. Los ganadores recibimos un gran diploma con la firma del presidente de la República, una onza de oro de 800 gramos con el nombre de cada quien y la leyenda "Premio Nacional de la Juventud", así como un bono de 120 000 pesos.

Recibir todo eso de manos del presidente de mi país y que además yo fuera la oradora del evento fue impactante. Volví a vivir mi proceso de niñez con mis papás presentes.

Ese día lloré durante la entrega del Premio Nacional de la Juventud, porque empecé hablando zapoteco y dije que estaban ahí las personas más importantes de mi vida, mi papá y mi mamá, que por primera vez estaban en esta gran ciudad. El público se puso de pie. Mi papá se quitó el sombrero. Son cosas que todavía tienen que arrebatarse, ganarse el derecho de hacerlas realidad. Y la solución se llama educación, no hay otra forma.

En el documental *Las sufragistas* aparece un fragmento de lo que expresé ese día: con mi voz ronca, dije que tenía yo ese día sentimientos encontrados, porque era la primera vez que mis papás visitaban la capital de SU país. Cuando pronuncié eso, con ese énfasis, fue que el público se puso de pie.

Ver a mis viejos levantarse y recibir ese aplauso fue hermoso y fue un homenaje, pero no solamente para ellos, sino también para quienes siempre habían estado escondidos, a quienes la vida y las circunstancias les negaron tantas cosas, a quienes, se supone, son "grupos vulnerables". Y ahí estaban, dentro del histórico Palacio Nacional, mis dos viejos. Mi mamá, con su mejor vestidito, sus listones rojos y sus dos trencitas. Mi papá, con el sombrero más nuevo que tenía y sus huarachitos. Ese día se lavó los pies. Era tanta la emoción, que no sabía si el momento que estábamos viviendo era real o no, pero, sueño o no, mis papás representaban un rostro lleno de esfuerzo y también lleno de olvido; representaban un rostro que aparecía a nivel nacional, en una pantalla gigante, y México estaba conociendo ese rostro a través de mi mamá y de mi papá. Como ese rostro hay millones de mexicanas y de mexicanos que invisibilizamos, pero existen. En esa oportunidad frente al micrófono dije muchas cosas en ese sentido.

Al término de la ceremonia ya no pude ver a mis papás, pues a los premiados nos regresaron al hotel de concentración. Pero al otro día ya pude acompañarlos a la Basílica de Guadalupe para agradecer a la Virgen. Y al otro día, tempranito otra vez, regresé a España. Todo el estrés, todos los horarios, el cansancio, la gripa, todo estaba olvidado ya. Estaba viviendo un momento genial.

MI NOMBRE SIGNIFICA ALEGRÍA

Cuando recuerdo esos días frenéticos, pienso que he vivido tantas cosas tan rápido que nunca me da tiempo de meditar. Siempre tengo la idea de que si me detengo a pensar, me apendejo; sobre todo si en ese caudal de situaciones veloces comienzo a recibir elogios. No me agrada. Es cierto que el elogio algunas veces fortalece, pero la mayoría de las ocasiones atonta, y ése es un riesgo que no me gusta tomar. A veces las adulaciones son la vía para que la gente que te endulza el oído genere ciertas alianzas, pero a mí me gusta que hablen los hechos, que no se quede en palabras bonitas. Son pocas las personas que se suman genuinamente a una causa.

Es muy fácil decir: "¡Qué chingona eres!" El día de la premiación mucha gente se me acercó para expresarme su admiración y sus respetos. Además, me animaban a seguir con la lucha, me decían que continuara en ese camino. Si te la crees, ya fracasaste. Por eso mi reflexión siempre ha sido: lo viviste, ahí quedó, chingue a su suerte; hay muchas cosas adelante, le debes todo a tu entorno. Por eso sigo visitando Quiegolani, porque me voy por terracería, porque la llanta se poncha, la ambulancia no sirve, tengo que hacer mis tortillas. Voy porque ahí yo soy la China, nada más, y también porque a veces yo soy la única alternativa para visibilizar a quienes siguen ahí.

Claro que hacer viajes internacionales es increíble y lo disfruto mucho, pero mientras no se produzcan los cambios que sabes que se requieren, los viajes no sirven de mucho. La construcción de un camino de lucha implica preguntarse para qué sirve cada acción, cada reunión, cada llamada, cada participación en un foro. Si un viaje determinado sirve para construir alianzas, para encontrar otras mujeres rebeldes, locas, ¡perfecto!

De eso se tratan los encuentros, los foros, de conocer otras historias que están haciendo lo mismo o más que tú. Cuando he interactuado con esas vidas, concluyo que no tengo derecho a decir "hasta aquí llego". Las alianzas se tejen con acciones, asumiendo responsabilidades. Para mí eso significaron estos primeros viajes, aunque en los trayectos en avión nunca me dio tiempo de pensar mucho, sobre todo porque estaba agotada de tanta emoción junta, de tanto agobio por mis papás.

Pasando todo ese remolino, retomé el encuentro en Madrid. Primero nos llevaron a visitar la Casa Real, donde los reyes ofrecieron una comida a las Mujeres Líderes. Hubo un momento en que me pregunté qué estaba haciendo yo ahí, pero no lo pensé demasiado. Me concentré en el hecho. Así, aprendí a tomar vino y a comer jamón serrano. Recuerdo que una de las protagonistas del grupo mexicano era Marta Lamas, la académica y feminista. Me di cuenta de que yo estaba rodeada de mujeres que habían escrito libros, que tenían una gran trayectoria vital tras de sí, que salían en la tele. Mujeres de Guatemala, de El Salvador, de Chile, de España. En fin, fue un encuentro que me marcó profundamente.

A mí me hospedaron cerca de la Puerta del Sol. No sé en qué momento descubrí que no me gusta que me guíen cuando visito otras ciudades. Es decir, me gusta descubrir las cosas yo sola, por eso no me adherí a todos los recorridos grupales, pues mi intención siempre es entender el mundo a mi manera y a mi ritmo. Sin embargo, al Museo del Prado sí fui con el grupo de mujeres. En una de las salas había un cuadro que me llamó mucho la atención. Estaban representadas tres mujeres desnudas, con su cabello largo y se abrazaban. Se trata del cuadro barroco *Las tres Gracias* (1635), de Pedro Pablo Rubens. Una de ellas se llama Eufrósine. Claro que me impactó. Entonces descubrí que mi nombre proviene de la mitología griega y significa alegría.

Me encantó relacionar la alegría y la rebeldía con la desnudez de las tres diosas con la libertad. Fue una emoción muy fuerte porque jamás había entrado a un museo, ni sabía qué era. Creo que era inevitable que me topara con el cuadro, porque no planeaba pasar por esa sala, pero me dio curiosidad el hecho de que ese pequeño espacio estaba casi en penumbras. Esa oscuridad me guio al significado de mi nombre. No salía de mi asombro.

Ese hallazgo personal me dio mucha felicidad, pero sobre todo me ayudó a refrendar mi convicción, porque encontré una posible explicación de mi carácter, uní mi personalidad con mi nombre. Después de salir con emoción del Prado, comencé a conectar con la fuerza de las mujeres que ahí conocí, una energía impresionante: mujeres llenas de ideales, concentradas en lograr una sociedad en donde hombres y mujeres tengan las mismas posibilidades. Ahí me di cuenta de todo lo que me faltaba por construir, pero también supe que mi deber, mi obligación y mi responsabilidad es hacer lo que me toca. No vale quedarse en la silla, en silencio. Hay que asumir la responsabilidad que la rebeldía conlleva.

Un gran maestro fue ese viaje y las mejores lecciones fueron las historias de cada una de estas mujeres invitadas por la Fundación Carolina.

RETORNO A MÉXICO, PERO CON VISIBILIDAD

Después del viaje a Europa regresé a México, pero ya con un panorama más amplio ante mí y con más visibilidad. Mi nombre había estado en un país diferente al mío. Periódicos tan influyentes como *El País, El Mundo* o la corresponsalía del *New York Times* ya habían publicado reportajes sobre mí; incluso la televisión española me entrevistó dos veces durante esa estancia. Parte del planeta ya me estaba conociendo y gracias a eso también me estaba blindando para regresar a mi realidad, para seguir en la lucha. En ese momento ya no quería ser presidenta, ahora se trataba de seguir abriendo camino para que otras pudieran construir también. Si yo no podía, muy bien, pero otras sí debían hacerlo, sí debían llegar.

Entonces regresé plenamente a mi realidad, a impulsar los proyectos de las señoras que por primera vez eran beneficiarias de los programas, esas señoras a las que habían dado por muertas. A la par agendaba muchas conferencias en universidades públicas y privadas, como el Tec de Monterrey o la Ibero. Ya no tenía yo tiempo. Viví tan rápido esa etapa, que hoy estaba en Yucatán, mañana en Campeche, pasado mañana en Monterrey. Y luego regresar a Quiegolani y de ahí a la Ciudad de México. Así pasé dos años de ida y vuelta. Ya no sabía dónde vivía, pero entendí que era algo que debía hacer para colocar nuestros temas en la agenda del país, que los partidos políticos la vieran y asumieran sus responsabilidades, porque solamente lo hacían en el discurso, no en los hechos. Así se aceleró mi participación en la política.

Fue justo en esa etapa cuando comenzó a filmarse mi documental *La Revolución de los Alcatraces* y las compañeras vivían conmigo ese proceso. Durante tres años caminaron conmigo, y simultáneamente llegaron los reportajes, más entrevistas, pero nunca perdí mi objetivo: lograr el cambio en la Constitución y que la ONU adoptara esta iniciativa para apoyar la participación política de las mujeres. Justo en ese lapso tuve la oportunidad de ir tres veces a la ONU.

LAS SIGLAS QUIEGO Y UNA CARTA
AL PRESIDENTE CALDERÓN

En 2008 creamos la asociación Quiego, cuyo nombre es una referencia cariñosa a Quiegolani. Sus siglas significan Queremos Unir Integrando con Equidad y Género a Oaxaca. A través de ella aterrizamos muchas cosas, ya que nos facilitó la gestión, pues, ya establecido nuestro trabajo como organización, a través de la Reforma Agraria nos permitían hacer foros, conferencias sobre igualdad, sobre derechos. Gracias a eso logramos que hoy las mujeres voten, que tengan acceso a proyectos.

Eso lo logramos a través de las capacitaciones que recibimos por parte de la Reforma Agraria y financiadas por la propia secretaría. Por ejemplo, si debíamos ir a la Ciudad de México, la secretaría pagaba nuestros pasajes y la comida. Eso me quitó una carga con la que yo ya no podía sola y además nos dio visibilidad. A partir de ahí, comenzaron a invitarme a dar conferencias. Eso también ayudaba en todo sentido, pues los organizadores pagaban mi pasaje, mi comida, mi hotel y me daban un apoyo económico, que era muy útil. Si durante 15 días ofrecía tres o cuatro conferencias, podía reunir un poco de dinero y con eso pagaba otras cosas vinculadas con la lucha.

Uno de esos ciclos de conferencias lo organizó Édgar Arias, antiguo titular del IFE (Instituto Federal Electoral) en Morelos, quien, por cierto, hoy es el vocal ejecutivo de INE (Instituto Nacional Electoral) de mi estado, lo que demuestra lo verdadera que es aquella frase de "qué chiquito es el mundo". En fin, que se trataba de dar unas charlas a estudiantes de universidades locales y también a sus colaboradores del IFE. Ya estando instalada me enteré de que el presidente Felipe Calderón encabezaría un acto en una comunidad morelense: Tetecalita.

Le comenté al licenciado Arias que mi sueño era conocer al presidente de mi país y entregarle una carta. Su respuesta fue: "Va a estar muy cabrón que nos den chance, pero lo intentamos. Vamos a cancelar las actividades programadas, pero entrar será muy complicado, pues el Estado Mayor blinda todo; de cualquier manera, voy a llevar mi identificación como vocal ejecutivo del IFE". Y así lo hizo.

Aquella noche redacté mi carta. Eran seis hojas por ambos lados, y lo sustancial decía:

"Pido el derecho de las mujeres indígenas a ejercer el voto activo y pasivo en todas las comunidades de México. Ése es mi sueño, que nadie nos robe el derecho a progresar y a participar en el desarrollo de nuestros pueblos y comunidades. Como puede notarlo, mi causa es sencilla y no pretende formar legiones de simpatizantes ni creyentes, porque no es una causa de partidos. De hecho, siento un profundo temor cuando escucho a las legisladoras y legisladores, a los líderes de partidos políticos, afirmar: 'Hay que hacer algo por esta pobre mujer para que ya se calle la boca'. Mi causa es la causa de los que nada tienen y muy poco exigen; mi causa es sólo una voz que grita en el páramo desolado; mi causa es la causa de cientos de pueblos indígenas en Oaxaca y en México y de millones de mujeres de las distintas etnias que dolorosamente y en silencio han cargado en sus rebozos y en su espalda el peso del olvido, de la degradación y del desprecio. Por todas ellas, por todas nosotras, mi voz es el sueño de ver a mis mujeres tomando su destino en las manos y reconociendo que caminar no es marchar atrás sino avanzar juntos y de la mano hacia adelante. Queremos que el sol ilumine nuestros rostros y que su calor abrigue nuestros pueblos.

"Pero también, sueño con que un día llegue el bienestar a mi pueblo, que los niños y las mujeres no tengan que caminar descalzos entre las piedras y los campos lodosos; que las mujeres tengan servicios médicos y proyectos productivos para darles de comer a sus hijos; sueño con que nunca más mis mujeres tengan que sentarse en un petate detrás de los hombres y retirarse los huaraches para no ensuciar el suelo por el que caminan; sueño con que los jóvenes puedan convivir en una casa del estudiante donde reciban alimento y un espacio digno para dormir, además de las herramientas tecnológicas y pedagógicas para realizar sus estudios. Sueño con dejar de ser una pared blanca en la que nadie se atreve a escribir palabras de justicia.

"Mis sueños son muchos, pero la realidad es dura. No obstante, mi causa vive cada día que un hombre o una mujer me escuchan y me dan aliento; nace de nuevo cuando una autoridad me brinda su apoyo para llevar una beca o un servicio médico a mi pueblo. Florece como mis alcatraces y estalla de felicidad como el día 5 de marzo, en que el presidente de la CNDH reconoció el derecho de las mujeres indígenas de Oaxaca y de México a votar y ser votadas, sin restricciones ni excepciones.

"Ese día fue uno de los más felices de mi vida. Tardé en comprenderlo, pero finalmente me di cuenta de que mi causa, mis heridas y mis derrotas han sido provechosas para las mujeres que vienen detrás de mí; para las mujeres que luchan en otros pueblos y en otras entidades. Ese día me di cuenta de que soñar despierta vale tanto la pena.

"Como se ha dado cuenta, señor presidente, soy simplemente una mujer que sueña. Y por ello, me gustaría que usted recibiera las flores de alcatraz que he venido cargando desde mi pueblo para que comparta esta lucha por los derechos de las mujeres indígenas y porque nunca más se les margine ni se les desprecie.

"Estas flores me han acompañado desde el día en que salí de mi pueblo, hace 17 años, para escapar de un destino que yo no había elegido. Hoy nuevamente las he adoptado como símbolo de mi causa, y por eso nunca las he abandonado, porque ellas no me han abandonado a mí.

"No permita, señor Presidente, que Quiegolani deje de soñar. A mí no me duele el hambre ni las amenazas de muerte sobre mi persona. Sólo me duele el olvido de mi pueblo y de mis mujeres. Usted es la máxima autoridad de este país y por eso quiero pedirle que no permita que las conclusiones de la CNDH sobre mi caso se queden en letra muerta. Le pido respetuosamente que sea usted quien exhorte a los partidos y al Congreso de la Unión para que conviertan este pronunciamiento en una ley viva; que la igualdad y la equidad dejen de ser un conjunto de normas escritas en los libros y se vuelvan una realidad para todas las mujeres de México. He tocado tantas puertas y he derramado tantas lágrimas que las manos y los ojos me duelen de impotencia. He llevado mi voz a tantos oídos sordos, que ya casi no me queda esperanza. Yo le pido que se arriesgue y tome esta causa en sus manos.

"Hoy la dignidad de la mujer y la equidad de género en las comunidades indígenas duermen como un niño en el rebozo de su madre. Por favor, señor presidente, ayúdenos a que ese niño despierte y viva en un mundo mejor y diferente al mío."

Y como dice en la carta, se me ocurrió entregarle al presidente unos alcatraces. No sé cómo le hizo Arias, porque en Cuernavaca, que es muy cálido, no se dan esas flores, sólo germinan en clima frío. Pero dijo: "No te preocupes". Y al siguiente día tenía mis alcatraces, un ramo de 20 flores chiquititas, hermosas.

El evento sería a mediodía, así que me levanté temprano y me puse ropa de Quiegolani: blusa, enredo, ceñidor. Llevaba unos listones, que adornaban el traje con que visitaría las universidades; también llevaba mis nervios y mi carta. Arias rentó una camioneta y nos fuimos. Nos acompañó el abogado morelense que llevaba mi caso en mi comunidad y su personal. Llegamos al primer filtro y Arias mostró su credencial: lo dejaron. Segundo filtro: entramos. Tercer filtro: entramos. Cuarto: nos mandaron a estacionarnos. Cuando llegamos, estaba llenísimo. Se celebraba el Día Internacional de la Mujer y había, fácilmente, más de 8 000 personas.

Acompañando al presidente estaba una parte de su gabinete y su esposa, la señora Margarita Zavala. Sólo los había visto en la tele, y justamente gracias a Sergio Sarmiento y a todos los que me habían entrevistado, ellos también me conocían por esa misma vía. En fin, que en la entrada me reconoció la entonces secretaria ejecutiva del Instituto Nacional de Mujeres, Liliana Rojero: "Tú eres Eufrosina, te he visto en la tele". Asentí y nos dieron acceso de inmediato.

Ahí, en la primera fila, compartí sitio con la mamá de una niña con discapacidad. Me di cuenta de que el espacio estaba reservado para mujeres muy especiales, todas con historias de lucha. Yo no sabía qué hacer. El licenciado Arias se volvió automáticamente mi "invitado", porque yo dije: "Ellos vienen conmigo". Así pasamos y estuvimos en pasmo unos 15 minutos, hasta que por el altavoz anunciaron el arribo del presidente de la República. En las pantallas alrededor del evento veía cómo Calderón saludaba a la gente a su paso y junto a él iba Margarita. También iba el gobernador de Morelos, su esposa y la presidenta del Instituto Nacional de Mujeres. En la comitiva estaba la titular de la SEP, Josefina Vázquez Mota; Ernesto Cordero, de la Sedesol, y otros funcionarios de alto rango, entre ellos, el presidente nacional de Derechos Humanos, José Luis Soberanes, que unos días antes había dictado resolución sobre mi caso y concluyó que, en tanto no encabezaba un órgano electoral, no podía resarcir el daño, pero sí podía hacer recomendaciones al gobierno del estado, señalando las lagunas legales. Eso fue algo que logramos juntos los abogados que llevaban mi caso y yo: Derechos Humanos "no da solución", pero sí crea precedentes, exhibe lo que no es normal, lo que no es correcto. Y esos abogados estaban conmigo en el acto presidencial en Tetecalita.

Pero estaba por ocurrir un momento clave: mientras el presidente se acercaba, me quité los listones y enrollé mi carta con ellos, como si fuera un edicto, hasta un moñito le hice, y además cargaba mis alcatraces. Cuando el presidente llegó conmigo, le entregué mi carta y las flores, y le dije: "Mi nombre es Eufrosina Cruz Mendoza y vengo de Oaxaca". Su respuesta me sorprendió: "¿Tú eres la famosísima Eufrosina?" Apenas si alcancé a contestarle: "No sé si soy famosa, lo único que quiero es que nos ayude". Me dijo que no me preocupara, tomó la carta y las flores y siguió su paso.

Cuando Margarita terminó de saludar a su vez a varias mujeres, llegó conmigo y me expresó: "Eufrosina, no sabes cuánto te admiro". Entonces me abrazó y me preguntó cuál era mi sueño. Mi respuesta le sacó una sonrisa: "Que un día vaya a mi pueblo a encabezar una de estas grandes fiestas". Eso fue lo que se me ocurrió decir en ese momento.

Comenzó el acto, y mientras los funcionarios daban sus discursos, Calderón abrió y leyó mi carta. Cuando tomó la palabra, el presidente le dio mi carta al personal de seguridad. Comenzó a saludar afectuosamente a las mujeres presentes y a su esposa, pero sus siguientes palabras me pasmaron. Dijo: "Sobre todo quiero saludar a una mujer que viene de Oaxaca, que está luchando contra los usos y costumbres, contra los cacicazgos. Ella es Eufrosina. Ven a saludarnos". ¡Yo sentí agua caliente o agua fría! No sé. El asunto es que todo el público se puso de pie y quienes estaban a mi lado me animaron a levantarme y hacerle caso a la invitación del presidente.

Por supuesto, yo no sabía qué hacer. Fue una gran sorpresa, pero me rehíce y me levanté. Fue el camino más largo que he recorrido en mi vida, porque no estaba preparada. No sabía si reír o llorar. Y ahí fui. El presidente me tomó de la mano para subir al escenario, me llevó al estrado y me animó a hablar, a decir lo que yo quisiera. Cuando se dio cuenta de mis nervios, me sugirió compartir el contenido de mi carta. Ambos sabíamos que el texto era muy largo, pero el presidente me dijo que no importaba. Claro que no leí las seis hojas, era demasiado, pero sí lo más importante.

El caso es que después, en los noticiarios, todo el mundo hablaba de que el presidente había roto el acto protocolario, que había cedido el uso de la palabra a una mujer indígena y que nunca fue a sentarse a su lugar. La imagen, para mí, fue impactante. Tengo esa foto en mi oficina, para que nunca se me olvide.

Por eso apoyo a Margarita, porque en los momentos más difíciles de la vida tienes que ser agradecido con quien te abraza. Cuando vienes de una comunidad, muy poca gente te abraza, muy poca gente se arriesga contigo. Quizá ésa sea la responsabilidad de un servidor público, su chamba, pero muchos no lo hacen. La nota a nivel nacional fue que el presidente nunca fue a sentarse a su lugar. Esa imagen fue muy relevante, porque 15 días antes yo había sido víctima del primer atentado. Y ahora, aparecer al lado del presidente me impulsó, fue como mi boleto de seguridad, porque mandó un mensaje muy duro al gobierno del estado. Prácticamente lo responsabilizaba de mi integridad.

Ese mensaje poderoso llevaba de fondo la bandera de mi país que aparecía en la pantalla, y la figura del presidente con los alcatraces que yo le había dado. Aquella niña loca hablaba frente al presidente de su país y le decía: "Señor, yo no soy grupo vulnerable". La carta decía que mi corazón se había partido en dos el día en que tuve que abandonar mi pueblo por alcanzar mi libertad. También decía que pienso, que razono, que quiero dirigir, no que alguien me diga cómo hacer las cosas. Era un mensaje muy duro, le cuestioné muchas cosas al gobierno, pero también dije con claridad: "Aquí estamos, existimos; no pido nada, pido lo mínimo".

Al otro día, todos los medios estaban encima de mí: qué me dijo el presidente, que si le creía. Mi respuesta fue: "Yo no sé si creer o no, pero mi vida también se ha construido a base de esperanza, de vivir arrebatando. Mi sueño era entregar la carta, ya lo hice, ya es su responsabilidad, como gobernante de este país, hacer lo que le corresponde. Yo espero que haga algo". A partir de ese evento fui invitada tres veces a la ceremonia del Grito de Independencia en Palacio Nacional. Desde el balcón acompañé al presidente al repique de campana y sus vivas a México. Se me enchina la piel cuando lo recuerdo, porque es la emoción más grande que puede sentir un mexicano. Estar en el Palacio Nacional, donde se toman decisiones importantes para el país. Esa niña que se preguntaba qué había más allá de su montaña, ahora estaba en ese espacio. Es una emoción impresionante.

Gracias a esa visibilización, por primera vez muchas mujeres accedieron a apoyos de gobierno, mujeres a las que ya habían dado por muertas porque me respaldaron. Lejos de eso, revivieron. Muchas posibilidades se abrieron ese día, esta libertad compartida se ampliaba.

Todo estaba sucediendo muy rápido: mi primera vez en la Ciudad de México con mi tía y mi prima; los abogados de Morelos que jamás había visto y que, gracias al programa de Sergio Sarmiento, me buscaron y llevaron mi caso gratuitamente. Justamente ellos, los que me ayudaron, me invitaron a su estado, y ahí conocí al presidente de mi país y al otro día fui nota nacional en primera plana. A partir de eso se abrieron las puertas de la SEP y de la Sedesol para que las mujeres de Quiegolani accedieran a acciones de gobierno y comenzaron a ser beneficiarias de programas que se les habían negado porque no tenían constancia de que eran ciudadanas al carecer de documentos de propiedad. De hecho, la Sedesol tuvo que eliminar ese requisito.

Entonces muchas cosas buenas sucedían por primera vez. La señora Adelaida, por ejemplo, conoció la capital de mi estado a los 76 años y asombrada decía: "Ya puedo morirme mañana, ya sé dónde se hace el dinero". Ese tipo de cosas que fueron construyendo una red de visibilidad compartida en una etapa en donde comenzaron a consolidarse las alianzas que tejí en el camino, porque la libertad se construye con otros hombres y con otras mujeres rebeldes, desde los chavos que me animaron a postularme porque me garantizaron que votarían por mí y todas las cosas buenas que me sucedieron desde mi infancia y salida de Quiegolani. Alianzas que como humanidad solemos perder, pero que son indispensables para construir mejores espacios, mejores oportunidades, mejores realidades para quienes no las tienen. Alianzas que sostienen una libertad compartida y que les abren el camino a otros para que puedan acceder a ella.

Claro que había momentos en que la presión hacía que me olvidara de la agenda, del día a día, no veía avances en un año de batalla. Y regresaban el autorreproche, el cuestionamiento. Cada vez que iba a Quiegolani veía el llanto de mi familia. De hecho, recuerdo bien dos lágrimas de mi papá. Eso sucedió después de dos viajes a Oaxaca, tras la elección. Era diciembre, hacía mucho frío y mis papás estaban desgranando mazorca. Lo primero que me preguntaron llorando fue si ya no los quería, pues la gente se burlaba de ellos y les habían cancelado los programas sociales.

Mi papá me pedía, sollozando, que me preocupara por mis hermanos, que ya detuviera mis reclamos. Y vi los ojos de ese señor rudo llorar como niño chiquito. Esas lágrimas me dejaron muda. No supe qué hacer. Me sentí como la peor cucaracha, pues estaba haciendo sufrir a las personas que más quiero. Mis hermanos me culpaban y me responsabilizaban si mi madre caía enferma. No había médico, qué haríamos en tal caso.

Así que reanudaba mis plegarias, le rogaba a Dios que la tierra me tragara, no podía con tanto dolor, tanto peso, pero en ese trance, ¿quién me abrazaba? No había nadie, aunque en una lucha así hacen falta muchos abrazos, hombros donde dejar caer esas lágrimas. Cuando rememoro esa etapa, siento el mismo hueco en el alma, sobre todo porque ya no está mi viejito. Aquella fue la primera vez que lo vi doblegarse, y ahí entendí cuánto me amaba.

Nunca me lo había demostrado, porque su "papel" era regañarme, pero ese día entendí que ésa era su forma de protegerme, que quería evitar que me señalaran, que me cuestionaran. En el fondo él quería que yo fuera "normal", que no llorara, que no sufriera, que no me doliera ser mujer. Ese día entendí el amor inmenso que ese señor de carácter áspero tenía para su hija. Él no quería que nadie me insultara. Era eso. Ese día vi en el rostro de mi papá más dolor que en el de mi mamá.

Vi a un señor con su sombrero llorar como un niño, pero yo no pude abrazarlo, porque nadie le había enseñado que lo mejor en esos momentos es abrazarse, pero ni él ni yo nos atrevimos. Quizá no era el momento, pues su dolor y mi dolor iban a chocar, por eso nos abrazamos el día en que no había dolor, el día en que había alegría, el día en que pudo expresar que se sentía orgulloso de mí, el día en que me dio las gracias por no derrumbarme cuando él mismo me pidió rendirme. Fue un abrazo tan fuerte, de ésos que sólo se dan dos o tres veces en la vida.

Porque en la vida das y recibes muchos abrazos, pero no todos se sienten igual. Hay abrazos que te marcan, sobre todo cuando no estás acostumbrada a ellos, cuando no son cotidianos. Quizá en ese momento me faltó uno de esos abrazos, pero después entendí que las lágrimas de mi viejo lo impidieron, y sólo surgió cuando el alma estaba clara y limpia, cuando don Domingo reconoció mi esfuerzo y me elogió. Yo sé que, con ese abrazo, mi papá me dijo todo eso.

Y gracias a ese gesto empecé a entender otra cosa: que quienes no me dejaron ser presidenta en el pueblo, no fue porque hayan sido hombres malos. El problema es que nadie les había dicho que una mujer también es capaz de ocupar estos espacios.

La primera legislatura

El contexto político que atravesaba Oaxaca en ese momento era muy interesante a escala nacional, pues pocos años antes, en 2006, se había generado el conflicto con la APPO (Asamblea Popular de los Pueblos de Oaxaca), producto de una gran tensión social con el magisterio. Había, pues, un antecedente de dolor. Quizá por ello la sociedad oaxaqueña quería la alternancia, que se logró con Gabino

Cué encabezando la coalición. En el ámbito político ya me conocían, porque venía de la lucha por el respeto a los derechos de las mujeres, por el respeto a su participación real en las comunidades.

En 2010, Oaxaca vivió su primera gran transición. El estado venía de un sistema de más de 70 años bajo las siglas del PRI (Partido Revolucionario Institucional). Por primera vez se creó una coalición para construir la alternancia. Gracias a ese proceso, entendí más mi papel como ciudadana. También comprendí que la vida es hacer política todos los días, así que yo debía participar de manera activa desde mi trinchera. En ese momento apareció la convocatoria para competir por diputaciones locales dentro de esa alianza, y en ese momento Margarita Zavala nuevamente me abrazó para registrarme como candidata.

Yo accedí porque entendí que era una manera de lograr lo que me habían negado. Ahí podía reformar leyes, porque en la Constitución de mi estado no venía la palabra *mujer*, tampoco en el catálogo de usos y costumbres. Y en ese tema, el órgano local que regula las elecciones se declaraba incompetente, porque "respetaba la autonomía de las comunidades", aunque hubiese violación de derechos humanos.

Hoy muchas de esas reglas cambiaron, porque la instancia que regula las elecciones estatales valida también las elecciones en los pueblos y comunidades indígenas, y si en estas comunidades no participaron las mujeres, el criterio es anular esa elección de manera automática. Esa consideración legal no existía cuando yo participé por primera vez.

Esos vacíos legales me hicieron reflexionar y representaron otro reto. Así ha sido mi vida: ir saltando, ir derribando estas barricadas que como ser humano debo enfrentar. Pero saltarlas también puede ser doloroso, porque no caes en el pastito. De hecho, nunca se sabe si del otro lado de la barricada hay un terreno plano, hondo o de piedras. Es pura incertidumbre, pero es lo que hay que hacer para avanzar. Si no, nunca descubres qué hay del otro lado de la barricada.

En mi decisión sopesé los pros y los contras. En ese entonces, los medios de comunicación local me trataban bien, porque soy activista, soy de la sociedad civil, por eso sabía que al dar ese paso iban a catalogarme, iban a meterme en esa bolsa que se mete a los políticos, iban a señalarme, iban a decirme que ya me había vendido. Y en la vida siempre trato de poner las cosas en esa balanza y así puedo descubrir qué me va a doler más, pero también cómo puedo avanzar más en mis proyectos, aquellos en los que creo.

No había duda: me dolería más aceptar, pues iban a cuestionarme, pero, aunque el mundo te reconoce como activista y elogia tu labor, y te admira y te anima, eso se queda ahí. La vida de una activista es muy compleja, porque, a pesar de que el reconocimiento es mucho, su labor no incide en donde debe incidir más rápido. A la sociedad le urge que avancen las medidas para construir equilibrio, para romper la desigualdad. Y vivimos en un país en el que los avances se accionan en la vida política, en la vida pública, ahí donde se dan los debates y en esas mesas de cristal inaccesibles para mucha gente.

Entonces entendí cuál debía ser mi decisión. No habría otra oportunidad. Así que me alié con la gente correcta y tomé el reto, asumí el riesgo y sus consecuencias. Me costó mucho trabajo, no fue nada sencillo.

A partir de ese momento decisivo, muchos me han cuestionado por qué elegí al Partido Acción Nacional (PAN). Mi respuesta recurrente se basa en que los partidos tienen sus principios, sus ideologías, pero yo trato de no verlos así. Yo los veo más allá de si son de derecha, izquierda o centro. Los veo como la posibilidad que tenemos quienes venimos de allá, a ras de tierra, de cambiar lo que no nos gusta. Pienso que la ideología de un partido la haces tú, la construyes tú como persona, y de acuerdo con eso respetas, defiendes tus convicciones. Por supuesto que no es fácil, pero eso es: llegar a un espacio con tu visión. Ésa es mi opinión, es lo que he hecho.

Cuando se abrió el espacio en el PAN me inscribí para competir por mayoría, en un distrito. Entonces recibí una llamada de Margarita Zavala, quien me sugirió que me quedara mejor por la vía directa, porque no le parecía justo que yo expusiera una lucha tan digna, tan genuina, y que los otros iban a aniquilarme, otros muchos que no quieren que la participación de las mujeres sea efectiva, además, porque yo no era panista de Oaxaca. Tenía razón, porque si me hubiera arriesgado a irme en una urna, arriesgaba no el nombre de Eufrosina, sino un sueño que implicaba cambiar la Constitución de mi estado y de mi país, y convertirme en la primera mujer en un espacio de toma de decisión. Y Zavala me alertó. Así, me mandaron en la posición 23 en lo local, y a nivel nacional en la posición tres. Sabía que lo que representaba mi lucha tenía que cuidarse. Y así acepté buscar la diputación local por la vía plurinominal.

No solamente era cuestionar o reclamar, sino también hacer que sucedan esas cosas a ras de tierra. En esas circunstancias conviene preguntarse uno mismo: qué estoy haciendo desde mi trinchera, qué estoy moviendo.

Y en ese sentido caminé, hice lo que me tocó hacer en ese momento. La coalición, hay que recordarlo, ganó por un margen amplísimo y entonces tocaba decidir quién iba a dirigir en una alternancia en donde ningún partido tenía mayoría, quién iba a dirigir el Congreso local. Por primera vez todo era pluralidad, así que ese nuevo presidente o esa nueva presidenta iba a tomarle la protesta a un gobernador de alternancia. Desde luego, nunca pasó por mi mente que esa persona sería yo.

El día del triunfo de la coalición yo estaba en Quiegolani.

El momento más hermoso, sin embargo, fue meses después, el 7 de noviembre de 2010, cuando vi a las mujeres de mi pueblo votar por primera vez, ahora en el proceso local por Usos y Costumbres. Fue hermoso atestiguar cómo se ejercen esas libertades. Me recordó a mi libertad de alumbrar por cesárea. Escuchar que, por primera vez, en el aparato de sonido de Santa María Quiegolani dijeran: "Las ciudadanas". Y ver a mi mamá levantarse tempranito para bañarse, ponerse su mejor vestido, ponerse su listón en sus trenzas porque la iban a llamar "Guadalupe Mendoza Martínez, ciudadana".

A lo mejor a la gente que nace con esa posibilidad, que ya tiene ese derecho, no le parece importante, pero para las mujeres que han estado invisibilizadas en su propio entorno, en su familia, que de repente un día escuchen frases como "la ciudadana Guadalupe Mendoza Martínez" es muy relevante. Y entonces van emocionadas y se quedan un rato sentaditas en la cancha del pueblo, donde hace mucho frío. Ver todo eso, contemplar la expresión de sus ojitos cuando esperan su turno para votar, es emocionante.

Lo menos importante ese día era votar y ser votadas. Lo más importante fue que ese día, por primera vez, estaban ahí las señoras, las ciudadanas del pueblo, a quienes nadie había volteado a ver. Sólo eran visibles para los partidos políticos, pero las veían como una credencial para votar. Para su comunidad eran invisibles, porque así lo establecían los usos y costumbres. Pero no. Eso no es ni uso ni costumbre. Eso no es cultura. Eso es abuso. Eso es violencia. Eso es detener la capacidad del desarrollo de las comunidades.

Las mujeres, aquel día, disfrutaron por primera vez su ciudadanía. Estrenaron la credencial que siempre habían tenido, porque antes cuando era jornada electoral sí les pedían su voto, pero para lo más importante se les decía que no, "porque no se acostumbraba".

Así que, en mi pueblo, todos estaban contentos por ese triunfo y además ya les había informado que era diputada electa. Llevé a mi papá el día que tomé protesta, otra historia: un hombre duro lleno de lágrimas. Fue muy fuerte. Pero a la par seguíamos apuntalando la asociación QUIEGO: ya habíamos logrado que algunas mujeres accedieran a programas sociales.

En momentos así me he dado cuenta de cuánto hace falta para que muchas mujeres conozcan el mundo, para que conozcan estas posibilidades, que digan que vieron otras cosas fuera de su entorno. Porque no es justo que se vayan así, que un día mueran sin haber logrado una posibilidad distinta. Eso es lo que me obliga a seguir, a pesar de que quiero estar más tiempo con Diego, pero recuerdo que todavía hay muchas mujeres así y concluyo que no tengo derecho todavía a abandonar esa lucha. Yo ya vi qué hay afuera de mi pueblo, fuera de mi estado e incluso fuera de mi país, pero ellas no, y tienen todo el derecho de saber, de conocer.

De esta manera, en Oaxaca se derrumbó un paradigma: por primera vez el partido que gobernó por más de 70 años perdía y así llegó un gobierno construido con distintas alianzas y un Congreso en el que ningún partido tenía mayoría. Llegó eso que llaman democracia. Y de repente, en esa coyuntura surgió la posibilidad de convertirme en la primera presidenta del Congreso local, aunque yo no sabía qué significaba. Cuando desconoces el mundo de la política no sabes qué es eso, cómo se come, y con esa ingenuidad acepté.

Yo jamás esperé ese cargo, pero fue el gobernador Gabino Cué quien sugirió que, para estar a tono con la alternancia, debía elegirse para presidir el Congreso a un rostro diferente. Esa acción, planteaba el mandatario electo, enviaría un mensaje al mundo, porque Oaxaca era el centro de atención debido a la crisis política de 2006 y debido también a la recién inaugurada alternancia en el gobierno estatal. Por lo tanto, Cué sugería eso a los coordinadores parlamentarios. La fracción panista la conformábamos 10 diputados, y uno de ellos era un señor que ya había sido presidente del tribunal de Oaxaca, otro fiscal, otros diputados federales y locales.

A ese escenario, en medio de legisladores y funcionarios con experiencia, que se sentían dueños de la política, llegó de repente Eufrosina, cuya mamá se llama Guadalupe y su papá Domingo. Por eso fue muy difícil para mí. Yo carecía de toda experiencia, es cierto, pero ésa se construye todos los días. La falta de experiencia no te puede limitar para alcanzar tus sueños, por supuesto que no. A mí que nadie me diga que no puedo hacer algo por carecer de experiencia. ¡No! La experiencia se gana a base de chingadazos, aunque en eso no estén todos de acuerdo.

Por eso, cuando se decidió mi nombramiento todo se volvió un caos en la fracción, porque no les parecía una acción correcta. De hecho, les parecía inaudito, inconcebible. Ellos, aseguraban, tenían más capacidad, su currículum los avalaba. Por eso, aquélla fue una semana de presión inimaginable, horrible, pero acepté el desafío.

Al principio no supe qué decir. No dimensioné la responsabilidad, no entendía aún qué significaba ser presidenta del Congreso local, sólo me atreví a decir sí, pero cuando vi la reacción de quienes se sentían dueños de estos espacios comencé a entender la relevancia del cargo y lo que se avecinaba. Empezaron a cuestionarme fuerte, a exigir, pero eso no dolía. Empezó a dolerme ya en funciones, dirigiendo, contestando a los diputados. Fue un suplicio, elevaba mis plegarias al cielo para que eso terminara, porque fue demasiada hostilidad psicológica. Sus palabras expresaban rencor: "La india ya se equivocó". Hasta en los periódicos de Oaxaca me hostigaban, me discriminaban. Para mí era sorprendente el cambio de bandera: los aliados que me ayudaron a visibilizar mi lucha en la primera etapa ahora eran los que me señalaban con odio en los medios locales.

Esa decisión, sobre todo en el arranque de legislatura, significó para mí mucho dolor: dolor de no querer levantarme, de no querer que amaneciera. Me sentía peor que cuando me dijeron que no tenía derecho de ser presidenta en Quiegolani. Cuando en mi comunidad me negaron la presidencia, quizá yo tenía una especie de ignorancia no consciente. Pero en el Congreso ya era consciente, porque eran hombres educados, que sabían el significado de derecho, de igualdad, aunque mi pecado, o el de nosotras las mujeres, es que arrebatamos esos espacios sin pedir permiso, sólo llegas y asumes esa responsabilidad, gracias a las mujeres que lucharon antes que tú.

DEL *BULLYING* AL EMPODERAMIENTO

Así comenzó el menosprecio. Me preguntaban quién era yo para aspirar al cargo, quién me creía. Y eso hiere muchísimo. Sostener esa rebeldía es doloroso, pero yo sabía algo importante: aunque otros querían ese espacio, para mí significaba marcar la historia, pues sería la primera mujer que dirigiría el otro poder del estado. Y en esa transición que vivía la entidad también dejaría una gran huella en el libro de la historia.

Sí me hice chiquita en algún momento, porque las burlas hieren. Se referían a mí como "la india", destacaban que yo respondía siempre en singular o que me equivocaba cuando sometía a votación económica algún punto, pero, por otra parte, esa etapa me dio mucha fuerza para demostrar que sí podía, que nosotros también tenemos derecho. Así que me engallé y probé que "la india" razona, piensa, el asunto es que se nos negaron las oportunidades. La experiencia se construye a diario, no nacimos con ella. Todos los días se aprende algo.

Entonces asumí la responsabilidad de haber aceptado el cargo, así que estudié a fondo la Ley Orgánica del Congreso y el Reglamento Interno. También aprendí en qué momento se vota, en qué momento no; cuándo contestar, cuándo no contestar, y sobre todo, cuáles eran mis facultades. Me fui al Senado de la República a capacitarme, a tragarme la Constitución de mi estado y de mi país. Así entendí cuál era mi papel como primera presidenta del Congreso.

Así se abrió todo un abanico de aprendizaje y regresé empoderada. Ya no tenía miedo de contestar. Tomé la campana que me correspondía como presidenta del Congreso y la fijé como mi poder: si quiero, contesto; si no quiero, no contesto. Advertí que íbamos a respetar la legalidad, respetar los tiempos, porque el debate no es insulto. Advertí que habría debate respetuoso o rompería la sesión. Llamé a la búsqueda de acuerdos. Comprendí que ése era mi papel, no hacer acuerdos, pues para eso estaban sus coordinadores parlamentarios. Si los acuerdos no se respetaban en el pleno era porque los coordinadores no consensuaban. Cada quien tiene que y puede votar como quiera. Pero costó trabajo, sobre todo cuando me exigían que fundamentara en qué artículo me basaba para decidir tal cosa, pero no soy biblioteca para saber de memoria todos los artículos. Incluso ahí entendí que tenía la facultad de contestar o no, porque era la presidenta.

Para ese momento ya tenía yo una dimensión mucho más completa de mis funciones. Así que pensé: "Ok, a ver quién aguanta más. Ustedes o yo". Y no por soberbia, sino para demostrar que la capacidad no debiese medirse en si eres indígena o no, en si eres mujer o no, o en cómo hablan las personas. La capacidad debe medirse de acuerdo con las oportunidades que da la vida, y ahí uno construye su capacidad, cada quien adquiere elementos y herramientas del entorno.

En ese sentido, siempre me pregunto por qué las mujeres indígenas tenemos que demostrar más cosas, por qué a un hombre que llega a estos espacios no se le cuestiona. Es un reto constante y no sólo en el Congreso. Por ejemplo, cada vez que me equivocaba, en el encabezado de los periódicos solían publicarse frases como: "Otra flor en el huipil de la india" u "Otra flor para que se haga más grande el huipil de la india". ¡Era tan denigrante!

En ese espacio legislativo no estaba considerado el rostro indígena. Era un espacio de poder, de toma de decisión, pero nosotros sólo estábamos para ser objeto de estudio, de investigación de la pobreza, sujetos de estadística, pero no podemos tomar decisiones

161

sobre nosotros mismos. Había que romper con eso, aunque se generaran problemas. Y ahí, en ese proceso de un año como presidenta del Congreso, volví a llorar mucho. No sé cuántas veces estuve a punto de renunciar, pues no podía con la carga.

Los golpes físicos duelen, se nota la cicatriz, pero los psicológicos duelen más, porque son internos. Los primeros se curan con pomada, pero los otros cómo se alivian, cómo sanan, cómo se hace para que no duelan. Hubo un momento en que acumulé dos semanas en que sólo dormía una o dos horas al día, porque la presión era muy fuerte, los cuestionamientos se desataron. Todos los medios que me habían elogiado y apoyado por encabezar una lucha surgida desde la sociedad civil se pusieron en mi contra. Todo el tiempo publicaban: "La india ya se equivocó". Era demasiado. No podía creer tanto desprecio.

Afortunadamente, ninguna persona que me habían acompañado en mi camino dejó de apoyarme, nadie me volteó la espalda. Mucho menos las mujeres del pueblo, que eran las que más me interesaban. Al contrario, me respaldaron siempre. El día que tomé protesta, por ejemplo, llevé a mi papá y a mi mamá, y los vi llorando de felicidad en medio de aquella multitud. Igual cuando fueron a Palacio Nacional a acompañarme a recibir el Premio Nacional. Ahí estaban, con sus rostros diferentes, su personalidad diferente, porque no iba a calzarle zapatos a mi papá. Es decir, no por querer visibilizarlos voy a meterlos a una cultura ajena. Ellos se sienten bien y felices con huaraches. Mi mamá, con su vestido y su listón.

Creo que, como sociedad, no podemos ingresar a un mundo imitando a otro mundo. Hay que entrar al mundo como somos, con nuestras voces, con nuestras facciones para que el mundo nos conozca. No podemos negarnos a nosotros mismos sólo por alcanzar la aceptación, no debemos quitarnos lo que somos. Eso me enseñaron mi papá y mi mamá. Recuerdo que cuando asistieron a la toma quise comprarle unos zapatos a mi papá, pero se negó rotundamente. Me quedó muy claro que yo no podía quitarle su identidad. No busco quitarles la identidad a los pueblos indígenas, busco lo contrario: que nos vean, que escuchen cómo hablamos, cómo somos, cómo caminamos. No queremos imitar o hacer lo que el mundo nos impone.

Todo eso significó para mí ser la primera mujer presidenta del Congreso local: ganar un espacio de poder, tomar decisiones, demostrar que sí podía generar debates, ceder el uso de la palabra, contestar. Tanto así, que al final de ese periodo legislativo resulté ser "autoritaria". Pues qué bien que lo dijeran. Prefería eso a que me consideraran pendeja.

Lo que sucedía es que no estaban acostumbrados a respetar el reglamento, pero había que poner orden porque ahí se hacen leyes que pueden beneficiar la vida de otras personas. Recuerdo perfectamente los primeros 10 días de aquella legislatura. El desgaste fue brutal. Mis ojos estaban hinchados porque lloraba a diario. La carga de trabajo era insoportable, pues todos los días se sesiona por todas las razones posibles: informe, cuenta pública, una iniciativa preferente, la toma de protesta del gobernador. Nosotros tomamos protesta el 15 de noviembre y el nuevo gobierno entró el 1º de diciembre, entonces eran 15 días de no dormir y con mucha incertidumbre por no dominar los protocolos.

Yo no paraba de llorar y mi maestro Neri era mi vicepresidente. Él, como ya lo conté, me animaba a no claudicar, pues la lucha había valido la pena, no podía abandonar el camino avanzado. Me decía con firmeza que yo tenía la obligación de demostrar que los jóvenes indígenas y las mujeres indígenas también pueden y deben. Me decía: "Tú no tienes derecho de rendirte".

Así fueron aquellos primeros 15 días. Recuerdo que en el Congreso hay una bandera muy grande y en una de aquellas jornadas agotadoras me acosté en el pedestal. Esa tarde hacía mucho viento y la bandera mexicana ondeaba hermoso. Yo le pedía a Dios, otra vez, que me tragara la tierra. Sentía una derrota interna e incluso me arrepentía de haber aceptado.

En ese trance me acompañaron mi mejor amigo, Isaac Rodríguez, mi amiga Ivonne Gallegos y doña Claribel Constanza. Ella me decía que si tenía que renunciar, renunciara. Me veía como su hija. Ante el dolor manifestado, me sugería dejarlo todo. Pero Isaac no. Él me animaba, me exigía más porque nunca dudó que sí podía. No me permitió claudicar, pues me recordaba lo mucho que costó llegar ahí. Y la señora, maternal, consideraba que lo menos deseable era que el cargo y la presión causaran tanta amargura. Pensaba que debía disfrutarse. A pesar de ese respaldo, yo me sentía sola. Pero esos dos extraños se preocupaban por mí, llegaron a mi vida para abrazarme también. Y la bandera de mi país ondeando. Juro por Dios que eso me dio la fuerza necesaria. El empujón. No estaba dispuesta a echar a la basura tanto trabajo de visibilización. Esa bandera es tan mía como de los demás; yo también canto el Himno Nacional, yo también la saludo. No me explicaba por qué les generaba tanto odio le hecho de que yo estuviera ahí, en un lugar en donde, en teoría, se generan igualdades, donde se hacen las leyes que deben proteger a todas y a todos.

La presión llegó a tal nivel, que me decían que si debía gritar, gritara, llorara. Tenía que sacarlo todo o me haría daño. Así que esa tarde grité como no sabía que podía hacerlo, y pataleé. Sólo después de esa tormenta llegó la calma. A las mujeres nos da miedo hacer eso, pero es recomendable expulsar toda la emoción, porque después viene un gran sosiego. Y ahí seguía bailando con el viento la bandera de mi nación.

Yo comparaba en mi recuerdo la bandera agujereada del pueblo. No tenía asta, era un pedazo de palo sostenido con piedritas. En ese momento de reflexión me preguntaba: ¿a poco los niños de Quiegolani no merecen tener una bandera grande? ¿Entonces por qué estoy llorando? Y ahí lo vi todo: quiero que los niños de Quiegolani un día vean esto, que sepan que hay una bandera grandota que es de ellos. Y me di cuenta de dónde estaba parada, hasta dónde había llegado. Yo quería que la palabra mujer se incluyera en las leyes, pues ya estaba en mis manos lograrlo, el caminito ya era menos complicado. A partir de entonces yo tenía que demostrar que sí podía, tal como les decía a mis alumnas: tienen que aprender, tienen que descubrir que sí pueden.

Todo mi pasado, mi trayecto, se me presentó de golpe ahí acostada y contemplando la bandera. Recordé cuando, de niña, me tapaba un oído para aprender palabras nuevas. Pues entonces ésa era la vía: leer la ley, descubrir qué significa cada artículo, cada término. Si tengo dudas, pregunto. ¿Qué significa votación económica, mayoría relativa, sesión extraordinaria, sesión ordinaria?

El camino era investigar las palabras desconocidas, exactamente así me pasó con el maestro Joaquín. No conocía la tele, no sabía cómo era el trapeador. Si así había aprendido, ¿por qué no aplicar ese mismo sistema ahora? Y así comprendí toda la normativa, construyendo imágenes a través de la palabra, tal como en los recortes de revistas y periódicos que me mostraba Joaquín. Ése fue justo el segundo momento en que reforcé mi charla conmigo misma, reforcé mi interior, porque la vida me enseñó a platicar mucho conmigo. Yo platico a solas muchas veces, porque en cada etapa de mi vida he tenido grandes momentos de soledad, no ha estado mamá ni papá, y eso no fue necesariamente malo, son circunstancias, son adversidades nada más.

"Se ve la puerta del cielo"

Y aquella tarde me levanté, tomé el teléfono y le marqué al entonces titular de la Secretaría de Hacienda, Ernesto Cordero. Le pedí por favor que me conectara en el Senado, porque yo había escuchado que ahí brindaban capacitaciones para conocer la técnica parlamentaria. Después alguien de su equipo me pasó los datos, hablé con la persona encargada del área parlamentaria y pude conocer a quienes asesoran a la Mesa Directiva del Senado, los mejores asesores del mundo, que cuentan con una sabiduría y una capacidad ejemplares.

Decidí que fuéramos a la Ciudad de México a pesar de los pendientes que teníamos, pero no hubo mucho tiempo para pensarlo: era tomarlo o dejarlo. Era urgente que entendieran el criterio de los pueblos indígenas.

Todos los integrantes de la Mesa Directiva, todos mis compañeros, pasamos entonces una semana en la Ciudad de México. No puedo decir que todo mi entorno era malo, pues los que estaban conmigo en esa mesa me abrazaron mucho, y entre ellos estaba mi maestro Neri, que me había dado seis semestres en la Facultad de Contaduría.

Cuando él me veía llorar, me recordaba lo que nos aconsejó siempre en la escuela: arrebaten, rompan paradigmas, que no les duela esto. También me pedía que no lo decepcionara, que no claudicara, a pesar de que, si eso sucedía, él subiría de manera automática como presidente de la mesa. De haber sido egoísta, me habría orillado a renunciar, pero no lo hizo. Así se comportó mi maestro, al que más admiraba, el mejor fiscalista que he conocido. La vida me lo ponía como compañero, al mismo nivel, pero yo nunca le dije diputado.

Para mí era mi maestro, y maestro es quien transforma, quien rompe miedos. Neri significó eso y sigue siendo mi maestro de vida. Es de esas personas que se quedan, que marcan vidas, como Joaquín, que me decía: "Éste es mi cuarto, pero yo quiero que cuando salgas veas la montaña, ¡es grandísima!" Justo compartí hace tiempo en mi cuenta de Twitter una foto de esa montaña y escribí: "Se ve la puerta del cielo, en donde las nubes y las montañas se abrazan". Eso me enseñó Joaquín. Si llegas a esa puerta del cielo vas a ver todo el cielo, todo el universo: "Y vas a ver la libertad de las nubes, donde las nubes juegan con la montaña, en donde la montaña se esconde y la nube sale".

Aquélla fue una semana intensa en el Senado para todos mis compañeros, incluyendo a Neri, que era doctor en cuestiones fiscales y ya había sido rector, pero acudió con humildad. Todos nos capacitamos. Y entendí. El horizonte se abrió cuando descubrí todo el poder que tenía concentrado en la campanita con la que podía conducir las sesiones. En mí recaía un poder, y eso, a través del conocimiento impartido en el taller, me liberó de miedos. A mi rescate venía nuevamente la educación. Ya con conciencia, con libertad, enfrenté esos monstruos que impiden avanzar, que cuestionan por qué los rostros diferentes llegamos a espacios de toma de decisión.

Mientras más conocimientos tengas, más chiquitos haces a los monstruos. El miedo se va desvaneciendo y se convierte en tu mejor aliado. Pero tú controlas, no el miedo. Así sucedió en mi espacio en el Congreso, donde pude presentar la reforma a la fracción segunda del artículo 25 de la Constitución del estado para que nunca más a ninguna mujer le digan que, por el uso y la costumbre, está impedida de participar en el desarrollo de sus comunidades; que por el hecho de ser indígena no pueda ejercer, no pueda estar en la cancha, no pueda decidir por sí misma. Sólo siendo diputada local logré reformar a la Constitución.

Aprendí que mi responsabilidad no consistía en lograr acuerdos, pues para eso están los coordinadores de bancada. Mi responsabilidad era desahogar el orden del día. Si los acuerdos reventaban en el pleno, no era mi responsabilidad, sino la de los coordinadores que no aterrizaban esos pactos en sus grupos parlamentarios. Yo sólo debía dirigir el orden del debate, ceder el uso de la palabra a quien yo quisiera, para eso era la presidenta. Mi poder estaba centrado en la campanita. Cuando el orden se rompía, mandaba a receso y reanudaba cuando se me daba la gana.

Esa autoridad me dio confianza, desde luego, pero yo la usé como valor. Mis compañeros no estaban acostumbrados a vivir en la legalidad parlamentaria, sino a votar y a intervenir como quisieran. Pero impuse el reglamento. Otorgaba la palabra cuando correspondía, no antes, no después. Exigí que pusieran atención a cada votación, porque no iba a repetir ninguna. Me di cuenta de mi capacidad de dirigir, y la usé, aunque al final para mis compañeros yo ya no era incapaz, ¡sino autoritaria! Ver para creer.

Estaban acostumbrados a cuestionarme: "Presidenta, fundaménteme en qué artículo se basa para tal o cual decisión". Y yo aprendí a responder: "No estoy obligada a fundamentarle en qué artículo me baso, para eso es usted diputado también".

Siempre actué con firmeza, sí, pero de acuerdo con la legalidad; claro, no estaban acostumbrados. Así gané la experiencia que, evidentemente, no tenía. Demostré que la capacidad y el oficio se construyen todos los días. Aprendí que no todos los espacios políticos son iguales, cada uno aporta su aprendizaje, su conocimiento. Desde que uno nace va construyendo experiencia. Parte de ese proceso fue esa tensión legislativa.

CAMBIAR LA CONSTITUCIÓN

Cuando entré al Congreso como legisladora, no era mi propósito presidir la Mesa Directiva. Eso no estaba en mi radar. Lo que sí tenía bien clara era la reforma que quería alcanzar: cambiar el artículo 25 de la Constitución de mi estado, eso lo tenía clarísimo, por eso acepté y por eso ingresé. Pero tenía que demostrar que el derecho positivo debe ampliar su interpretación, debe rebasar la interpretación del derecho literal, porque muchas veces en la comunidad no existen conceptos que son habituales para otros. Hay diferencias entre obra y obra pública. Y esa diferencia, aunque parezca mentira, detiene el desarrollo. Me decían que, para funcionar, la letra constitucional debía ser literal. De hecho, en la Constitución de mi estado decía que todas las mujeres teníamos derechos, pero la respuesta que recibí siempre fue que no estaba escrita la palabra *mujer*. No me cabía en la cabeza esa contradicción.

El argumento llegó hasta el ámbito constitucional, porque en la ley no decía "derecho consuetudinario", decía que las mujeres podían participar y votar, pero no decía "en el sistema normativo interno" o "en las comunidades indígenas". No decía "las mujeres en las comunidades indígenas", sino "las mujeres" en general. Y como 417 municipios de Oaxaca se rigen bajo el sistema de usos y costumbres, el argumento era que no entrábamos en esa generalidad. Así de estúpido.

Mi respuesta era: ¿entonces para qué van los candidatos a pedir el voto femenino si las mujeres en las comunidades se rigen bajo otro sistema? Si esa lógica se respetaba, entonces no tenían derecho a meterse en los sistemas locales; nosotros podíamos decidir en tal caso. El asunto era que nos imponían reglas que nos excluían de su sistema, pero ellos sí podían participar en el nuestro. Era un abuso. Ésos eran los argumentos. En ese entonces, el Instituto Electoral del Estado no pudo validar, porque sostuvo que las mujeres nunca habían participado en la vida pública del pueblo, que así era el derecho consuetudinario. Efectivamente, la Constitución garantiza que todos somos iguales, pero en mi entorno se aplica el derecho consuetudinario, no el positivo. Claro, utilizaban uno u otro cuando les convenía.

Entendí que, para avanzar, entre "los iguales y los desiguales" debemos tejer palabra por palabra para que quienes hacen política pública tengan claras las reformas. Esa increíble laguna legal que detecté estaba en la Constitución de mi país. Si la palabra *mujer* no aparecía en los usos y costumbres, había que ponerla entonces.

Si obviaba el derecho de las mujeres a participar, entonces había que poner claramente que sí tienen derecho a participar. Si la ley no dice que por esa circunstancia se va a invalidar la elección, entonces hay que escribir que, si no participan las mujeres, se invalidará la elección. Si quieren palabra por palabra, pues hagamos palabra por palabra.

Conservo aquella iniciativa, también el discurso que leí cuando la presenté y se aprobó por unanimidad. Me ayudó a redactarla el muy competente constitucionalista Emilio Rabasa. Es esposo de María del Carmen Alanís, exmagistrada del Tribunal Electoral del Poder Judicial de la Federación, que desde mi punto de vista es una de las que más impulsó las acciones afirmativas para las mujeres. Rabasa es una eminencia en el tema de interpretación de la Constitución. A él le pedí que revisara, por favor, mi iniciativa, palabra por palabra, que no hubiera ni una coma mal puesta. Al finalizar la revisión me hizo algunas sugerencias y presenté la iniciativa. Tardó casi un año en ser aprobada, y eso que le daba seguimiento diario al tema.

La presenté en 2010 y en 2011 se aprobó. Ese logro significó no sólo un cambio en la Constitución, también fue un mensaje a los juristas, a los estudiosos del derecho, para que no fueran rígidos en la interpretación, sobre todo en lugares en donde impera la desigualdad. Ellos deben ampliar su horizonte también. Costó romper paradigmas y miedos, pero logré la reforma a la Constitución de mi estado. Ahora regreso en el tiempo y recuerdo que cuando regresamos de la capacitación le tomé protesta al primer gobernador en transición, con invitados de todo el estado, de todo el país. Con la atención de los medios internacionales.

Habían pasado menos de 15 días de aquel intenso taller en el Senado y debíamos regresar. No podía ser que 10 años atrás yo había padecido esa laguna legal y ahora estaban interpretando la ley de la misma manera. Esa lucha la viví nuevamente, pero en otra etapa de mi vida. Ahora estoy en un espacio en donde se hace política pública de otra forma. Sigue siendo una lucha, sigue habiendo frustración, pero sin el camino de rompimientos sería doblemente compleja esa lucha.

TRANSICIÓN Y GOLAZO

Los invitados de honor el día en que tomó protesta el primer gobernador de la alternancia en Oaxaca (Gabino Cué en 2010) eran algunos mandatarios de otros estados y el secretario de Gobernación. La atención de la prensa nacional e internacional estaba puesta en Oaxaca, sobre todo por el antecedente del gran conflicto social de 2006. En el momento en que asumí como diputada local en la explanada del recinto legislativo y cedí el uso de la palabra al nuevo Ejecutivo local me sentí muy bien, fue muy bonito, sobre todo porque fuimos parte de esa lucha. Claro, después el nuevo gobierno no cumplió con lo prometido, pero ése es otro tema.

Cuando llegó al recinto lo recibí como ciudadano, pero cuando le cedí el uso de la palabra para la toma de protesta ya me referí a él como ciudadano gobernador constitucional. Fue emocionante. La niña que acarreaba leño en su burrito, la que no pudo tener una muñeca, estaba tomándole protesta a un gobernador de transición en su estado. Durante la ceremonia, mi voz se quebró, porque sentía la emoción de romper paradigmas en toda la sociedad oaxaqueña.

En el intermedio de la toma y de presentar mi iniciativa pasaron muchas cosas. Como yo ya presidía la Mesa Directiva, los cuestionamientos se centraron en otros temas. Por un lado, sirvió mucho, porque mi iniciativa no atrajo reflectores. Debido al cambio de gobierno, el debate estaba enfocado en los dineros estatales. En ese entonces, el secretario de Finanzas se había fugado con muchísimo dinero.

En un escenario distinto, seguramente me habrían dicho que, para armar la iniciativa, debía consultar primero a los pueblos indígenas, porque, debido a que era una reforma, "a ver si estaban de acuerdo". Pero si yo hubiera consultado, ¡claro que no me hubieran permitido presentarla! Y la razón de eso era que, de haberles pedido opinión a los hombres, por supuesto que no me lo iban a permitir, por supuesto que no se iba a aprobar. Por fortuna, otros temas estaban en auge, así que mi iniciativa pasó sin hacer ruido, aunque todos los días le daba seguimiento para que se dictaminara. Así que el día en que se aprobó, los legisladores no vieron por dónde pasó el gol. Eso ayudó mucho.

Esa iniciativa pasó en comisiones y pasó en el pleno, porque se subió en el orden del día como una iniciativa más para su aprobación. Es cierto, quizá se necesitaba consultar a los pueblos indígenas, pero hay que aceptar que ni siquiera todos los antropólogos que defienden la visión romántica dentro de las comunidades la hubieran apoyado. Hay de consultas a consultas, desde mi perspectiva. Así que no puedes hacer una consulta en donde la mayoría de los que deciden son quienes rechazan la participación de las mujeres.

En Quiegolani, por ejemplo, ¿a quiénes iban a convocar? La respuesta es clara: a los hombres, no a las mujeres. Y la pregunta directa era: ¿quieres o no quieres que participen las mujeres? Bajo esa lógica de las comunidades, desde luego que iba a ganar el no. Eso iba a reproducirse en todos los pueblos y la iniciativa iba frenarse, porque las mujeres de esas comunidades no participaban. Pero estoy convencida de que para crear igualdad dentro de la desigualdad no tienes por qué preguntar. Viví esa situación de desigualdad, así que la consulta no tenía caso, estaba condenada al rechazo. Si no me dejaron participar, ¡menos permitirán que se hiciera una ley!

Por eso para mí fue un gran día cuando se aprobó, porque como presidenta yo conté los votos personalmente. Para lograr una reforma a la Constitución se necesita mayoría calificada. Lograr el consenso de los líderes tampoco es fácil, y por unanimidad, menos. Nadie tenía mayoría, entonces había que apelar al conjunto de los partidos para construir y reformar la Constitución; de hecho, ni siquiera para una ley simple había mayoría. Lo interesante fue que no se votó por mayorías calificadas, sino por unanimidad de votos, y así se aprobó la iniciativa. Por ejemplo, hace no mucho en el IEEPCO (Instituto Estatal Electoral y de Participación Ciudadana de Oaxaca) y en una nueva Ley Orgánica del Estado se plasmó que para los siguientes procesos electorales, en los municipios con sistemas normativos internos, o sea, de usos y costumbres, el cabildo debe estar integrado por 50% de mujeres.

Lo que provocó esa iniciativa, a la que llamaron ley Eufrosina, fue mucho. De ella nacieron otras iniciativas más contundentes, pero gracias a esa reforma por primera vez habría presidentas municipales, también las mujeres debían integrar el órgano electoral, y en caso contrario, podía proceder la anulación de esa elección. Así tal cual está escrito en la Constitución. Por lo tanto, el Instituto Electoral debió adoptar otros criterios, como establecer que una asamblea no era válida si no habían participado mujeres. La reforma no pedía que las mujeres se incorporaran obligatoriamente, lo que pedía era que si las mujeres no participaban en el desarrollo de sus comunidades con su voto, eso significaba la anulación de ese proceso electoral en los municipios por sistemas normativos internos. Algunos antropólogos casi me mataron. Así que, en conclusión, fue por todas estas razones que no consulté la iniciativa con ningún pueblo.

MUJERES, UN "INSULTO" EN EL PALACIO

Luego vienen las leyes secundarias, pero ese proceso ya es menos complejo. Cuando la reforma ya está en la Constitución, de manera automática la propia iniciativa establece un plazo preciso para modificar las leyes que deban adaptarse. Se hace de manera automática, no es necesario presentar ya esas iniciativas, pues las comisiones deben adecuar las leyes secundarias. Eso es maravilloso porque de manera automática baja a las leyes secundarias y se adecua todo lo relacionado con esa modificación a la Constitución, ya sea tema civil, penal o electoral. Por eso me concentré en la Constitución, no en la Ley Orgánica.

Ese día, para festejar, me fui con mi amigo Isaac, mi amiga Ivonne y la señora Claribel, que es como mi mamá, a chingarnos unos mezcales a un restaurante que se llama La Capilla, donde venden comida oaxaqueña: tlayudas, chorizo, ¡pero ni comí de la alegría! Esa tarde fue de flashazos, era la suma de pasos y proyectos. Y entendí, de golpe, que estaba cumpliendo el sueño de mi vida, pero inmediatamente venía otro detrás: había logrado modificar la Constitución de mi estado, pero ahora tocaba modificar la Constitución de mi país.

No sabía que en año y medio lo estaría cumpliendo.

Ésa era una lección definitiva: a pesar de las adversidades, cuando se tiene bien claro el objetivo y se construyen alianzas, se logra a pesar de las lágrimas y los tropiezos.

Sí logré cambiar lo que no me gustaba. En primer término, cambiar la visión de mi papá, cambiar el entorno para que vieran que yo no quería dividir al pueblo. Lo único que quería es que no hablaran por mí. Y luego otros logros, como haber sido la primera presidenta del Congreso local. Superar estereotipos fue clave, como aquel de la flor en mi huipil, que no se coloca por ignorancia, sino por sabiduría y a través de las manos mágicas de las artesanas. Las flores en los huipiles no se ponen por error. Mis compañeros legisladores pensaban que así era, por eso lo usaban como burla hacia mí. Para subrayar alguna equivocación mía decían: "Una flor más en su huipil". ¡Qué denigrante! Pero esos señores no sabían ni hacer la primera costura.

El paso ya estaba dado. Tan fue así, que el debut de esa iniciativa fue en la renovación de la autoridad en Quiegolani. Todavía no estaba aprobada cuando las mujeres de mi comunidad lograron participar en 2010. Para ello debo remitirme a 2008, cuando conocí a Margarita Zavala, entonces primera dama, en Tecalita, Morelos. Ella me preguntó cuál era mi sueño. Yo le respondí: "Que un día usted vaya a una fiesta de mi pueblo". Dos años después ella asistió a una gran celebración a Quiegolani.

Lo que hizo fue muy importante, porque las mujeres nunca habíamos podido entrar al palacio del pueblo. Reunió a 10 de nosotras y nos pidió que la acompañáramos a saludar al presidente municipal. Se acostumbra que el funcionario esté dentro del palacio mientras llega el invitado para saludarlo, y ahí dentro se le entrega el bastón de mando. Nosotras no podíamos ni asomarnos. Cuando llegamos con ella, nos dijo: "Pasen, están en su casa".

Me quedé helada. Sabía que nunca las mujeres habían podido entrar a ese recinto. Eso, para los hombres y para las mujeres mayores, era una irreverencia, un insulto. Era una especie de sacrilegio. Y aun con toda mi rebeldía, entrar era algo que no podía hacer. Simplemente no podía. Quizá era una traba mental, porque ese recinto representa el poder del pueblo. Yo era diputada, presidía el Congreso, representaba un poder en mi entidad, y aun así me paralizaba. Inimaginable.

Ese bloqueo emocional me sucedía porque estaba ante un hecho inédito y porque, otra vez, iba a generarle un problema a mi familia. Yo sabía que esa acción traería consecuencias incluso para la autoridad que me permitía el acceso, sobre todo porque el propio pueblo le iba a recriminar ese "insulto". Para ellos, la presencia de una falda en un espacio de poder significa una falta de respeto.

Lo diré fuerte, como me lo dijeron a mí: "¿Cómo es posible que la parte femenina de la mujer se siente en un espacio de poder del pueblo? Ahora resulta que nosotros vamos a oler su parte". No daba crédito. En lengua materna significa algo más horrible. Por eso reitero: nunca me había dolido tanto ser mujer como ese día, cuando escuché esas palabras que ni siquiera tienen equivalencia en español. Fue tan denigrante, tan doloroso. Por eso cuando Margarita Zavala nos invitó a pasar, las mujeres a su alrededor nos miramos y surgió una risa de miedo. Se creó una complicidad silenciosa ante la esposa del presidente de México, que nos estaba respaldando. Tomamos valor y entramos.

ALCATRACES

Valió la pena ver la cara de angustia del presidente municipal. Creo que hasta le dieron ganas de ir al baño. Ésa fue la manera en que, el 10 de marzo de 2011, por primera vez, las mujeres de Quiegolani accedimos a ese espacio. Pero no se debió a la reforma constitucional, sino a la revuelta que habíamos iniciado y al acompañamiento de Margarita Zavala. Nunca negaré eso. Como siempre lo he dicho: sin ese apoyo, no se hubiera generado ningún cambio.

Después de la conmoción bajamos de ese espacio, le dieron el bastón de mando a la señora Zavala. Y ahí se superó otro paradigma: era la primera vez que la esposa de un presidente de la República estaba en mi pueblo. Entonces, por protocolo institucional de gobierno, tuvo que darle el bastón de mando a una mujer.

Antes, el 7 de noviembre de 2010, ya habían votado las mujeres para elegir el cabildo, sin la reforma constitucional todavía. Aunque no había regidoras, sí había secretaria municipal por primera vez, y ella, Celia, habló en ese evento resguardado por el Estado Mayor, cuyo mando me preguntó con qué símbolo quería yo que se diera acceso al acto. Le respondí que cada hombre y mujer debían entrar con un alcatraz. Quien no lo llevara, no entraría. Así que mandé a traer muchas flores de alcatraz y las repartimos.

Todos los hombres que me habían negado la participación en 2007, que no me dejaron ser autoridad, estaban ahí, sosteniendo su flor. Ya eran dos cosas bonitas en ese día: entrar como mujeres por primera vez al palacio y que todos los hombres llevaran flores en las manos. El contraste con eso fue el día en que me negaron el triunfo, pues aquel día sus gestos con las manos eran de una crueldad y una vulgaridad insoportables.

Cuando ellos ganaron juré que las cosas cambiarían. Y ese día, el día de los alcatraces, ya estaban cambiando las cosas. No los insulté, no les falté al respeto. Les di una cachetada con guante blanco. Yo imponía las reglas en ese momento. Sin embargo, a la distancia, puedo asegurar que la gran mayoría de aquellos señores hoy me quieren. Y yo los quiero también, porque aprendimos juntos al final del día.

Aprendimos que la igualdad se construye entre todas y todos, y que a veces esta marginación hace que en las comunidades se crea que la violencia y la invisibilidad femenina son lo normal. No es normal que las niñas no puedan ir a la escuela, no es normal que las niñas no puedan ser ellas, que las casen a los 12 años, que a los 31 años ya tengan 10 hijos. Pero entre todos tenemos que darnos cuenta, no basta que lo sepa una persona solamente. Hay que gritarlo, hay que decir que existen otras posibilidades, como lo hizo Margarita Zavala al dejarle claro al presidente municipal que ella no entraba si no la acompañábamos nosotras. Ella asumió una responsabilidad y yo asumí la mía con la decisión de los alcatraces.

Por eso les enfatizo a los jóvenes que crean en las luchas, en las rebeldías, pero que deben tener una causa, no se trata sólo de gritar o pintarrajear paredes. Yo protesté con las letras en la mano, porque así me enseñó mi maestro Joaquín, porque así me enseñó mi maestro Neri. Lo hice con ese poder que se llama conocimiento. La educación libera los miedos de cuestionar, de exigir, pero, sobre todo, de decidir cómo hacer las cosas. Sin el poder de la educación te convence cualquiera, aunque esté mal. En cambio, el conocimiento te protege.

La vulnerabilidad no significa que estés jodido. Por eso enoja que en las acciones de política pública nos consideren grupos vulnerables. No nos falta un tornillo, nos faltan oportunidades. No me gusta que nos consideren así. No somos "asuntos indígenas", no somos un escritorio, no somos un caso más. Somos personas, somos pueblo, somos comunidad. Nombremos las cosas como debe ser. Cuando no se conoce el poder de la palabra, creemos en interpretaciones incorrectas, creemos que el derecho positivo está sobre el consuetudinario.

Con el conocimiento comienza la defensa a través de un debate. Por eso estoy tan convencida de la capacidad del saber, porque cada letra y cada palabra descubierta abren más el panorama. A mí me pasa cuando leo un libro. Aprendo palabras todos los días. Es asombroso cada significado. En la *Odisea*, por ejemplo, o en *El Principito*, que me costó mucho trabajo interpretar. No lograba dimensionar el mundo del personaje, así que lo leí tres veces, debido a que tengo carencias en interpretación en español. Si hubiese una edición en zapoteco, otra cosa sería, porque es mi lengua materna, mi sonido, pero en el español todos los días descubro nuevas palabras, aunque eso no significa que no pueda seguir aprendiendo.

En fin, cierro esta parte del relato regresando al día en que se aprobó la reforma y nos fuimos a celebrar con mezcal. Yo sabía que al otro día venían nuevos procesos para las diputaciones federales. Eso era ya otro reto, pero con él llegaban las nuevas posibilidades de hacer tangible el otro sueño: llegar a la máxima tribuna del país y reformar, a favor de las mujeres de las comunidades, la Carta Magna.

DE DIPUTADA LOCAL A DIPUTADA FEDERAL

Después de mi legislatura local seguía motivada por distintas razones. Me movía eso que traía yo por dentro, lo que me habían negado cuando logré el cambio constitucional que reconoce la participación de las mujeres en las comunidades indígenas. En ese caso particular, lo menos importante era la parte política. Lo verdaderamente relevante fue que, a través de ese mecanismo, las niñas, las mujeres, ya podían visibilizarse en sus propios entornos, algo que se les había negado en esos pueblotes con reglas propias. Pero ¿quiénes eran ellos para poner las reglas?

En teoría, esas reglas ayudan a construir igualdad a través del derecho consuetudinario, que implica que cada comunidad decida, pero en los hechos no es verdad. Todo eso me obligó a seguir en la lucha y a seguir denunciando estas situaciones en todo el país, porque también nosotras queremos estar en la toma de decisiones, queremos estar sentadas en los palacios municipales de nuestras comunidades, queremos decidir qué es bueno y qué es malo para nuestros entornos.

Y eso era importante gritárselo a México, decir que sí fue posible reformar la Constitución de este país, pero que ese logro lo había alcanzado aquella niña que se subía en su piedra para soñar. Ese mensaje era importante y consistía en decir que estas niñas que hoy están sentadas encima de una piedra, soñando, también tienen derecho de estar en la tribuna de su país debatiendo, cuestionando, proponiendo. Eso me hizo aceptar la propuesta de ir por la diputación federal, en la que me incluyeron de manera directa.

En 2012 tomé protesta como legisladora federal y eso me permitió construir otra rebeldía: yo voté en contra de algunas de las reformas del Pacto por México.

Y lo hice, en primera instancia, porque en aquella ocasión los dirigentes de la bancada del PAN querían que aceptáramos tal cual los acuerdos que ya habían pactado con otras fuerzas políticas. De ninguna manera iba a votar como ellos querían. Yo salí de mi pueblo con mis ojos cerraditos, como un perrito, pero ya que los tenía abiertos no iban a decirme qué tenía que hacer.

A pesar de los acuerdos, voté en contra de la Reforma Energética, pues no existía una ley de consulta a los pueblos indígenas a pesar de que mucha infraestructura energética se construye en territorios indígenas; la explotación minera es otro caso. El hecho de no consultar a los pueblos sobre estos desarrollos iba en contra de mis convicciones. No podía traicionar mi lucha, que consistía en que nos vieran, que nos tomaran en cuenta, porque queríamos estar en esas mesas de acuerdo diciendo cómo queremos las cosas.

Por esa razón sólo voté a favor de la educativa, porque la herramienta más poderosa para cambiar las cosas sigue siendo la educación y porque la educación no puede ser rehén de un sindicato. En mi estado, la educación está en manos de algunos dirigentes, no de los docentes, sino de una cúpula que ha definido cómo hacer la educación cuando las maestras y los maestros son los que están en las aulas, los que me enseñaron a ser.

Además, la reforma educativa permitía que los maestros fueran más libres. Resulta que hay muchos maestros que, con mucho esfuerzo, estudian especialidades, diplomados, doctorados, pero no se les reconoce porque no tienen "padrinos" en el comité del sindicato. Bueno, la Reforma Educativa permitía eso: reconocer el esfuerzo académico de los maestros, los que se esfuerzan, los que están ahí, los que están construyendo nuevos ciudadanos responsables. Quizá había otras cosas que no estaban bien, pero para mí ya era un avance romper el cacicazgo del sindicato.

Mi proceso como diputada federal fue un tema muy complejo, porque cuando no me sometí a lo que me dictaron y trabajé en el tema que me motivaba, que era la reforma a favor de las mujeres, para que nunca saliera la turnaron a cuatro comisiones: Estudios Constitucionales, Derechos Humanos, Equidad de Género y Pueblos Indígenas. Cuando una iniciativa se va a tantas comisiones, ahí se queda, pero hay que ser persistente, buscar los mecanismos y los aliados adecuados.

Presenté la iniciativa cuando cumplí medio año como diputada federal. En realidad fue rápido, porque era mi reto. Pero de comisiones no salía, porque no estaba en la agenda: la prioridad era el Pacto por México. En la agenda se imponían temas más importantes que una reforma a favor de las mujeres indígenas. Así, tal cual. Entonces llegó la frustración. Otra vez a iniciar una lucha, decirles a los diputados que a ellos les importaban los números, pero a nosotras nos importa que nos vean, justamente para dejar de ser números. Para ellos, la pobreza y la desigualdad son estadísticas. Sólo eso. Ellos sólo saben que 30% de los indígenas está en extrema pobreza. De ahí no pasan.

Ahí nació otro reto, porque descubrí que no era verdad que en los pueblos se construyera igualdad y oportunidad. Entonces, ¿cuál era el caso de manejar estadísticas de pobreza si ni siquiera me apoyaban para aprobar la reforma? ¿Cómo querían establecer igualdad sin abrirle camino a la reforma? No se trata, como ya lo mencioné, de llevar programas sociales a las comunidades. No concibo regalar, sino construir corresponsabilidad. Cuando la construyes, creas ciudadanos conscientes de sus derechos y sus obligaciones, que rompen sus miedos, que empiezan a cuestionar, a exigir, pero sobre todo a decidir. Si no se crean esas conciencias, no se crea el poder de la imaginación. Todo eso significaba para mí la reforma al artículo 2 constitucional. Pero se atoró en comisiones.

En aquel momento, 2014, surgió la oportunidad de que yo asistiera a la ONU. En la máxima tribuna iban a hablar los dos presidentes cuyos países contaban con mayor población indígena en América Latina, Enrique Peña Nieto y Evo Morales, quien habló primero. Yo fui como parte de la delegación del Congreso federal, aunque los que dirigían el grupo parlamentario no autorizaron pagar mi viaje, porque yo era disidente. En caso de ser obediente te autorizaban viajes al exterior. En caso contrario, ¡claro que no había nada! Y esto sucede en todas las bancadas.

Esa anomalía era más compleja que en mi pueblo, porque allá la ignorancia era un pretexto, pero entre legisladores no podíamos alegar eso. ¿Cómo es posible que te prohíban ir porque no cedes a sus peticiones? Pero para entonces yo ya había tejido una gran relación con muchos organismos de la sociedad civil, con organizaciones pertenecientes a las Naciones Unidas, así que me llegó la invitación de parte de ellos, porque ya habíamos construido lo que se iba a votar ese día en la plenaria de la asamblea general.

Fue emocionante escuchar el martillo, cuando todos los representantes de los países alzan la mano y dicen "aprobado". Ése fue el primer año en que se estableció una agenda de pueblos indígenas de alto nivel. Por primera vez asistían los jefes de Estado a hablar del tema, de cómo visualizarlos, cómo incorporarlos en sus agendas, en sus políticas y qué debe hacerse en cada país para construir igualdad.

Fue un momento inolvidable. Cada país llevaba a su población indígena representada en su rostro, en su sombrero. Se veía hermoso, porque era el marco de una gran foto con todos los colores de la imaginación: verde, azul, negro, todo. Y también hubo música, porque afuera del edificio se llevaron a cabo algunas ceremonias rituales.

Entonces habló el presidente de México. Yo grabé su mensaje, en el que aseguró que, como mandatario del Estado mexicano, se comprometía a impulsar las reformas legales pertinentes y resolver los vacíos legales en el ámbito de la participación de las mujeres indígenas. En ese momento supe que ésa era mi oportunidad. Después habló Rigoberta Menchú en la plenaria y el presidente Peña Nieto regresó a donde estaba la delegación mexicana, se sentó al centro, volteó a verme y me pidió que me sentara a su lado.

Le comenté que lo que él acababa de expresar en la tribuna yo ya lo estaba impulsando en el Congreso, pero que esa reforma llevaba más de año y medio atorada y nadie me hacía caso. Me preguntó si esa iniciativa ya la había hablado con Manlio Fabio Beltrones. Le respondí que sí, pero que no querían apoyarme porque voté contra buena parte de las reformas del Pacto por México.

Su risa espontánea me quitó la preocupación. Me aseguró que él lo resolvería. Y tal cual: a la semana de mi regreso me contactaron de la oficina del coordinador parlamentario del partido que gobernaba el país.

COMPROMISO MUNDIAL

El último en hablar en aquella asamblea mundial fue el secretario general de la ONU. En su discurso exhortó a todos los países a generar mecanismos legales para construir igualdad, sobre todo para las niñas, los niños y las mujeres. Ese documento lo trabajamos durante año y medio varios rostros y liderazgos de todo el mundo. Ahí logré incorporar mi iniciativa que, de hecho, se votó primero en el seno de la ONU.

Entonces, cuando el secretario general preguntó a los países si se comprometían a cumplir con el documento formulado por el liderazgo de los pueblos indígenas dio tres martillazos, y todos levantaron la mano. Aprobado, otros tres martillazos. Fue una gran satisfacción en mi vida. Por primera vez, el mundo reconocía que hay una diversidad de culturas y que somos capaces de decir qué queremos, porque ese documento lo elaboramos nosotros. Por primera vez esta máxima institución que defiende los derechos humanos lo tomaba como su agenda y lo elevaba a acción de Estado.

El secretario general en ese entonces era el coreano Ban Ki-Moon y no hablaba español, por supuesto, pero dijo "aprobado" en inglés, luego el martillazo y el aplauso unánime. Era claro lo que estaba sucediendo y a mí me ganó la emoción, porque, repito, reapareció esa niña que nadie veía, que era estadística, pero que tuvo el poder de imaginar más allá de su montaña y ver lo infinito. Y ese día lo infinito era la ONU.

Aquél era un mensaje que animaba a las niñas a no tener miedo de soñar, de imaginar. Creo que hoy la humanidad está perdiendo el poder de la imaginación, el poder de alcanzar sueños, que se logran resistiendo muchos golpes de la vida. Para ese momento yo ya había pasado por atentados, mares de lágrimas, el dolor interminable de ver a mi papá, a mi mamá, a mis hermanos. Sobre el camino que me llevó a la ONU había mucho dolor.

PRIORIDADES

Le expliqué al enviado del diputado Beltrones el espíritu de la iniciativa y agregué, por si no querían hacerme caso, que de todas maneras yo había grabado las palabras del presidente Peña. Le subrayé que no estaba dispuesta a esperar a que los pueblos indígenas fueran importantes para ellos, que no iba a esperar otro periodo extraordinario u otra legislatura.

Se comprometió a checar el tema y a llamarme al otro día, lo cual cumplió, pero con la novedad de que algunas diputadas querían hacer algunos cambios a la iniciativa. Desde luego que me negué rotundamente, pues el documento lo tuvieron en sus manos casi dos años. Le advertí que una sola coma modificada trastocaría todo el sentido de la iniciativa. Además, y esto era lo más importante, la iniciativa plasmaba la realidad de mi entorno, no la de ellas. Es más, le acoté que si alguna de ellas pertenecía a una comunidad, por supuesto que me sentaba a dialogar, pero no de otra manera. No iba a permitir que intervinieran en asuntos que desconocían, en temas que para ellas sólo eran estadística.

Al final de la reunión le dejé claro que en caso de no tener respuesta afirmativa, llamaría a conferencia de prensa, pues por fortuna yo conservaba buenos aliados como Sergio Sarmiento, Joaquín López Dóriga, Carlos Loret, periodistas, buenos o malos, que me abrieron el micrófono para que yo fuese una voz incómoda, un problema que atender.

Ahí ya entró en acción la bancada del PAN. Revisaron la iniciativa y me encargué de que las comisiones de Igualdad, de Derechos Humanos y de Puntos Constitucionales sacaran el dictamen. Yo presidía otra comisión involucrada, así que les informé a sus integrantes que ya tenía el dictamen, que revisaran las firmas si era preciso. Yo sólo quería que me dijeran cuándo se subía la propuesta al orden del día. Comencé la labor de convencer a los diputados que tenían cierto liderazgo y todos me apoyaron.

Pero no fue tan fácil, porque cuando por fin estuvo la iniciativa en el orden del día la bajaron, pues se impuso una agenda "más importante" que mi reforma. Recuerdo muy bien que concluyó ese periodo y, mientras todos cantábamos el Himno Nacional Mexicano, yo lloraba de impotencia, de coraje. Comprobaba cómo, para el resto del Congreso, el tema no era importante porque no representaba dinero. Otro motivo de mi llanto era saber que ya sólo me quedaba un año en el cargo. Si no lograba su aprobación en el siguiente periodo, todo quedaría en el vacío. Así que regresé y otra vez me dediqué intensamente al cabildeo. Insistí hasta que, otra vez, subieron la iniciativa al orden del día.

CONSENSO

La iniciativa se aprobó por unanimidad, pero faltaban dos pasos todavía. La propuesta, ya aprobada por la Cámara de origen, pasa primero al Senado. Y después, ya que se trataba de una reforma a la

Constitución, se necesita la aprobación de la mitad más uno de los congresos locales.

Para mi buena fortuna, en el Senado tuve más aliadas, pues varias senadoras acogieron y defendieron la iniciativa. Pero me esperaba una sorpresa horrible el día en que se aprobó en el Senado. No daba crédito al voto en contra de Manuel Bartlett. Me negaba a creer su postura. Él sostuvo que no era posible que se estuviese enmendando la Constitución de esa manera, que los Derechos Humanos son generales y que por eso el país producía más pobres. Así dijo el senador. Por eso votó en contra, ya que para él había una sola Constitución y en ella todos somos iguales, y que si no había desarrollo, se debía a este tipo de iniciativas. Él no entendía que para construir igualdad debe proporcionarse una atención diferenciada a las comunidades.

En cuanto terminó, todas las senadoras se le fueron encima. Lo cuestionaron duramente. Claro, él no había vivido bajo las condiciones del entorno de donde provengo, pero no era justificación. De cualquier manera, en el Senado se logró mucho más rápido la aprobación. De ahí, el propio Senado turnó la propuesta a los congresos locales, y ese proceso duró meses.

Los congresos estatales tienen un tiempo límite para votar cada iniciativa que les envía el Congreso federal. Cada día le daba seguimiento. Verificaba cuántos congresos aprobaban y cuántos faltaban por hacerlo. Yo sólo era espectadora, ahí no tenía yo incidencia. Después de que se completó el proceso, la iniciativa regresó al Congreso federal y, ya palomeada por todo el país, debía subir al orden del día para declararla aprobada y turnarla al Poder Ejecutivo para su publicación en el *Diario Oficial de la Federación*.

El día en que se subió al orden del día el presidente de la Mesa Directiva me dio el uso de la palabra. Se votó otra vez y se aprobó para turnarla. Lograr una reforma a la Constitución del país no es cualquier cosa, es un proceso largo y complejo, porque es la carta que nos rige a todas y a todos. En ese librito en el que me dijeron que estaban mis derechos, mis obligaciones. Así que haber tenido la posibilidad de plasmarle un párrafo, ¡qué chingón, pues! Cada vez que lo recuerdo me gana la emoción.

Cuando estuve frente a los diputados me puse a llorar en la tribuna, no pude hablar porque ese momento era la culminación de todo el camino que había vivido. Era el recuento de la frustración, de la soledad, pero también de la alegría, la rebeldía, de esa inmensidad de mi imaginación a través de los sueños. Aquella niña descalza, greñuda, que estudió en piso de tierra, estaba en la máxima tribuna de su país hablando y dando las gracias porque había logrado escribir unas letras para los otros y las otras mexicanas que estaban ahí, invisibilizadas todavía, para que nadie les dijera que no tienen derecho a ser ellas.

Básicamente ése es el fondo de la reforma, pero como no estaba escrito, no era legal. Por eso hoy está con letras muy fuertes, para que quede clarito que el uso y la costumbre no es el problema, sino la forma de interpretar las leyes. Por eso aparece que ningún uso y costumbre puede ser impedimento para la participación política de las mujeres, en su decisión de aportar para el desarrollo de sus comunidades, para gozar del derecho de votar y de ser votadas. Y si eso no se cumpliera, significará la anulación de ese proceso electoral. Ahí había cierta controversia. Algunos la veían radical. Me preguntaban si entonces la reforma representaba, en los hechos, la anulación de una elección si las mujeres no participaban. Mi respuesta era sí, porque no están todos los ciudadanos y todas las ciudadanas. Si las mujeres no estamos, entonces no podemos llamarle democracia. Ellos sostenían que democracia es cuando todos y todas participamos y gana quien obtiene más vistos buenos, pero en el caso de las comunidades, sólo una parte dice qué es democracia. ¡Pues no!

En la tribuna, con la voz entrecortada, agradecí la aprobación. Otras diputadas también lo hicieron. Recuerdo a Ruth Zavaleta, quien fue presidenta de la Mesa Directiva y ella también acogió el tema. De hecho, fue a Quiegolani con un grupo de diputados, entre ellos Christian Castaño, un legislador muy sensible. Y ahí estaba yo, al lado de Ruth, como compañera de legislatura y además decía que admiraba mi persistencia y que esa reforma era mía.

Eso, claro, siempre fue un orgullo para mí, pero yo no podía adjudicarme nada. No. La reforma no era mía, era de muchas mujeres que siguen invisibilizadas, que continúan siendo entregadas en matrimonio a los 12 años. Era de las mujeres que quieren seguir estudiando, decidir ellas mismas cuántos hijos quieren tener. La iniciativa no era mía, era de todas esas historias y de las otras muchas que quizá quisieron dar el paso, pero se quedaron en el camino, y ese freno es atribuible a la soledad, al dolor. Yo les daba las gracias a ellas: a mi mamá, a mi hermana, a las mujeres de Quiegolani.

Es CONSTITUCIONAL

Cuando se declaró constitucionalmente y se turnó al Poder Ejecutivo para su publicación en el *Diario Oficial* dije: "Por fin". Vi la ruta concluida. Los cambios quedaron así: al artículo 2, fracción tercera, se le agregó: "Garantizando que las mujeres y los hombres indígenas disfrutarán y ejercerán su derecho de votar y ser votados en condiciones de igualdad; así como acceder y desempeñar los cargos públicos de elección popular para los que hayan sido electos o designados, en un marco que respete el pacto federal, la soberanía de los estados y la autonomía de la Ciudad de México. En ningún caso las prácticas comunitarias podrán limitar los derechos político-electorales de los y las ciudadanas en la elección de sus autoridades municipales". Y a la fracción séptima se le sumó: "Observando el principio de paridad de género conforme a las normas aplicables". Quizá para mucha gente no significaba nada, pero para mí representaba mi huella en el Congreso. Construí eso, trabajé sobre eso, soñé eso. En Quiegolani me dejaba llevar por esa inconsciencia de no conocer más allá de mi montaña, pero cuando yo soñé con reformar la Constitución ya estaba consciente, despierta, de lo bueno y de lo malo. Aquél fue el momento que más me marcó en el camino para lograr la reforma constitucional.

Ese día no celebré con una comida ni una fiesta. Nada de eso. Mi celebración consistió en reconocer esos rostros que no estaban ahí conmigo: mi mamá, mi hermana, las mujeres de Quiegolani, las niñas que son entregadas en matrimonio. Fue mi forma de decirle a México que teníamos una deuda con ellas, de gritarle al país que también tenemos derecho de estar aquí, que también tenemos derecho a cambiar la Constitución de nuestro país.

Porque hasta ese momento ninguna de nosotras estaba ahí, en esa ley, en eso que dicen que nos rige a todos, y entonces levantamos la voz para decir que faltábamos nosotras, que debían incorporarnos. El recorrido fue doloroso, pero ya estaba alcanzada la meta, por eso estalló mi alegría. Es muy fácil decir que hubo un cambio en la Constitución, pero cuesta mucho trabajo, hay mucha frustración. También duelen los señalamientos. Recuerdo que me decían que ya me había vendido al PAN, que me disfrazaba de india. Eso dolió, pero hoy ya no. Hoy lo tomo de quien viene, de la gente frustrada con la vida, de los envidiosos.

No, así no se construyen los sueños. Se construyen saliendo a luchar, a llorar, a frustrarte, a decir las cosas. No sólo criticando, porque es muy fácil hacer eso. Incluso cuando acusaron a mis hermanos de no sé cuánta cosa. Pero no, yo no soy extensión de nadie, yo soy yo, yo hablo por mí, yo me defiendo. Yo pedía que les preguntaran a ellos. Entendía que yo atraía el reflector social, pero ya por cualquier cosa que uno de mis hermanos hiciera, yo era siempre culpable. Y no, por más hermandad que exista hay individualidad. Yo respondo por mis actos y asumo cada decisión que tomo, buena o mala.

En ese sentido, sabía que iban a cuestionarme, y lo harían porque no les gusta que les señalen la falta, el vacío legal. Les incomoda que se les cuestione, que se les reclame por qué tenemos que votar por ellos, pero para lo más importante dicen que no. Por eso, en el librito que nos rige a todos, en el artículo 2º constitucional, segundo párrafo, viene mi aportación. Hoy que existen presidentas municipales en los pueblos, de repente me reprochan "mi ley". Pues qué hice, me pregunto. No hice nada. Simplemente expuse algo que no estaba bien y que no quisieron corregir. Entonces ahora lo dice la Constitución de todos y de todas. No lo digo yo. Aquel cambio se dio en todos los estados con población indígena, no fue exclusivo de Oaxaca. La posibilidad se abrió para las mujeres indígenas de Chiapas, Michoacán, Veracruz, Sonora, Tabasco, Puebla.

Aliadas y aliados

Para lograr la modificación constitucional tuve grandes aliadas, mujeres rebeldes. Muchas de ellas votaron en contra de las reformas del Pacto por México. Recuerdo a Vero Sada, Leonor Romero, Conchita Gutiérrez, Paty Lugo. Todas de palabra fuerte y cuyas convicciones no les permitieron apoyar aquellas reformas. A muchas de estas mujeres empecé a admirarlas porque, a pesar de sus circunstancias, decían no.

También me apoyaron diputados varones, como Gerardo Peña, de Sinaloa, y del grupo parlamentario del PAN, Germán Pacheco, de Tamaulipas. Él, generalmente, acompañaba en la votación a la mayoría, pero no nos veía feo, siempre nos decía que nos admiraba porque defendíamos una convicción. Nos alentaba a seguir adelante. En esa diversidad de pensamiento, un hombre nos empujaba a ser rebeldes.

También recuerdo a Esther Quintana, de Coahuila, una señora mayor. Subía a tribuna, echaba madrazos y yo me quedaba asombrada. No tenía miedo de decir las cosas. Ella nos empujaba: "No, mis niñas, ustedes no tengan miedo, voten, hagan lo que quieran, mis canas no están en balde". Fue una gran aliada.

De otros partidos hubo varios legisladores aliados; no puedo decir un nombre en específico, porque podría olvidar a muchos otros que me abrazaron, que me dieron una palmada, que me dijeron: "Adelante, no tengas miedo". Por eso, cuando los partidos entiendan que son de la ciudadanía habrá muchas más cosas bonitas en el Congreso, como incidir en mejorar la vida, la calidad de la persona humana, no en el cemento. Es mi ideal: que todas las niñas y los niños de los pueblos indígenas un día sepan qué es bueno y qué es malo, pero que ellas o ellos lo decidan, no que se los impongan. Que digan "no me gusta", "sí me gusta", "sí lo hago", "no lo hago", "no quiero", "sí quiero", pero que lo sepan.

¿Y AHORA QUÉ SIGUE?

Lejos estaba de concluir la nueva normativa ya publicada en el *Diario Oficial*. Ése sólo era el final de un camino. Pero faltaba otro proceso: lograr que la ley se aplicara en la realidad, porque no basta que esté en la Constitución. Ahora el reto era que cada palabra y cada letra se concretaran. Eso tiene que decírseles a las niñas y a los niños, que sepan que nadie les puede decir que no pueden, que no tienen derecho. Por ejemplo, hoy en Quiegolani el palacio municipal ya tiene paridad, cuando hay asamblea ya se convoca "a las ciudadanas y a los ciudadanos". En la fiesta o en el partido de basquetbol, el premio para las niñas es el mismo que para los niños. Cinco mil pesos al primer lugar, niñas y niños. En la casa del mayordomo ya no hay mujeres sentadas en el piso, hay equidad en la mesa, en la fiesta.

Así que fue posible construir igualdad sin perder identidad, sin perder nuestra lengua. Basta imaginarlo: una mesa en la mayordomía, en Quiegolani, en donde hombres y mujeres estamos mezclados, hablando en zapoteco en el seno de nuestra cultura, con nuestro huipil, nuestro rebozo, con trenzas, con listones, pero en una armonía diferente. Y ahí están los niños y las niñas en un mismo lugar, conviviendo, jugando. No están con sus papás en la mesa, aunque sea en los tablones, pero tampoco en el piso de tierra. Ya la niña no está al lado de mamá y el niño al lado de papá, porque antes el niño se sentaba con papá para comer, pero la niña y la mamá permanecían hincadas.

Afortunadamente ese retrato ya no existe, ya se construyó otro, pero se respetó la identidad, porque yo no peleé para extinguir mi lengua, mi cultura; no peleé para dejar de bailar. Yo peleé porque yo quiero ver que niñas y niños sepan que tienen derecho de sentarse en la mesa o en el suelo, pero que ellos lo decidan. Cambiar esa imagen fue el motor del cambio que impulsé en la Constitución, porque votar y ser votadas no es lo importante. Lo relevante, lo de fondo, era romper este esquema. Nunca más las niñas hincadas, nunca más la diferencia. Antes de eso, el mensaje que recibían las niñas de cinco, seis años, era que todo el tiempo debían sentarse y estar agachadas, comer en el suelo.

En otro caso, las niñas no podían acercarse al alboroto, a la fiesta. Hoy, en la fiesta de Quiegolani las niñas bailan, gritan, juegan en la cancha y el público las ve, las alienta cuando hacen una canasta de tres puntos. Es emocionante impulsarlas, echarles porras, reclamar las faltas. Es decir, es la misma emoción que se siente en un partido de niños. Ahora las vemos, escuchamos su voz, su sonido, su grito, su alegría, su enojo también, cuando se quieren pelear porque el partido se puso intenso y hubo empujones. ¡Esa armonía era lo que queríamos ver! Y eso, para mí, fue el desafío: lograr que en cada comunidad se disolviera la imagen que vi en Quiegolani, que se volviera cosa del pasado el retrato con el que crecí.

Hoy llego a Quiegolani, voy al palacio municipal y ahí están Jacinta, Gudelia, Irinea, Juana, Artemia, y hablo con ellas, que me preguntan sobre algunas gestiones. Eso es lo que quiero ver, participando, decidiendo, no haciendo de comer, porque las eligieron para ser regidoras, no para cocinar para la fiesta. Y si hay celebración, se hace entre todos. Los regidores varones van por leña, quebrajan nixtamal, no ellas. La aportación de todas y de todos vale lo mismo. Ésa es la imagen que quiero ver y por ese camino voy.

Así que en 2010 ya habíamos logrado en Quiegolani que las mujeres participaran. Y escucharlas siempre me emociona, porque ya son rebeldes, sus hijas ya están estudiando. Por ejemplo, en el documental *La Revolución de los Alcatraces* aparece el caso de Julisa. Su papá golpeaba a su mamá, y hoy ella estudia leyes. Quiere ser abogada porque quiere defender a las mujeres que sufren violencia. Hay otras chicas que están estudiando ingeniería o arquitectura. Es posible que yo no haya soñado que muchas niñas iban a estudiar, pero hoy es una realidad.

Las de mi edad, Tacha o Gudelia, son abuelas o mamás de jóvenes de 20 o 21 años y esos hijos hoy están en la universidad y requieren diversos apoyos. Me emociona ayudar, porque sé que es como ayudar a esta niña a la que le robaron su inocencia.

Yo trato de generar oportunidades para cambiarles el panorama y para que nadie les imponga estereotipos, que nadie les imponga el concepto de belleza. Porque la belleza no se restringe a lo físico, va más allá. En mi concepto, yo construí belleza a través de mi imaginación. Hoy, para mí, soñar e imaginar significa belleza. El asunto es soñarlo, imaginarlo. Con eso basta para empezar. Eso es lo que quiero: que las niñas sepan que pueden llegar a donde quieran.

LA COYUNTURA DEL PACTO POR MÉXICO

Una sola vez vi y hablé con el presidente Peña Nieto. Mi expectativa era lograr la reforma a la Constitución, no llevar una relación con él, eso nunca estuvo en mi agenda. Pero Dios, el destino o la circunstancia, no sé, me puso en aquella plenaria de la ONU en donde habló en tribuna y mencionó, para mi sorpresa, la parte sustancial de mi propuesta. Después no hubo mayor contacto. Lo cierto es que en aquel momento, más allá de mi propuesta de reforma, estaba en coyuntura legislativa la discusión del llamado Pacto por México, que Peña Nieto impulsó. Fue un momento histórico, por supuesto.

Cuando asumí como legisladora, todos hablaban de esa gran alianza política, aseguraban que con esas reformas se iba a saldar la deuda con el país. Sin embargo, yo no podía opinar porque desconocía esos acuerdos, no sabía qué eran, en qué consistían. Sí, los partidos firmaron un convenio con el presidente para que todos se sumaran a esta gran alianza nacional, pero mi lucha y mi cabeza no estaban concentradas en eso. Los demás legisladores hablaban de un asunto de gran escala, y quizá pensaron que mi escala no se comparaba con la suya. Sin embargo, para mí el Pacto por México no era importante. Mi pacto era con la reforma de participación de las mujeres, sobre eso construí mi camino legislativo. Todo mundo hablaba del Pacto por México. Yo no.

Pero obviamente ese debate llenaba la agenda. Cuando se presentó el conjunto de propuestas del pacto como iniciativas preferentes del Ejecutivo, entonces era el único tema, estaba en el centro. Yo escuchaba los cuestionamientos de Ricardo Monreal y de toda la oposición que hoy están en el poder junto al presidente actual. Por otra parte, en la misma coyuntura, me eligieron como presidenta de la Comisión de Pueblos Indígenas. Por primera vez el PAN encabezaba esa comisión.

Había cosas dentro de la propia comisión que no estaban bien. Por ejemplo, veían a los pueblos indígenas como política transversal. Querían incorporar a la CDI (Comisión Nacional para el Desarrollo de los Pueblos Indígenas) a la Sedesol (hoy Secretaría de Bienestar).

En aquel diciembre yo estaba embarazada de Diego y se discutían todos estos cambios. Mi postura fue que la institución era de los indígenas, no de algún partido. No es posible que se incorpore la CDI a la Sedesol en calidad de grupos vulnerables, porque no somos grupos vulnerables.

Entonces, una noche que se iba a votar la incorporación no me fui a dormir. Todos atentos a que mi panzota de siete meses no reventara. Y me pedían que no me preocupara, que ya habían acordado la no incorporación. Pero me quedé. Quería asegurarme personalmente de que no hubiera un error, porque no estaba en una comisión de decisión, como Presupuesto o Hacienda, pero esas comisiones son las que llegan a modificar este tipo de anexos.

Siempre estaré agradecida con el PAN porque me permitió visualizar la institución como tal. Creo que fallaron los liderazgos, pues no cumplieron, pero los principios del panismo me encantan, pues creo que hablan de libertad, del bien común, de la ayuda mutua. Para mí, eso ha sido siempre el trueque que se da en nuestras comunidades. Estaba de acuerdo con respetar la dignidad humana.

Por otra parte, yo llegué a hablar del aborto en el PAN. Yo defiendo la interrupción del embarazo porque cada mujer tiene una circunstancia diferente. Más bien lo que ha fallado en la política pública es la prevención, es no romper con la práctica de casamiento de niñas de 12 años. Si no se establece una educación que incluya campañas de prevención, entonces el aborto continuará, legal o ilegal.

En ese sentido, recuerdo un reportaje que vi sobre un caso en Guanajuato. El gobierno local no permitió que una niña de 12 años interrumpiera su embarazo y se comprometió a hacerse cargo de ella, pero no lo hizo, no cumplió su compromiso. Eso sí, la obligaron a asumir una responsabilidad para la cual no estaba preparada. Y además había otra arista de un asunto tan complicado: alguien la violó y ese alguien anda suelto sin responsabilidad alguna. Bajo esa realidad, quién soy yo para decir que una niña debe asumir la maternidad. No. Por eso era controvertido que yo abordara ese tema, porque para muchos la concepción empieza cuando el esperma gana vía libre y ahí empieza el corazón, la vida. Respeto mucho la visión de quien piensa así, pero yo, Eufrosina, defiendo mi punto de vista, defiendo la decisión de la persona.

Hoy mi conciencia me dice que el aborto es malo, pero no estoy en contra de que una mujer decida por ella misma, porque es su circunstancia particular. Quizá esa mujer todavía no ha entendido que es malo porque no ha tenido las posibilidades o porque su entorno es de violencia, de maltrato, de abuso. Nadie tiene derecho a cuestionar una decisión individual marcada por unas circunstancias tan desfavorables. En ese sentido, yo he sido muy clara.

Yo soy defensora de la libertad, yo soy defensora de que una mujer decida por su cuerpo en el tema del aborto, por ejemplo, en donde cada circunstancia es distinta. Y también amo la vida, defiendo la vida, pero yo no estoy en el cuerpo de una mujer cuando decide hacer algo sobre sí misma. Yo decido sobre mi cuerpo, no sobre el cuerpo de otra mujer. Ése es su derecho, su libertad, su conciencia. Por ello, fue complicado manifestar este tipo de posturas en un espacio donde, en teoría, coincides con los principios.

Así que, en efecto, seguiré tomando cuantas cosas sean necesarias, y que se enoje quien se enoje. Si para proteger a esas niñas requiero romper los principios de una institución, ¡pues los rompo! Y esa niña debe saber que también tiene derecho de reclamar esos espacios, de cuestionar, de exigir, pero sobre todo de decir: "No me quiero casar". Cuando puse todo en la balanza de críticas, tomé la determinación de no desgastarme en reproches banales.

Lo que yo no entiendo es por qué se dice que una postura o una convicción es de derecha, izquierda o centro, cuando en realidad hablamos de principios. Así que mis principios no pueden ser derecha, izquierda o centro. Mis principios están en mi cabeza y mi cabeza está en todas partes: en el norte, en el sur, en el poniente. Esos son mis principios y fundamentan lo que yo creo y pienso.

Mi mamá Guadalupe (yo soy la de azul).

Reunión familiar. Entre otros, aparecen mi papá y mi hermano Lorenzo.

Mis hermanos, Claudia, Bulfrano, Lorenzo y Rogelio, el menor.

Mis papás, en un Día de Muertos.

Santa María Quiegolani, mi pueblo querido.

Con mis papás y mis hermanos.

Encuentro de la Virgen, en Pascua, la cual cargué por 11 años.

Alumnos de San Lorenzo Texmelucan.

En el CECyTE de San Lorenzo Texmelucan.

En mi graduación de Contabilidad.

En el CECyTE de Camarón.

El día en que conocí a Felipe Calderón, entonces presidente.

Toma de protesta como diputada local, en 2010.

Tomo protesta como presidenta del Congreso oaxaqueño.

En Nepal.

Admirando el horizonte de la Sierra Sur.

En el Congreso de la Unión, con Diego.

Congreso Federal, Día Internacional de la Mujer.

En la ONU.

En la máxima tribuna federal.

Benito Juárez Cuquila, perteneciente
a la Heroica Ciudad de Tlaxiaco, región Mixteca.

Visita a las señoras de Santa María Zoquitlán.

En Santiago Lachivia.

Con Michelle Obama.

En el encuentro con Michelle Obama y Margarita Zavala.

LA CASA GRANDE Y LA MONTAÑA SAGRADA

Tengo una foto de Diego en un maizal. Estábamos con mi hermana, que vive en una comunidad cercana a la capital oaxaqueña. Lo menciono porque siempre trato de vincular a Diego con la naturaleza. Quiero que sepa que sin esta casa grande que todos tenemos no somos nada. Quiero que sepa también lo que me enseñó mi papá, a pesar de su rigidez: si la tierra se labra con cariño, con esfuerzo, por supuesto que habrá buena cosecha, pero si esa milpa no tiene cuidados, no se desyerba, no recibe abono, pues no dará frutos. Si la milpa se cuida bien, en lugar de darte un elote te da tres, y alrededor se da calabaza, frijol, al que hay que ponerle una varita para enredarlo y que los ejotes salgan bonitos. La calabaza hay que protegerla para que las vías salgan y germine su flor, que produzca calabacita chiquitita, bonita.

Ésa, en realidad, fue la mayor lección de vida que me dio ese señor que no sabía leer ni escribir. Y esa lección consistía en hacerme saber que debía esmerarme, levantarme temprano, esforzarme en cuidar mi sueño, un sueño que también exige acción y decisión, al punto que me planteé qué debía hacer para cosechar mi sueño. Eso nos enseñó mi papá. Nos levantaba tempranísimo a ayudar a mi mamá a quebrajar el nixtamal, hacer tortillas. A las seis de la mañana ya estábamos abajito con el horcón y lo primero que hacía mi papá era saludar a su madre tierra. La primera gota de agua se la daba a ese primer horcón. Le decía: "No te pido ni más ni menos, sólo lo que alcance para darles de comer a mis hijos". Y al final saludaba a sus cuatro puntos cardinales.

Yo me impresionaba, porque incluso hoy sigo teniendo dificultad para ubicar el sur, el norte. En cambio, mi papá sabía dónde estaba cada punto cardinal, cuándo iba a caer mucha agua, cuándo habría sequía. En la última noche cada diciembre nos mostraba qué nos deparía el año siguiente. Su método era sencillo: si abundaban las nubes claras, significaba que el año sería muy bonito, pero si esa noche las nubes estaban quebradizas, entonces era inminente la tormenta, el granizo. Siempre me asombraron los saberes de mi padre.

Y esa enseñanza la enlazo justamente con mi paso por la legislatura, pues los diputados no entienden las lealtades que tienen las comunidades con su entorno natural, su casa grande. Por lo tanto, yo no podía votar a favor de una ley que priorizaba lo económico, las grandes inversiones, cuando yo crecí viendo a mi papá defender su casa grande, su montaña. Cuando llegábamos a un pozo de nacimiento nos enseñaba a limpiarlo, a no dejar que le cayeran piedras, a hacer canalitos para dirigir el agua hacia la flor, a aprovechar el recurso natural, porque abajo había flores, estaba el duraznal. El señor Mingo, que no sabía leer ni escribir, aprovechaba cada gota de agua.

Por ello nunca hice algo contra esos principios. Nunca me pareció correcto votar a favor de algo que afectara a las comunidades, cuando ni siquiera les preguntaban si daban su visto bueno para construir una mina, por ejemplo. Nadie sabía si en el entorno de esa mina hay ganado o cosechas con las cuales sobreviven esas comunidades, y por las cuales agradecen a la tierra todos los días.

Yo siempre exigí que se les consultara cómo querían que se hicieran las cosas, pero, en contraparte, los legisladores argumentaban que esas medidas generarían empleos, debido a las inversiones de capital. Yo entendía eso, desde luego, pero en ese escenario sólo el inversor se llevaría la utilidad, el recurso no se quedará en las comunidades, que son las que cuidan esos entornos. Es decir, iban a quitarles lo que han construido de por vida. Por eso votaba en contra, exponiendo las razones que aprendí mientras crecía. En la vida todo se amalgama. Cuando los ideales y los principios son claros se tejen. Lo que me enseñó mi papá a simple vista se observa disperso, separado de mi labor legislativa, pero no eran historias separadas. Ésa fue mi postura contra las reformas estructurales.

Otra cosa que me enseñó mi papá es que Quiegolani es el municipio de Oaxaca con la montaña más alta. Siempre me contaba esa historia, aunque el lugar todavía no lo conozco. Cada año nuevo mucha gente hace rituales en un espacio de la montaña. Según la creencia, se trata de un ojo de agua que ofrece "mensajes" cada año. Mucha gente iba a hacer ofrendas a la montaña sagrada. Según expertos, se trata de un volcán de agua, pero para las comunidades esa montaña es sabia, nos cuida, nos da agua que da vida y sustento a todo el entorno.

Si esos expertos llegaban a averiguar qué minerales tiene la montaña, no quería imaginarme si se tratara de oro. La visión de quienes no pertenecen a ese entorno es diferente, los impulsa a explotar ese espacio bajo la perspectiva económica que sólo los beneficia a ellos. En ningún momento pasó por la mente de mi papá la idea de generar ganancias. No, él agradecía a la montaña, porque gracias a sus dones podía alimentar su mazorca, sus vacas, sus caballos, sus hijos y sus hijas. Esa sabiduría me parece admirable. Por eso para mí fue difícil apoyar esas propuestas. Incluso puedo decir que no entendían mis razones a favor de cuidar la casa grande.

Cuando las iniciativas se construyan con la visión de las mujeres y los hombres sabios, muchas cosas cambiarán. Sólo se trata de preguntarles cómo interpretan las montañas, cómo hablan con sus venas de agua. Ese día volveremos a darle prioridad a esta casa grande que nos estamos acabando y renacerá de otra forma. A pesar de que mi papá era tan duro, en esas cosas su visión era impresionante. Caminaba solo todos los días rumbo a su montaña, para saludarla, para ofrendarle comida, café, mezcal. Con eso le agradecía una buena cosecha. Era impresionante el nivel de respeto. Por eso me siento en deuda con esa montaña, que algún día podré visitar. Una montaña que, como mi pueblo, está a 3 200 metros sobre el nivel del mar. Ahí está lo alto entre lo alto.

LAS PRESIDENCIALES

Para las elecciones presidenciales de 2018 yo apoyaba a Margarita Zavala. Ella, como ya he dicho, me parece admirable. Ser mujer en esos niveles políticos no es nada fácil. Y yo la vi en acción, y por eso la admiré más, sobre todo cuando escuchaba señalamientos acerca de que se había equivocado, que no podía "ni hablar", que sólo "era la esposa de Calderón, que no servía como candidata". Eso lo escuché muchas veces de personas que yo creía pensantes, mismas que, cuando su marido encabezó el gobierno federal, eran capaces de besarle los pies. Eso lo vi con mis propios ojos. Pero al final ella se bajó de la contienda porque no existían las condiciones necesarias para una candidatura independiente.

Por eso, decidí apoyar al candidato del PRI, José Antonio Meade. Yo ya había aprendido que en los momentos más difíciles hay que decidir como líder, así que reflexioné si ese escenario ayudaba o no. Mi decisión no significaba definir una elección, pero opté por apoyar a una persona que la vida me había puesto en el camino: Meade. Yo respaldé al personaje presente, yo creía en la persona y sigo creyendo en la persona, no en partidos.

Por eso decidí pronunciarme en favor de Meade a través de una carta que redacté con mucha reflexión. Ahí argumenté por qué para mí era la mejor opción para presidir el país.

Conocí a José Antonio Meade cuando fue titular de la Secretaría de Desarrollo Social. Para mí era un señor muy sensible, nunca me vio de forma diferente, siempre atendió mis pláticas. De ahí se fue a Hacienda; siempre me pareció un hombre muy correcto. Leí sobre su vida, sobre su compañera de vida, una señora que ama el arte de los pueblos indígenas. Siempre la vi con huipil, con rebozo, con aretes antes de que su esposo fuera candidato. Tenía un estilo de vida propio. En cambio, hay mucha gente que sólo se pone el huipil cuando está en campaña. Ella expresaba lo orgullosa que se sentía de su México.

A mí me pareció muy bonito, porque la señora estaba creando inclusión, conciencia; estaba comunicando que en México viven otros rostros que no se conocen entre sí. Y creo que Meade, siendo un hombre correcto, hizo lo que estaba en sus posibilidades como funcionario. Luego, ya como candidato, sus propuestas me atrajeron mucho más. Claro, al respecto yo pude haber guardado silencio, no meterme en problemas, pero la vida es como mi montaña: siempre provoca un reto. Es como la nube: va, corre, regresa, se levanta de los árboles. Se ve la montaña limpiecita, pero en segundos ya está cubierta de nubes, repleta.

Esa dinámica natural es muy sabia. Por eso voy y vengo, pero asumo esa consecuencia; yo ya sabía que la consecuencia era, posiblemente, mi expulsión del PAN. Sin embargo, debía hacer esa reflexión. Mi propósito era que los pueblos indígenas crecieran en igualdad de conciencia, pero que nadie nos dijera qué es izquierda o qué es derecha. Nosotros decidimos y entendemos, y también somos capaces de apoyar y de elegir a quien nosotros queramos. Los partidos son de las mexicanas y de los mexicanos, que aportan impuestos para que los partidos vivan y se mantengan. Por lo tanto, los partidos no son de un grupo, son de todas y de todos. Son el instrumento del ciudadano que usa para participar en la vida pública del país. Con esa reflexión decidí apoyar a Meade.

Y ese apoyo lo brindé por mi derecho de conciencia. Mi voto sería para él. La carta, pues, fue la razón de mi rompimiento con el PAN. Un día antes de la elección del 2 de julio me corrieron de Acción Nacional.

Ese día querían hacer una sesión especial para expulsarme, pero jurídicamente yo no estaba traicionando al PAN, porque no había un candidato del PAN como tal, sino uno de la coalición. Sin embargo, me expulsaron.

Por eso fui al Tribunal Electoral del Poder Judicial de la Federación, para que se ejerciera mi derecho, para crear un precedente, porque ningún partido puede expulsar a un ciudadano o a una ciudadana por ejercer su derecho a la libertad.

DECISIONES

Mucha gente me ha preguntado por qué, para iniciar mi camino político, decidí apostar por el PAN. Eso tiene su origen en el momento en que me negaron el triunfo en mi comunidad. Cuando comencé a buscar abogados para que llevaran mi caso, ninguno quiso hacerlo, pero cuando toqué las puertas de los partidos todos me dijeron que sí, aunque con un gran pero: "la autonomía de tu pueblo no se puede trastocar así como así". Todos me dieron la misma respuesta, ningún dirigente se animó a respaldarme. En esa búsqueda sólo encontré eco en el PAN, a través del ya mencionado encuentro con el expresidente Calderón y con su esposa Margarita, que incidió más.

Acepté participar como candidata panista a la diputación local, pero sin afiliarme, y me dijeron adelante. Y así gané un espacio que quizá algunos panistas con más trayectoria sentían que les pertenecía o que merecían. Sin embargo, si no me quedaba con ese espacio nadie iba a cambiar lo que yo buscaba cambiar: la Constitución de mi estado y la Constitución de mi país. Así que asumí también la responsabilidad que mi decisión llevaba aparejada: el señalamiento, el cuestionamiento. Y resistí.

En ese proceso, como ya conté, entendí que los partidos sólo son las vías de gestión, porque viven de nuestros impuestos, tuyos, míos y de cualquier ciudadano por más humilde que sea. Por eso creo que no debiese haber izquierda, derecha o centro, sino un espacio para los ciudadanos.

Salir al mundo

Mi proceso político, dentro y fuera del Legislativo, continuó, pero de manera más acelerada. Gracias a la visibilidad que me dio el presidente de la República, ya me atendían personalmente los secretarios de Estado, algunos líderes de la sociedad civil, incluso comenzaron a contratarme para ofrecer conferencias o participar en encuentros nacionales e internacionales. Así, conocí España y gané el Premio Nacional de la Juventud en México.

Viajar a otra parte del mundo me pareció impresionante. A través de la Fundación Carolina, me invitaron a formar parte del grupo Mujeres Líderes de Iberoamérica. Tuve la oportunidad de ir cinco veces a Madrid como parte de la delegación mexicana y ahí me di cuenta de que yo no era la única loca en América Latina. Éramos miles de locas buscando lo mismo y todas habíamos pasado cosas más fuertes para llegar hasta ahí.

Por ejemplo, la entonces activista y hoy vicepresidenta de Costa Rica, Epsy Campbell, nos contó su historia terrible. Asesinaron a muchos integrantes de su familia y había sido víctima también de dos atentados, aunque a ella sí le dispararon; de hecho, en 2019 me invitó a un encuentro de pueblos afro en Costa Rica y gracias a esa experiencia modifiqué el nombre de la dependencia que encabezo: hoy se llama Secretaría de Pueblos Indígenas y Afromexicano, porque ella me habló de otro pueblo invisibilizado, un pueblo sin derechos.

A Epsy la admiro muchísimo, pues llegó a grandes niveles políticos. Cuando la conocí tenía medidas cautelares internacionales de la

Corte Interamericana, pues hacía poco habían asesinado, por razones políticas, a uno de sus hermanos. También conocí a Amelia Valcárcel, que es un referente de la lucha de mujeres en España. Es decir, literalmente yo estaba conociendo el mundo. El viaje no es corto, son 12 horas de México a Madrid, pero no tuve tanto miedo porque compartimos el idioma. Mi primer miedo fue cuando fui a Nepal. Primero, el inglés, pues hay que pasar por Houston, luego llegar a Doha, árabe, y de ahí a Nepal, nepalí. Pero ahí sí ya estaba consciente de que mis sueños me habían trasladado hasta esa parte del mundo, luego de caídas y resbaladas, así que con ello vencí el miedo.

Todo eso, que sucedió entre 2008 y 2016, sumó para lograr en 2014 la reforma a la Constitución. Todas esas alianzas existieron y también mi paso por la ONU. Esas cosas que la vida me puso enfrente marcaron mi camino y mi existencia. Otro día conocí a Michelle Obama. Todas estas cosas iban sucediendo alrededor de un derecho que logré, pero que muchos creen que el ser humano ya tiene garantizado al nacer, que es el derecho de estudiar, de votar y ser votadas.

Pero no es así, pues existimos otros seres humanos que debemos luchar por él, porque no está escrito, no existe en la práctica, no forma parte de la cotidianidad. La educación de los pueblos indígenas es un camino que cuesta mucho, hay adversidades, llanto, también satisfacciones, claro, pero que el mundo debe saber que hay otras muchas personas que no nacimos con lo que suponen es un derecho natural. Pero insisto: esa condición no nos hace víctimas, no nos hace vulnerables, ni mucho menos genera las condiciones para que otros decidan por nosotros.

Todas esas anécdotas de mi vida tienen frustraciones y dolor, pero también muchas cosas gratas que he logrado gracias a mi rebeldía con responsabilidad. Mi sueño era estudiar y ser alguien, y sobrepasé esa expectativa. Por ejemplo, fue muy satisfactorio cuando el presidente de la Mesa Directiva del Congreso me dijo: "Felicidades, diputada, por su perseverancia". Pero ese logro no era mío nada más, era compartido; era el fiel reflejo de esa libertad compartida que comenzaba a construirse a partir de la expedición de ese "papelito". Ahora el reto consistía en hacer realidad el contenido de ese "papelito".

Insisto, alrededor de ese logro hubo muchas cosas: el hecho de que me hayan dado la oportunidad de representar a mi país en la ONU, en la Corte Interamericana, en muchos eventos internacionales; el hecho de representar a mi país en el Encuentro de Jóvenes en Sevilla, el que me hayan otorgado el Premio Nacional de la Juventud de México.

La primera nación que conocí fue España. En Madrid me sentí muy bien. Aquella ocasión, un periodista del periódico *El País* me entrevistó y uno de los temas fue cómo el mexicano usa la expresión "madre" para todo. Entonces le pedí: "Por favor, concluya usted diciendo que la 'madre patria' nos dio en la madre". Se rio de buena gana. Aun así, esa "madre patria" también me dio mucha visibilidad. Después de esa visita fui otras cuatro veces a la capital española, y tuve la oportunidad de conocer a los reyes, recorrer el Museo del Prado y visitar la Puerta del Sol. También conocí Sevilla y otros pueblos alrededor. Luego, otras naciones europeas.

A la sede de la ONU en Nueva York fui tres veces. Y de repente estaba yo en la Quinta Avenida, ahí solita, sin hablar inglés, que es uno de mis aprendizajes pendientes. Sin embargo, el viaje que más me impactó fue el de Nepal. Entendí más el mundo y entendí más mi rebeldía.

La primera vez que fui a Estados Unidos se debió a que en la ONU representé a México en el tema de mujeres indígenas. La organización mundial se hizo cargo de todos los gastos. Llegué a Nueva York, no hablo inglés, ¿cómo iba a usar un taxi? Iba sola, nadie fue por mí al aeropuerto, sólo tenía la dirección del hotel. Es horrible pasar la aduana, pues quienes revisan el pasaporte y la visa sólo hablan inglés. Fue un momento muy difícil para mí, por eso voy a aprender ese idioma.

Lo que hice fue armar mi carpeta en donde venían los datos del hotel, la invitación, los nombres de los contactos y sus números telefónicos. También apunté las indicaciones sobre pagos o cómo debía llenar cada formato. Cuando me preguntaban el motivo de mi viaje señalaba en la carpeta la dirección de la ONU y mostraba la invitación y mi credencial de elector. También me preguntaron cuántos días me quedaría y yo respondí con la mano. Ahí me di cuenta de que la lengua no debería ser una limitante para llegar a nuestros sueños.

Saliendo del aeropuerto me subí a un taxi y al conductor sólo le dije que me llevara al hotel. No tuve problemas para llegar. Me registré y me llamaban "Miss Eufrosina", sólo aprendí eso. Por fortuna en el hotel hubo personas que hablaban español y eso me tranquilizó. El hotel es el más cercano a la sede de la ONU, que no está lejos de la Quinta Avenida, con todos sus rascacielos. Yo tenía mucha curiosidad por conocer esa famosa calle, así que me aprendí cuántas cuadras debía cruzar, si debía caminar a la izquierda o a la derecha, qué comercios había; también identifiqué un kiosco donde la gente se toma fotos, la famosa tienda de Disney.

Lo hice como en Madrid, o sea, conocer yo sola la Puerta del Sol, la Puerta de Alcalá. En Nueva York me puse el reto de que sí puedo hacer esas cosas a pesar de la diferencia de idioma. Fui preguntando, pues siempre habrá alguien dispuesto a ayudar. Eso me han demostrado los viajes internacionales. Y así es la vida: te caes, te levantas, pero siempre hay alguien que te espera y que te indica el caminito. Por eso me gusta hacer las cosas yo sola, no me gusta que me guíen, sino ir descubriendo para generar mis propias dudas y tratar de dar con las respuestas.

Si te equivocas en una calle, pues te regresas, ya perdiste tiempo y quizá te agobies, pero eso no significa que no llegarás a tu meta. Hay que corregir el camino, pero ya aprendiste que por esa calle no era. Sin errores no hay aprendizaje.

TODAS LAS BANDERAS DEL MUNDO

Ya en la sede de la ONU, las charlas y mesas de trabajo se hicieron con otros líderes. Eso fue en 2009 y el propósito era establecer la participación de las mujeres en las comunidades indígenas. Ahí me di cuenta de que hay muchos jóvenes, mujeres, hombres de los pueblos indígenas que luchan por lo mismo que yo. Esa coincidencia te permite construir redes, construir alianzas. La ONU me permitió eso, aunque en ese primer viaje no entré al pleno, a ese salón grande. Llegué a las subsedes alternas de la ONU, y estuve en el espacio donde están todas las banderas del mundo. Ahí me saqué mi foto y todo, pero al pleno de la ONU entré en 2014.

Antes la discusión para lograr el desarrollo de los pueblos indígenas no se hacía en sesión general, sino en mesas con subtemas; no tenían el nivel de importancia del debate sobre cambio climático, salud o seguridad. Sólo en 2014 se logró que la ONU considerara el tema de los pueblos indígenas como agenda de sus plenarias, con jefes de Estado presentes. Ese reconocimiento también implicó una lucha, que consistía en lograr el rango que merecen los pueblos indígenas y afromexicanos. Fue una batalla de todos los países que tienen población indígena.

Cuando terminaron los debates en Nueva York retorné a México a retomar el camino político, pero al mismo tiempo comenzaron a surgir otros viajes internacionales. Primero a Bogotá, luego a San Salvador, después a Panamá, Montevideo y de ahí otra vez a Estados Unidos, pero esta vez a Houston y a Los Ángeles. Lo cierto es que la capital colombiana fue muy importante, pues tiene mucha similitud con México. Su clima es muy bonito, lluvioso, su catedral es como la explanada de Santo Domingo en Oaxaca. Y la comida, deliciosa: un tamal con carne de puerco y una especie de atole. Muy similar, pues, a México. También probé el famoso café Valdez y conocí el hermoso Museo Botero.

A Bogotá asistí a un encuentro de mujeres de América Latina con la misma agenda que había tratado en la ONU, pues quienes construyen los mecanismos para visibilizar a los pueblos indígenas trabajan durante el año en diferentes países. Aquella vez fue el Encuentro de Mujeres Líderes de América Latina en Colombia. Ahí, de nueva cuenta, se tejió otra hermandad. En ese país empecé a admirar al expresidente Juan Manuel Santos, Premio Nobel de la Paz. Supe cómo construyó la paz en un pueblo lleno de crimen, de narco, de drogas, y cómo acordó con las FARC (Fuerzas Armadas Revolucionarias de Colombia) y todo ese fenómeno que vivió Colombia.

A mí me apasionaron sus palabras: "A veces se tiene que hacer lo políticamente incorrecto para construir la paz". Eso significa perder popularidad, perder gente que te quiere cuando tomas decisiones complejas para hacerlo correctamente. Él relataba cuánto trabajo costó construir la paz sobre la guerra, pues entendió el papel de la educación y cómo los programas de gobierno deben exigir corresponsabilidad de la ciudadanía. Entonces yo encontré esa coincidencia sobre la educa-

LOS SUEÑOS DE LA NIÑA DE LA MONTAÑA

ción, que logra cualquier cambio de paradigmas. Generar ciudadanos con conocimientos es generar desarrollo, igualdad. Los pueblos indígenas ingresan fácilmente a la delincuencia, al crimen organizado, porque no tienen otras posibilidades o creen que no las tienen.

Conocer Colombia fue emocionante, porque apenas estaba logrando la paz, a pesar de que era un país en manos del crimen organizado, con delincuentes famosos. Pero Santos erigió la paz sobre esa destrucción aun sabiendo que podría perder el gobierno.

A mí eso de no hacer lo políticamente correcto me sonaba mucho, porque en mi camino fui señalada por, justamente, no hacer lo políticamente correcto.

La Secretaría de Pueblos Indígenas y Afromexicano

Llegó la invitación que me hizo el gobernador Alejandro Murat de encabezar la Secretaría de Pueblos Indígenas y Afromexicano. Con él ya había platicado varias veces del tema, pero yo le había dicho que no, que mi sueño era escribir mi libro, era mi pendiente y quería dedicarle tiempo. Sin embargo, también entiendo la responsabilidad que implica el servicio público. Es desgastante, demandante, pero siempre he estado muy consciente de que para eso me alquilo: mi tiempo se lo debo al servicio público. Sería irresponsable de mi parte no tener eso bien claro.

Así que después de rechazar la invitación del gobernador varias veces, al final cedí, pero bajo ciertos términos.

Señalar la falla es una manera de no volver a cometerla. Hay que visibilizar la falta, la anomalía, lo que se hace mal. Y además hacerlo constantemente. Eso pienso y así actúo.

Considero que aportar ese énfasis es una oportunidad de dignificar los espacios públicos. Si yo no lo hiciera, será difícil que alguien más lo haga. Por eso asumí esa tarea y el gobernador me dio todo su respaldo y apoyo, pues es importante que en la administración pública la cabeza tenga también la sensibilidad para construir las alianzas correctas. Hace tres años, por ejemplo, nadie sabía cuál era la misión de la Secretaría de Pueblos Indígenas y Afromexicano. Para mucha gente era un "asunto de indígenas", y por ello no recibía ninguna acción de gobierno. En cambio, hoy ya tiene movimiento interno, ya se nota el "estrés" colectivo. Eso quiere decir que vive, que está en funcionamiento, en marcha. Sólo entonces, al notar que una instancia nueva se mueve, respira y quiere servir a sus propósitos, puede concluirse que los sacrificios han valido la pena.

Lograr esa dinámica no ha sido sencillo. Dotamos de vitalidad ese espacio gracias a que prácticamente no hubo descanso. Y es verdad: no tuve ningún día de vacaciones desde el día que tomé el timón. Los sábados y domingos tuve la agenda llena. Si no agendaba tareas para sábados y domingos, no me daba tiempo para atender más cosas, revisar cada área, ver cómo caminaban los programas, en qué proceso iban las licitaciones, cómo iban los pagos a proveedores. De hecho, ésa es una de las cosas horribles de la administración: hay cosas que deben pagarse de inmediato, aunque no haya manera de comprobar ese gasto.

Sin embargo, la gente no entiende eso y sigue requiriendo cosas. Te dice: "Quiero que me apoyes con esto o lo otro", pero nosotros no manejamos dinero en efectivo. Mi respuesta ha sido: "Perdón, pero no te puedo ayudar para tus fiestas". Asombrados, contestan: "¡Pero si tú eres la secretaria!" ¿Me explico?

También está la otra cara de la moneda: cuando ves el rostro del joven que recibe apoyo para terminar su carrera y lo agradezca. Eso es algo muy fuerte también y es lo que realmente vale la pena al final del día. O la señora en cuya casa ya tendrá agua potable y ya no tendrá que acarrearla. Yo me reflejo en ella, porque de niña iba a acarrear el agua desde el almacenamiento. Iba con mi cubetita y con el palo en el cuello y debía llenar el tambo, porque era "la niña". Ahí te das cuenta de que la realidad es la misma y concluyes: si yo tengo esa posibilidad, ayudo, así como me ayudó la gente que cambió mi realidad. Cuando pienso en eso, recuerdo otra vez a mi maestro Joaquín, que caminaba más de 12 horas para llegar a mi pueblo, y todo para llevarme la palabra *sueño*. Tengo que hacer lo mismo gracias a ese ejemplo que me dio mi maestro. Por eso, cuando las niñas me dicen: "Te admiro", siento una gran responsabilidad de hacer bien las cosas, porque para ellas y para los niños soy un ejemplo, y si se enteran de que estoy haciendo algo malo, se les cae su heroína.

UN PRESIDENTE QUE POLARIZA

Cuando expreso mi opinión sobre López Obrador necesito respirar. Yo creo que generó muchas esperanzas por todo lo que estaba pasando en el país en ese momento. Sembró esperanza en una ciudadanía que se asqueó por los acuerdos entre políticos, por las desatenciones, por todas las cosas que se construyen dentro de una mesa de cristal. Por supuesto que la ciudadanía ya estaba hasta la madre de los derroches públicos hasta en vinos y manjares para los políticos mientras afuera privaba la desigualdad.

López Obrador construyó ese mensaje de esperanza y ganó, pero hoy veo a un presidente muy enojado con quienes le taparon el camino hacia la presidencia, veo a un presidente que no quiere escuchar, que cree que su visión es la única que sirve, la única que puede funcionar. La vida se trata de escuchar, crear alianzas. Con una visión única no se puede tomar una determinación. Se trata también de que los sentidos puedan amalgamar lo mejor posible para construir una buena decisión. También me parece muy peligroso ondear la bandera de los indígenas y de los pobres, creando programas subsidiarios, pero sin exigir ninguna corresponsabilidad. Cuando esos apoyos se dan sin más, la persona que los recibe dependerá de quien le dé ese apoyo. Dos mil, 3 000 pesos que les entregan los hacen dependientes. Así, se impone una relación en la que prevalece la siguiente idea jerárquica: "Yo lo decido, yo digo qué es lo que mereces". Y la mente juega tanto, que se cree eso. De esta manera se consolida una idea: "El que me da es el que tiene la razón, es el que decidirá qué tengo que hacer". En una sociedad en donde todavía la democracia se está construyendo, me da miedo que se venga abajo.

Tampoco me gusta el hecho de que no haya incentivos para la gente que produce. No puedes castigar a la clase media, que es la que genera actividad económica. Y por clase media me refiero a los talleres mecánicos, changarros, fondas y tienditas. No hay ningún incentivo para las personas que tenían una tiendita donde vendían bolsitas, huaraches, zapatos. O el salón de belleza o la que vendía cosméticos. Todo ese tipo de pequeñas empresas ya cerraron y carecen de cualquier posibilidad de recibir ayuda o condonación de impuestos.

Si el objetivo es que la gente sepa que el gobierno les está entregando 1 000, 2 000 pesos, entonces, desde mi punto de vista, ésa no es una política visionaria, y lo digo con mucho respeto. Esa visión acerca de que son grupos vulnerables, que están jodidos, que dependen sólo de esos programas, para mí significa mantenerlos en la vulnerabilidad. Es tratarlos como niños chiquitos a los que siempre hay que mantener y, además, se les puede decir qué tienen que hacer. Una sociedad así no se construye. La sociedad se construye con corresponsabilidad. Se trata de que ambas partes ofrezcan algo, en una relación benéfica para todos, y así poder salir de este hoyo.

Veo también a un presidente rodeado de personas que tienen miedo de hablarle. Entonces, efectivamente, en muchas cosas no coincido con su gobierno. En ese sentido, creo que vale la pena que escuche algunas voces.

Claro que hay políticos dignos de admiración. Para mí, por ejemplo, uno es Barack Obama. Leí su libro *Los sueños de mi padre*, que me gustó mucho. Cómo un hombre de color llegó a ser el líder más importante del país más poderoso del mundo y con gran un nivel de liderazgo. Me fascinaba la naturalidad de su discurso, lleno de esa sobriedad que mucho hace falta en la política. Se trata de un político que conoce la realidad y pide que hoy más que nunca nos abracemos. Yo lo admiro por ese discurso tan bonito.

Admiro a su esposa, Michelle Obama. Ella lo impulsó. Y entre ellos se admiran. Es una pareja que rompió muchos esquemas. Es tan única en su conjunto pero tan diferente en su individualidad. Al final del día, eso buscamos en la sociedad, que como matrimonio, como pareja, como líderes nos admiremos para no faltarnos al respeto, y sin que uno incida en lo que hace el otro. Cada uno con sus pensamientos. Ése es un gran mensaje que nos da esta pareja.

También leí el libro de ella, *Mi historia*. Hay dos partes que me impactaron mucho. Una es la que trata de cómo aprendió de niña a tocar un viejo piano. La otra es cuando relata el día en que salió por primera vez de su entorno. Me recordó mi primera salida de Quiegolani, cuando vi otra cosa, otra realidad, y mi mundo se ensanchó. Así le pasó a ella cuando vio otro piano hermoso y no sabía cómo tocarlo. Ella tocaba el piano de su maestra, que estaba hasta polvoso, pero la angustiaba la idea de tocar el otro piano en aquel concierto dentro de un gran salón. No sabía cómo hacerlo. Pero ahí estaba su maestra, enérgica y atenta, que la guiaba. Así era mi maestro Joaquín, que me animaba a no temer, a tomar las cosas, a convencerme de que yo podía hacer todo.

También relata que fue la primera alumna negra en una universidad de jóvenes rubios. Ésas son las historias que me impulsan a continuar en la acción política, porque me hacen ir de un lado a otro, emprender proyectos, construir rutas, consolidar otros sueños, como ser gobernadora, por ejemplo. Muchos me tacharán de loca, no le darán crédito a una indígena. Pero Barack Obama incita a eso, a no abandonar el sueño. Él se dijo a sí mismo: "¡Claro que voy a ser presidente de este país!" Y para mí fue un excelente presidente de Estados Unidos.

LA MATERNIDAD

En 2006, todavía en el CECyTE, conocí a quien sería el papá de Diego. Yo justo acababa de salir de un hoyo emocional. Él me llevaba 15 años, y aunque no me extenderé en esta parte de mi vida, debo mencionarlo para darle sentido al asunto de la maternidad. Yo no quería ser mamá debido a todo lo que he contado acerca de los prejuicios del pueblo. Quizá me rehusaba inconscientemente, porque tardé en curar mi corazón con respecto a mi papá. Por mucho tiempo no pude hablar de él hasta que entendí su situación y dejé de culparlo. Asumí que yo no era ni la primera ni la última víctima. Entendí que era incapaz, en ese momento, de confiar en su hija. Bueno, cómo estaría incrustada en mi cabeza aquella idea, que incluso la primera vez que tuve relaciones, yo estaba pensando en lo que mi papá me había advertido. Eran muy fuertes las palabras de mi papá, por eso en mi radar no estaba la maternidad. Marginé esa posibilidad de mi proyecto de vida.

Yo estaba concentrada en ser profesionista, en regresar con un título universitario. Y al final lo logré. Llevé a mis papás a la ceremonia de entrega de títulos. Ya era contadora pública, con mi diploma y 9.7 de promedio. Le demostré que pude. "Acá está mi diploma y mi medalla", porque nos daban una medalla cuando obteníamos 10 de promedio. Tuve tres de ellas. Por eso la maternidad estaba bloqueada de mi vida, no era lo principal. Yo quería tener mi casa, reparar la casa de mi mamá, que era la que más me afligía. Ya estaba preparada para lograr eso, porque, ya con carrera, podía contestarle a don Domingo. Pero llegó el papá de Diego, me ayudó a construir una visión diferente de la vida y me apendejó su perspectiva más madura. Así, en 2012 me embaracé. Y comenzó otro tipo de incertidumbres.

En aquel momento yo era diputada federal, ya había sido diputada local. Creo que bloqueé de mi mente la posibilidad de ser mamá por mucho tiempo.

Pero en un momento dado me embaracé, y fue tanta la inquietud que me produjo que no supe qué hacer. Yo sabía que no estaba preparada para ser mamá, me negaba a creerlo, pensaba que hasta ahí llegarían mis sueños. Pero yo no me había dado cuenta de que la perspectiva de mi papá había cambiado cuando me vio crecer, cuando me vio en funciones legislativas. Llegó un momento en que me cuestionaba si acaso yo no pensaba tener hijos. La situación se había volteado. Pero el tiempo corrió y ya me hice a la idea.

El problema fue que mi embarazo era de muy alto riesgo. Tuve dos amenazas de aborto. Al cuarto mes, la ginecóloga me indicó no moverme durante 10 días, debía colocar las piernas hacia arriba en la cama, porque ya tenía sangrado. Ahí me di cuenta del poder del ámbito psicológico. Como me negué a embarazarme por tanto tiempo, cuando por fin me confirmaron que sería mamá pensé que no iba a poder con tanto. Sé que para muchas mujeres el embarazo es un caudal de entusiasmo. No en mi caso. Yo no recibí así la noticia. Mi primer pensamiento fue: "¿Y ahora qué hago? Mi mundo se detendrá, no podré continuar". Confieso que el aborto pasó por mi mente, y fue muy fuerte.

Pero el tiempo va corriendo y el cuerpo empieza experimentar otras cosas. El médico me mostró el corazón del bebé y mi propio corazón vivió otra sensación. Era verdad. Era mi hijo. Le perdí perdón a Dios por todo lo que llegué a considerar. Si Dios me lo había mandado, le pedí que me ayudara a ser una buena mamá. Tenía mucho miedo, sin duda. Pero luego de lo mal que me puse me recetaron muchas medicinas para que no se cayera el "muchito". En ese momento, Diego se volvió mi rebeldía y mi fuerza, por eso también decidí sólo tener un hijo, porque yo quiero que sepa la circunstancia en la que llegó, cómo es hoy la pieza más importante del rompecabezas de mi vida.

Hoy no puedo imaginar mi vida sin Diego, no puedo hablar de mi destino y mis sueños sin Diego; sin él no hay proyectos. Siendo diputada federal viví una maternidad muy distinta a otras mujeres, porque después de la primera amenaza de aborto yo tenía que ir a Nepal. Todos me sugirieron que cancelara ese viaje de trabajo debido a la lejanía y posibles complicaciones en el trayecto: de Oaxaca a México, de México a Houston, de Houston a Doha, de Doha a Nepal. Son al menos 32 horas de aeropuertos. Calculando eso, le hablé a mi panza. Le dije: "Diego, tú y yo vamos a ir. Agárrate. Si tu destino es quedarte conmigo, te prometo que te voy a cuidar y te voy a dar todo lo que soy. Si el destino dice que no, también lo voy a entender. No podemos detener el mundo, el mundo tiene que ir caminando y hoy formas parte de mi mundo, entonces quiero que empieces a caminar con mi mundo, pero te necesito fuerte".

Y así, dándole ánimos a él, me daba ánimos a mí misma. Armé mi maleta y emprendimos el viaje. Llegué con Diego a Nepal y regresé con Diego de Nepal. Durante el viaje y la estancia no tuve dolores ni molestias. Más bien comí mucho. De hecho, cuando retornamos comencé a subir de peso, gané 28 kilos porque aprendí a disfrutar de la seguridad que me demostró mi bebé. Él se agarró y nació muy sano.

Yo tenía siete meses, casi ocho de embarazo, cuando en el Congreso discutimos el tema del presupuesto. Recuerdo que querían cambiar el nombre de la Comisión Nacional para el desarrollo de los Pueblos Indígenas, además de quitarle facultades y recursos. Y ahí estaba yo, con mi panza en medio del debate. Así que literalmente Diego nació y creció en medio de la presión. Por eso es un niño muy fuerte, muy independiente. Es Aries, nació el 25 de marzo a las ocho de la mañana. Pesó 3.2 kilos y midió 52 centímetros. En algún momento me cuestionaron que Diego naciera por cesárea. Se cree que no eres mujer completa si el parto no es natural. Se equivocan, pues yo gané una cicatriz permanente. Así que, al contrario, la herida de la cesárea la llevaré toda la vida, no se quita. Yo programé el día en que nació mi hijo, un lunes de Semana Santa, por cierto. Lo recuerdo bien porque a la semana siguiente yo tenía que estar en el Congreso otra vez y a los 20 días debía viajar a la ONU.

Aquel viaje a Nueva York fue muy previo a mi encuentro con el presidente Peña Nieto. De hecho, antes de coincidir con él, yo ya había estado dos veces en la ONU para tratar de que el mayor organismo internacional adoptara mi iniciativa a favor de la participación de las mujeres. Diego debió quedarse en casa ésa y muchas veces más. No gateó, más bien aprendió muy pronto a caminar, a comer solito. Por eso hoy es un niño que me cuestiona, que me exige, que dice que debo cumplir lo que prometo. Defiende su punto de vista, no acepta fácilmente que las cosas sean de tal o cual modo sólo porque yo lo digo o alguien lo dice. Él es un constante por qué. Pregunta quién dice o asegura tal cosa. Sabe que, como todos los niños, tiene derechos.

Cuando, por ejemplo, le pregunto por qué llora, me responde si acaso no tiene derecho a hacerlo. Sabe que eso es parte de su sentimiento. También me ha enseñado a expresar lo que uno siente, a defender mis emociones. Me dice: "Si quieres llorar, llora; si quieres gritar, grita". Entonces yo también aprendí a ser su mamá.

Diego se volvió también la razón de ser de su papá, no puedo quejarme. De hecho, pasa más tiempo con él. Cuando fui a la ONU, su papá se quedó con él, lo bañó, lo durmió, lo llevó a la vacuna. A pesar de que soy una mujer empoderada, independiente, también soy responsable de una persona que quiero ver crecer en una sociedad en donde ser hombre o ser mujer no sea una limitante; quiero que sea una persona feliz. La responsabilidad de los padres y madres es que los niños y las niñas sean felices.

Algunos me decían que yo podía educar sola a Diego. ¡Claro! Eso no está en duda, no me representa una limitante, pero también tenemos en nuestras manos la responsabilidad de un ser humano. Yo no quiero que sea un delincuente, yo decidí traerlo a este mundo, yo decidí ser mamá. Eso conlleva responsabilidades.

UNA LUZ LLAMADA DIEGO

Lo mejor de mi vida ha sido el nacimiento de Diego. Debo decir que yo no quería ser madre, pues había visto mucho dolor en mi entorno, mucha violencia, lágrimas, sufrimientos. No entendía por qué mi mamá era la primera en levantarse y la última en dormirse. Y pensaba en mi hermana, que fue mamá a los 12 años y a los 31 ya tenía nueve hijos. Por eso yo no quería, pero se dio, e incluso durante mi embarazo disfruté mucho comunicarme con Diego, porque siempre supe que así se llamaría y yo le hablaba por su nombre.

En ese momento yo era diputada federal, y cuando estaba estresada, se ponía dura mi panza. Entonces yo le hablaba: "Ya, papito, ya mero vamos a terminar, tú ponte chingón; este trabajo lo hacemos por las comunidades y ya después me vas a acompañar". Y mi panza se suavizaba, se ponía normal otra vez.

Además, yo decidí qué día nacería y decidí que fuera por cesárea porque quise evitar el dolor de parto. Quizá muchas mujeres me van a criticar y dirán: "¡Cómo! ¿La indígena?", pero la vida me dio la oportunidad de elegir y elegí. Es maravilloso ser mamá por cesárea, porque la marca te queda para toda la vida. Recuerdo cuando escuché el grito de Diego, cuando mis lágrimas y sus lágrimas se cruzaron. En ese instante me dije: "Si hoy estoy comprometida con lo que hago, ahora lo voy a hacer doblemente mejor, porque ya tengo a alguien que en el futuro sí me va a cuestionar, sí va a señalar mis errores, sí me dirá: 'Mamá, ¿por qué estás haciendo esto y no lo otro?'"

Porque estoy segura de que va a cuestionarme y exigirme una explicación sobre las ausencias. Algún día va a comprender que hice lo que me tocaba hacer. Entenderá que su mamá tuvo que luchar por su libertad, por cambiar su historia. Hoy, la suya ya está cambiada un poquito, y le tocará crear sus oportunidades. Yo le pondré las mejores condiciones posibles, pero él construirá las suyas. Su nacimiento fue el día más luminoso de mi vida.

Todos los seres humanos tienen complejidad. Muchas mujeres en México son profesionales y son mamás. Cuando estaba embarazada y mi panza se endurecía por estrés, aprendí a platicar mucho con Diego. Yo sobaba mi panza y lo calmaba con dulzura. Siempre supe que era niño y le llamaba por su nombre, porque para mí es importante dar nombre para que sepa su identidad. Le decía: "Papi, Diego, mi vida, ya nos vamos a ir, tú ponte chingón ahí". Le transmitía cariño y fuerza. Le hablaba bonito. Siempre le dije "mi Diego".

Estas cosas no se cuentan mucho en política. Una mujer dedicada a la política es una mujer. Su labor es sólo una actividad. Sin embargo, muchas mujeres temen a los prejuicios y comentarios, porque la sociedad las cuestiona, les dicen que son malas mamás. Por ejemplo, yo decidí tener un solo hijo. Muchas personas me tacharon de egoísta, porque iba a "crecer solito". Pero esas personas no son nadie para decir eso. Yo decidí tener solamente a Diego porque yo quiero darle un espacio de calidad. Así, si los domingos tengo agenda vacía, entonces es un domingo exclusivo de Diego: desayunar, tareas domésticas, bañarlo. Preguntarle cómo está, qué quiere hacer. Es su día, de nadie más. Si quiere subirse en mi espalda, brincar. Él construye los domingos conmigo, y algunos sábados, pero también sabe que no puedo concentrarme en él diariamente.

Cada día debo salir a construir para que, cuando él sea un hombre, sepa que tiene posibilidades, pero él tiene que ir por ellas. Yo ya traté de construir y quiero que a Diego no le duela como a mí. Quiero que a las niñas no les duela como a mí. Eso es lo que hacen las mujeres: construir las oportunidades de sus hijos desde la trinchera que ocupen. Y también me pongo mi mandil, plancho mi ropa. Cuando voy a Quiegolani tengo que hacer mis tortillas. Quiero que sepa también que lloro, que me frustro, que como secretaria me enojo, me dan ganas de claudicar, porque los que integran el gabinete no entienden, te ponen trabas. Es más fácil para ellos no tomar en cuenta las voces de los pueblos indígenas.

Así que se trata de luchar cada día. De insistir en que la visión de los pueblos indígenas debe ser considerada, porque desempeñarse como secretaria no es ocupar cómodamente un asiento. A veces no me da tiempo ni de desayunar, sólo un taco con queso o un agua mineral como única comida. En ocasiones debo levantarme a la una de la mañana, porque a las dos parto rumbo a la costa para llegar a las 11 de la mañana al primer pueblo, que está a nueve horas, y al segundo pueblo a la una de la tarde. O estar en Oaxaca a las 10 de la mañana, pero no poder salir un día antes porque tengo video-conferencia y sólo en Pinotepa hay internet. Descansar poco, hacer mucho. O dormir en el carro con una almohada, o salir en piyama y adentro del auto cambiarme de ropa. A veces no hay tiempo ni para cortarme las uñas. Construir sueños exige todo eso y más.

"LA PEOR MAMÁ DEL MUNDO"

Quizá haya gente que, leyendo estas líneas, busque alguna ruta, alguna esperanza, incluso respuestas, porque como muchas personas, tengo varias facetas y he superado mil problemas. Uno de ellos es el matrimonio, que se pone en riesgo cuando alguien dedica gran parte del día al trabajo político. En ese sentido, la decisión es muy difícil. Me planteé si debería abandonar mi labor para ser esposa de tiempo completo. Ése era el reclamo. La "falla" consistía en estar ausente. La separación era culpa mía por "no estar". Pero yo no podía dejar todo porque él sufría. Era su problema. Lo natural era pedirle que se fuera, pero decirlo no es fácil.

En ese proceso lloré mucho, sobre todo porque llegué a considerar que él tenía razón y quien estaba mal era yo. Claro, no estaba en la casa, entonces era mi error. Yo era la del problema. Yo, siendo diputada local, lloraba por mi matrimonio; sintiéndome admirable, poderosa, tenía un matrimonio en crisis. Me di cuenta de que en un matrimonio hay dos personas involucradas, pero en mi caso yo era la "única responsable" del fracaso.

Entonces esa mujer chingona, que recibe palabras de admiración y respeto, se hizo chiquita otra vez. Me daba miedo perder a mi familia, y eso me obligaba a poner las cosas en la balanza, a preguntarme qué era más importante para mí. A veces, lo acepto, le daba la razón. Y sólo pensaba en cómo educaría a Diego. Es decir, ante todo este panorama empezó mi propia desvalorización como mujer que, en contraste con mi vida privada, había logrado una reforma a la Constitución mexicana, había llegado a la tribuna de la ONU.

Resolver esa encrucijada fue más que complicado, no sabía qué decisión tomar. Una opción era retirarme de la política y darle la razón, reconociendo además que yo era la culpable, porque la gente decía que, como mujer, yo debía estar en el hogar, tenía que atender, tenía que remendar su pantalón, planchar su camisa, preparar el desayuno, la comida y la cena. A nosotras nos dejan esa responsabilidad. Aunque estuviera presente la señora que labora en la casa, a mí se me consultaban todas esas cosas. Yo debía estar al pendiente de la despensa y de todos los asuntos cotidianos, hasta del calcetín perdido del niño. Eso hay que subsanarlo, porque es un gran trabajo diario. Cada 15 días hay que ir al mercado para comprar chile, pimienta, huevo, azúcar, para que el refrigerador esté lleno. Que nada falte.

Es importante que se sepa que las mujeres hacemos eso a diario, pero también atravesamos por fuertes disyuntivas personales que nos hacen llorar, gritar, encerrarnos, chingarnos unos mezcales. Y todo eso es parte del proceso de la construcción de proyectos. Ante ese panorama hay que tomar decisiones y asumir consecuencias. Una mujer puede perfectamente decir adiós, arreglárselas sola, no necesita a nadie. Pero no está sola, están los hijos, que también aman a su papá.

En ese sentido, una de las cosas más fuertes que recibí fue un "te odio, mamá". Diego apenas tenía cinco años y ya me advertía que nunca me iba a perdonar por correr a su papá de la casa. Naturalmente, sentí horrible, porque su padre convivía más con él, porque se dormía con él, lo bañaba, le cambiaba la ropa. Y eso era porque yo estaba en otra trinchera, la reforma consumía mi tiempo, estaba enfocada en lograr la visibilización de las mujeres, que México viera a las otras que estaban ahí luchando, y por ese hecho dejé vacía esa parte de mi vida, confiando en que el padre de Diego entendía toda la situación.

Aquellas palabras de mi hijo me congelaron, me hicieron sentir la peor mamá del mundo, por el hecho de que reclamara mi ausencia, que me dijera que mi trabajo era más importante que él. Tuve que decidir y lo hice, es parte de esta historia, aunque casi no lo cuento, pero ya estoy sanando, fue un proceso muy difícil. Claro que consideré en continuar por el camino de mis convicciones o rescatar a mi familia, pero analicé el concepto de familia. La familia es papá y mamá, pero también es una construcción impuesta por la sociedad. A todos nos han dicho que eso es la familia y debemos seguirlo. No. Para mí la familia también significa luchar por que los hijos sean felices y ésa fue la clave de mi decisión, pero ésa es otra historia.

AUSENCIA EN EL FESTIVAL

Lo que me ha costado más de ser mamá es dejar a Diego por mucho tiempo. Recuerdo que una vez no pude llegar a un festival de Navidad de su escuela cuando él tenía cinco años. Lo hice enojar. Me dijo que jamás me perdonaría. Todas las mamás llegaron, menos yo. Él quería que lo viera en su bailable. Eso me dolió mucho, y también el señalamiento social, que me tachó de ser mala mamá porque no le daba un hermanito, porque creía que mi trabajo era más importante.

Pero la sociedad no sabe a qué se enfrentan las mujeres profesionistas, a qué circunstancias, qué sacrificios significa, porque está la otra cara de la moneda: si dejo de hacer lo que yo soy, me voy a frustrar y voy a ser una mamá amargada para Diego. Ésa era mi reflexión. Hoy puedo decir que estoy completa porque me gusta lo que hago y le doy el tiempo necesario a Diego. No estoy las 24 horas para él, pero estoy aprendiendo a no ausentarme de las cosas que a él le importan. Los festivales escolares se preparan por meses y uno de sus propósitos es que los niños y las niñas reciban aplausos, que los impulsen. Por eso los niños se enojan cuando los papás se ausentan de esos festejos. Entendí que para ellos es muy importante que los papás vean su actuación. Desde ahí se va construyendo un ciudadano feliz. Por eso juré que no volvería a suceder. Llueva o truene, yo tengo que estar con Diego en su festival. Eso es lo que me duele más, las ausencias por dos o tres o cuatro días. Me duele cuando me dice que me extraña. Pero, bueno, eso es parte de la vida. Quizá él también, en el futuro como papá, deba pasar por la misma situación. Debe saber desde hoy que se trata de procesos de consolidación de la vida.

Pero no sólo era él. Por otra parte, en este aprendizaje paralelo de ser mamá y ser política había otro elemento: mi matrimonio, que sí se resintió. Fue un proceso muy complejo porque la sociedad culpa a las mujeres de todo. Por ejemplo, a pesar de que hoy estoy en esta oficina trabajando, al mismo tiempo debo verificar si ya está listo en casa el uniforme de Diego para el siguiente día de clases, debo darle seguimiento a la tarea, tengo que ver cuál será el desayuno de mañana, la comida, si hace falta azúcar, si la cisterna está llena, si hay agua para beber. La cotidianidad laboral no exime a las mujeres de las actividades del hogar.

¿Y mi vida matrimonial? Bueno, pues todas esas responsabilidades de las que me hice cargo me hicieron perder la atención en mi pareja. Además, el caballero no hacía nada. Yo le decía que él también era responsable de su ropa, de mandarla a lavar o usar la lavadora. Traté de romper esas ideas sociales. No se trata de que los hombres digan: "Es que tú ya no me atendiste", porque a ese escenario llegan otros demonios y hacen daño. Pero una familia, siempre lo he dicho, se compone por mamá e hijo. Si el papá no está, pues no pasa nada. Si no está la mamá, no pasa nada tampoco, pero es innegable que están más presentes en el desarrollo de los hijos. Además, si las parejas tienen problemas, los hijos no deben estar envueltos en ellos. No, es nuestro problema como adultos.

La responsabilidad de los padres es criar a la niña o al niño más feliz del mundo, no tienen por qué mezclar asuntos personales en ese proceso. Cuando entendí eso me dije: "Eufrosina, tú decidiste traer a Diego al mundo, no querías ser mamá. Cuando te enteraste pudiste haber abortado, pero no lo hiciste y, en cambio, asumiste esa responsabilidad". Por eso, en el tema del aborto respeto mucho la visión de cada mujer, pues cada una vive diferentes circunstancias.

217

Cuando una mujer decide ser mamá es porque asume una gran responsabilidad, que conlleva la misión de hacerle saber a esa hija o a ese hijo que los sueños cuestan llantos, que tiene que luchar.

La misión también consiste en formar ciudadanos seguros. Eso lo entendí muy bien, por eso establecimos acuerdos armónicos para seguir construyendo el bien de ese ciudadano que se llama Diego de Jesús. En esa convivencia he entendido esa apertura, y hasta esa persona que falló en el pasado hoy se porta muy bien. Claro, a destiempo, pero aun así pudimos lograr la concordia. Como pareja, se diluyó la certeza que tenía acerca de esa persona, y la confianza no se construye en un día, se construye en una vida.

Cuando nació Diego, mi papá se puso contento. Cuando llegábamos al pueblo, él era el primero en cargar a Diego. Lo abrazaba y no quería soltarlo. Por eso insisto tanto en que en estos entornos los papás casan a las niñas porque es lo único que han visto, pero cuando se dan cuenta de que existen otras posibilidades por supuesto que lo aceptan. ¿Qué papá no quiere lo mejor para sus hijos? Estoy segura de que mis papás quisieron siempre lo mejor para mí, pero no sabían que había otras alternativas. Por eso hoy amo a mi papá, amo a mi mamá. Todo ese sentimiento de enojo hacia mi papá lo entendí. Era su forma de amarme, de defenderme. No era lo correcto porque no había otra forma, pero era su posibilidad.

Mi mamá, por su parte, fue a Oaxaca a cuidarme cuando parí. Estuvo un mes y se quedó con Diego cuando yo me fui a la ONU. Para que yo me recuperara me dio sus remedios, sus hierbas. Ahí sí me dejé que me pusiera todos los menjurjes que son tradicionales en el pueblo; de hecho, la herida se me cerró muy rápido, no me salieron estrías, por todas esas cosas naturales que mi mamá me dio.

Viendo todo este recorrido, todo lo que he caminado, desde las legislaturas hasta hoy que soy madre de Diego, pasando por la modificación constitucional a favor de las mujeres, puedo decir que si yo tuviera una varita mágica, lo que cambiaría de inmediato sería la visión social acerca de que las mujeres somos las responsables de la casa, de ordenar el hogar. Haría que los hombres entendieran que eso que se llama familia es responsabilidad de dos personas, no de una. Los dos somos capaces de barrer. Que no nos dejen a nosotras esa responsabilidad, tampoco la misión exclusiva de educar a los hijos. Que no nos responsabilicen de sus deslices.

Con eso viviríamos en una sociedad más equilibrada, porque cuando se descarga todo en una mujer, deja de tener tiempo para ella, para independizarse, para liberarse más rápido de las presiones cotidianas. En cambio, entre dos se camina mejor en todos los sectores, desde el matrimonio que posee más recursos hasta el más humilde. Con esa varita imaginaria querría que todos entendieran. Garantizo que el panorama cambiaría por completo.

La vida en peligro

La construcción de libertades conlleva riesgos. La primera vez que atentaron contra mi vida fue en febrero de 2008, y eso, desde luego, es un recuerdo muy fuerte. Días antes de que Derechos Humanos emitiera la resolución a mi favor, llegué a Quiegolani en la camioneta Frontier roja, aquella en la que me gustaba escuchar a Los Tigres del Norte. Me acompañaba una de mis primas. El plan era regresar el mismo día, pero los chavos me dijeron que el camino estaba muy feo y que mejor me quedara; incluso prometieron acompañarme hasta Puerto San Bartolo, pues ya sabían que el ambiente estaba tenso y que los señores del pueblo andaban "acelerados". El asunto es que me convencieron y nos quedamos otro rato. A las tres de la mañana ya estábamos saliendo de Quiegolani, cuyo camino es cuesta abajo. Como la mujer de fe que soy, le recé a la Virgen de la Asunción, que me ha cuidado en todas las etapas de mi vida y jamás me ha soltado de la mano. De hecho, cada vez que debo tomar una decisión difícil me voy a Quiegolani a pedirle ayuda a la Virgen y a mi montaña, siempre me encomiendo a ella. Ese día no fue la excepción.

Íbamos mi prima y yo y quien venía manejando. En una de las bajadas antes de llegar al río, en contraflujo venía un camión Torton que, extrañamente, nos dio el paso, cuando nosotros debimos hacerlo, ésa es la costumbre. El chofer nos pitó para que pasáramos y lo hicimos. Naturalmente, conocemos nuestro camino, sabemos dónde hay curvas o baches. En fin, avanzamos en alerta. De repente, poco antes de llegar al río vimos una luz.

Mi prima fue quien se dio cuenta de que venía bajando un carro. A mí me extrañó, porque no vi ningún reflejo detrás de nosotros. Incluso pensamos que era el camión que nos había cedido el paso minutos antes, así que nos tranquilizamos, pero sólo hasta que vimos definitivamente un carro más cerca. No era normal. Por fortuna, en el camino hay mucho polvo, que impidió que el automóvil se nos acercara más, pues se formó una especie de neblina. Nos asustamos, pero el conductor guardó la calma, pues estábamos en uno de los tramos más peligrosos, al que llamamos el peñasco. Si el conductor no calcula bien la velocidad, el barranco lo espera, y ahí sí no queda ni rastro, cualquiera queda hecho papilla.

Yo creo que justo en ese tramo pensaban sacarnos de la carretera, pero la nube de polvo no se los permitió. Después de eso, el chofer manejó en hora y media lo que regularmente se hace en tres horas. No sé cómo le hizo. Supongo que fue el terror de que nos seguían. Y esa camioneta negra no era de mi tierra; en mi pueblo no había nadie que tuviera una camioneta así.

Esa noche sentí mucha adrenalina. Revivo ese episodio con frecuencia. Desde luego, comencé a pensar si mis acciones exponían también a mi familia. Temía por la integridad de todos. Y ellos no se metían con nadie, no le debían nada a nadie.

Pensé en la integridad de mis hermanos, de mis papás, pues si unos desconocidos eran capaces de atentar en mi contra, podrían perfectamente vigilar a mis viejos y empujarlos a uno de tantos barrancos que existen allá. Se me vinieron a la cabeza tantas cosas en ese lapso que cada que lo recuerdo me duele todo. Vi todo tan cerca, imaginé toda la escena y no pude evitar pensar que aquel peñasco de una sola vía era nuestro fin. Pero lo repito: Dios es tan grande que le puso alas al conductor para reducir a la mitad el tiempo de trayecto. Nunca entendí cómo condujo tan rápido. Al otro día le llamé a mi mamá, que se levanta muy temprano para quebrar el nixtamal. Me aseguró que nunca escuchó que llegara un camión. Es más, en el pueblo nadie escuchó que llegara un camión esa noche.

Aquella vez sentí mucho miedo, pero más adrenalina de coraje, de frustración. Me cuestioné duramente y reflexioné acerca de si valía la pena seguir. Estuve a punto de claudicar. Me dije: "Ya no puedo con esto, hasta aquí llego. No puedo exponer más a la gente que quiero por mi rebeldía". Cuando llegamos a Oaxaca no quise hacer nada, sólo pensar en el siguiente paso, a quién debía contarle lo sucedido. A mi familia no. Entonces se lo dije a mi corazón.

Ahí volví a hablar conmigo misma. Creo que fue la semana más compleja de mi vida. Fue tanto el agobio, que incluso llegué a pensar que la lucha no valía la pena. No quería que le pasara algo a mi familia; a mi papá ya le habían recortado los programas sociales y yo no tenía un trabajo, no tenía absolutamente nada ni a nadie que me abrazara y me dijera que todo estaría bien.

Sin embargo, esa misma conciencia de no tener nada me ayudó a restablecerme anímicamente, porque repasé todo el camino andado; ya había librado diversas batallas, así que no podía darme el lujo de detenerme cuando ya había adquirido ciertos conocimientos, cuando ya tenía la herramienta más poderosa, que es la educación. No podía dejarme vencer. ¡Tenía que seguir! Me tranquilicé poco a poco y llegué a la conclusión de que si nada me había pasado esa noche, ya no me pasaría. Quienes atentaron contra mí entendieron que no pudieron hacerme nada. Desde entonces, decidí ya no viajar de noche ni sola; ser valiente, pero con cautela, establecer medidas básicas de seguridad, como estar localizable todo el tiempo.

Aprendí que ser rebelde requiere responsabilidad y no dejarle todo a la suerte y a la valentía, ni mucho menos asegurar que nada malo iba a sucederme. También supe que todo eso era parte del costo de la libertad. Esa semana me ayudó a romper la rebeldía pendeja y analizar cada paso en el camino que estábamos construyendo. Por eso, al final del día, surgió la idea de crear QUIEGO, porque me di cuenta de que en realidad no teníamos ningún apoyo y debíamos visibilizar y ayudar a otras personas. La lógica era: ayudo y me ayudo. La idea era crear un espacio del que yo no dependiera como servidora pública, sino que me garantizara libertad de acción para seguir en el camino de lucha, pero ya protegida por una figura legal, protegida por un núcleo de jóvenes, que a su vez contaban con la protección de la asociación. Nos costó dos noches definir el concepto de QUIEGO, establecer sus propósitos. Uno de ellos consistía en construir un estado con equidad de género, lograr un equilibrio en donde cupiéramos todos, hombres y mujeres, y todos por Oaxaca; igualdad de oportunidades, que ninguno falte ni sobre. Ése fue el concepto central de QUIEGO, que acordamos 15 días antes de que yo conociera al presidente Calderón. Después de ese afortunado encuentro, nos ayudaron a protocolizar la asociación civil y, gracias a eso, pudimos acceder a programas y apoyos pasajes y otros gastos. Así sobrevivió nuestro espacio.

NO IBA A PONERME EN CHAROLA DE PLATA

Aquel atentado en el peñasco no fue el único. Hubo otro, aunque más leve y también en mi pueblo, al que ya regresaba frecuentemente tras mi proyección nacional con Calderón. Una tarde muy lluviosa iba en la camioneta con mi hermano Mingo, el más pequeño. A mitad de camino de bajada, la carretera estaba bloqueada. Era una emboscada. Fue horrible. Dos árboles tumbados en una curva. Mi hermano reaccionó rápido y me dijo: "Escóndete, porque a la que se quieren chingar es a ti. Acuéstate, para que vean que vengo solo".

No tuvimos otra alternativa que regresar al pueblo para pedir ayuda. Entonces ya algunos señores y chavos nos acompañaron. Eran 10, quizá. Me protegieron, no dejaron que me bajara de la camioneta. Aquella tarde-noche volví a sentir la adrenalina a tope. Y, claro, yo gritaba: ¡No se valen estos niveles de agresión! Porque, por si fuera poco, a quién en el país le interesaría nuestra situación, quién preguntaría por nosotros si estamos alejadísimos, a 2 800 metros sobre el nivel del mar, no hay internet, no hay nada. ¿Quién iría a recogernos?

Por eso muchos activistas, muchos luchadores sociales se van, pues no cuentan con protección mínima. Y acerca de su integridad, ¿quién cuestiona y quién reclama por ellos? Otra vez la vida me llevó a una reflexión: tampoco es bueno ser mártir, porque la lucha y las convicciones se quedan ahí. Lo que hice fue no visitar ya con tanta frecuencia el pueblo, pues finalmente ya había logrado visibilizarlo, ya lo había puesto como tema de debate. Así que el siguiente paso era fortalecer la presencia, pero en la ciudad. Ya al pueblo no le pasaría nada, porque el gobierno ya era responsable de cualquier cosa que sucediera.

Yo debía garantizar mi seguridad para protegerlos a ellos. Por eso dejé de ir cuatro o cinco meses a Quiegolani, porque entendí que hay momentos en que debía replegarme. Así que me resguardé, pero no dejé de cuestionar. Eso fue a finales de 2008 y volví a pedir seguridad y apoyo de Derechos Humanos, cuyo segundo exhorto consistió en que yo necesitaba medidas cautelares debido a los atentados, pero yo no las acepté porque implicaban resguardarme con la policía del estado. ¡Cómo iba a aceptarlas si yo era un problema para ellos! Hubiera significado poner mi cabeza en charola de plata ante quienes sí podían hacerme algo. Mi respuesta fue: "Si me va a cuidar la policía, que sea la federal". Accedieron a mi petición y fui custodiada desde ese momento hasta mediados de 2010, cuando renuncié a la protección.

Tomé esa decisión porque me parecía horrible rendir cuentas en cuanto a mis horarios y agenda. Así que me puse en manos de Dios, y ya que él me indicara hasta cuándo viviría, aunque sí establecí todas las medidas elementales para mi familia, para mí y para los chavos que me rodeaban. Incluso firmé la renuncia de las medidas cautelares. Así que, si me pasaba algo, ya era mi problema. El asunto es que yo no podía estar así, bajo ese resguardo que me limitaba. Si mi lucha era por la libertad, entonces eso la coartaba en los hechos. Estaba dejando de ser yo. Sin embargo, sí debo aceptar que esas dos experiencias marcaron mi vida. La vi cerca.

La culpa no es de los chinos

LA PANDEMIA

Una mañana de noviembre de 2019, en que estaba a punto de llevar a Diego a la escuela, escuchamos la noticia del coronavirus. Los noticiarios hablaban del covid, del SARS, del caso cero en China, de Wuhan. Mi hijo, con esa claridad de los niños, mencionó que China quedaba muy lejos de México y que sería muy difícil que llegara el virus. Yo lo secundé en su idea: jamás pensé que llegaría, y menos a Oaxaca. De repente, sin darnos cuenta, el covid estaba entre nosotros. Fue impresionante confirmar que algo que creíamos lejano ya estuviese al lado nuestro, conviviendo con nosotros. Mientras los casos se multiplicaban, de repente nos llegaba la noticia de que un tío había muerto, que un periodista había fallecido también, que el presidente municipal murió, que una persona de mi oficina falleció. Impresionante.

Eso sólo confirma la vulnerabilidad de las personas cuando no cuidamos la naturaleza, nuestra casa grande, cuando no escuchamos las voces de las montañas. La incertidumbre ganó espacio muy pronto, trastocaba cualquier plan, los proyectos se detenían.

Sin embargo, en el caso de la pandemia nuevamente las comunidades nos dieron una gran lección: en Oaxaca los pueblos indígenas son los menos contagiados, porque desde el día en que se anunció la emergencia sanitaria, ellos decidieron no salir de casa, hicieron sus propios cercos. El hecho de seguir en desventaja social nos unió, pues si alguien se contagiaba, lo más seguro era que no lo recibieran en el hospital. Nadie iba a cuidarnos, por lo tanto nos cuidamos nosotros. Ése fue el razonamiento y dio resultados positivos.

Recuerdo que elaboraron unas actas de asamblea y, en un acto de gran responsabilidad, decidieron que nadie ajeno al pueblo entraría, incluso aunque fuera oriundo del pueblo pero no viviera en él. También establecieron que el presidente municipal saliera una vez al mes y no trajera absolutamente nada de la ciudad. Sólo permitieron el paso del camión de Diconsa, antes Conasupo, para surtir lo básico y todas las compras necesarias se hicieron en el mismo pueblo, nadie salía.

Así se demostró la capacidad de las economías locales, algo que vi desde niña. Por ejemplo, mi mamá y yo íbamos a un pueblo llamado Chonte a hacer algunas compras y llegamos en el burrito. Por cierto, me encantaba acompañarla porque me compraba un refresco de marca Rey, de fresa, que pintaba los labios de rojo, y unas galletas Marías que me comía mientras la esperaba. En fin, que aquel pueblo era más grande que Quiegolani y sí tenía Conasupo. Yo tenía siete años, me tocaba arrear el burro y darle su zacate.

Entonces mi mamá ponía en la báscula medio kilo de galletas de animalitos, azúcar, arroz, jabón y separaba todo en bolsitas de plástico. Al otro día íbamos a otro pueblo a intercambiar esas bolsitas por huevo y por quintoniles; luego a otra comunidad a intercambiar otros productos. En esta última, una señora nos dejaba amarrar el burro afuera de su casa y nos convidaba una taza de café y un plato de frijoles de la olla, al que le poníamos un chile manzano que cortaba del arbolito.

Es así que la pandemia me trajo el recuerdo de la lucha de las comunidades por su sobrevivencia. Y no es que los pueblos pasen hambre. No. Están cuidando su salud, comiendo bien. En las tiendas no se vende chorizo ni jamón, no entran las cosas que la sociedad urbana inventa y consume. Por eso sostengo que el mundo, con todo y su tecnología, debe conocer estos saberes, debe conocer cómo se sobrevive ante una pandemia en estos entornos. No se trata de que el gobierno los "alimente" y que les diga qué tienen que hacer y cómo actuar, que les diga que merecen 2 000 pesos de tal programa social. No. Más bien se trata de ver cómo esos 2 000 pesos sirven para duplicar 10 matas de aguacate. El asunto es que hay que plantear esas cosas, esas alternativas. Si no se expresan, no se hacen.

Entonces, estas comunidades demostraron durante la pandemia la eficacia de ese tipo de economía que mi mamá practicaba y que garantizó que nada nos faltara nunca. Y en todo el pueblo era igual: había hierba, verdolagas, quintoniles, chepil o palomas de la montaña; la pobreza era otra cosa y radicaba en la mente. Así que estas acciones en común regresaron y están funcionando. De las asambleas surgen actas con unas palabras y unos conceptos que asombran y que el mundo tiene que conocer. Durante la pandemia, nueve de cada 10 comunidades indígenas no han presentado un solo caso de covid. Asumieron la responsabilidad de cuidarse y la están cumpliendo.

Como servidora pública, yo tenía que ir a las comunidades, pero debía entrar con un permiso especial y respetar la sana distancia. Cuando llegaba, me sanitizaban, me echaban agua con cloro, y eso estaba muy bien. Cuando veo estas acciones me obligo a coadyuvar en lo que está en mis posibilidades como representante de una institución. En este caso, procurar que tengan insumos como cubrebocas, gel antibacterial, cloro para que hagan sus propios sanitizantes. De hecho, estamos buscando una fundación para que nos ayude con tela para que la comunidad haga sus propios cubrebocas y no contaminar más, pues el cubrebocas de tela es reutilizable. Aprender más de las comunidades, eso es lo que me ha dejado esta pandemia.

Una acción en medio de la pandemia fue el apoyo que le brindamos, a través de unas mesas de trabajo, a una presidenta de Santiago Yuquililla, pueblo de la mixteca. En ese encuentro se planteó la dificultad de seguir gobernando, porque ella tiene 25 años y sus compañeros, señores mayores, la discriminan llamándola "pinche chamaca", la ningunean y la retan constantemente. Claro, si fuese un hombre joven no lo cuestionarían.

También apoyamos a otra compañera, que llevaba un segundo periodo como presidenta municipal por usos y costumbres en Santa Inés Yatzeche, una comunidad migrante cuyos hombres están en Estados Unidos, así que en el pueblo solamente viven mujeres.

Sin embargo, en las elecciones sí votan los hombres. Ella, que fue mi compañera en la universidad, también rompió muchos esquemas. Eso es lo más me gusta de la reforma constitucional que logramos: que hoy estas mujeres sean presidentas municipales, que decidan en su comunidad.

La pandemia es un asunto muy relevante para todo el mundo, sus afectaciones son históricas, pero para relatarse bien tiene que desgranarse en historias personales también. Por ejemplo, en mi caso particular sería interesante ponerlo en términos de la dificultad que implicó, en medio de la emergencia sanitaria, la construcción de este libro. Cómo, para ordenar cronológicamente mis experiencias, las fui vaciando primero, en forma de testimonio, a través de la plataforma digital Zoom. Ésta es una herramienta práctica, de fácil conexión, que me ayuda en mis responsabilidades. Me vincula en tiempo real. A pesar de eso, también tengo que desplazarme a ras de tierra, a donde están esos rostros de las comunidades, y entregarles los apoyos que se generan desde estos espacios de toma de decisión. Antes yo podía entregar, por ejemplo, el programa de Semillas de Talento a las escuelas. Era sencillo, porque ahí se reunían rápido los chavos.

Pero hoy no. Debido a la pandemia tuve que buscarlos en sus comunidades. No importó si son tres, cuatro. A veces fue posible convocar a máximo 30 jóvenes cuidando la sana distancia. Si yo salía tres veces a la semana antes de la pandemia, después lo hacía cinco, porque debía entregar en mano y siguiendo todos los protocolos de sanidad. A los beneficiarios no podía exponerlos, no podía pedirles que se desplazaran, que se subieran a una camioneta, a un autobús. No podía correr el riesgo de que se contagiaran.

Valdría mucho la pena referirse al escenario de la pandemia, que también nos deja una enseñanza como parte de la vida, como uno de esos retos que pone la vida y que no son culpa de nadie, pues mucha gente señala a los chinos. Yo creo que no, más bien todas y todos hemos contribuido a contaminar esta gran casa azul; de alguna u otra forma hemos sido responsables y, por lo tanto, tenemos un gran desafío común: cómo aprender a vivir con esta circunstancia, que es compleja, que hizo que mucha gente perdiera su trabajo y entrara en depresión; o jóvenes que dejan de estudiar porque no pueden pagar internet o comprarse una computadora, y se regresan al pueblo.

Son adversidades muy fuertes que son dignas de abordar en un apartado especial. La emergencia sanitaria nos implica a todos y exige un plan de acción individual y colectivo. No hay que sentarnos a llorar ni a hacernos las víctimas. Prohibido decir: "Pobrecitos de nosotros".

Como ya conté, la reacción de las comunidades ante la pandemia se resume en una frase: "O nos cuidamos nosotros o nos cuidamos nosotros, porque somos quienes podemos hacerlo mejor". Yo sabía de esa fortaleza colectiva, gracias a la cual las comunidades indígenas presentan los índices más bajos de contagio, porque siguen asumiendo su propia responsabilidad. Aunque no sepan de dónde viene el virus, sí saben que se trata de una enfermedad grave. Por lo tanto, no pueden dejarla entrar, pues siguen estando en desventaja ante la lejanía del hospital. La instalación de salud más cercana sigue estando a más de cinco horas de distancia, y lo peor es que se topan con la posibilidad de que no quieran atenderlos. Así que lanzaron un mensaje a sus familias y amigos: "Si nos quieren, no nos visiten; tengan paciencia mientras vamos entendiendo qué hacer". Así que cerraron el camino, la comunidad y se autocuidaron.

Muchos de los pueblos impidieron el paso de productos externos, como refrescos y cervezas, sólo pasaban productos básicos. Tal como ya relaté, empezaron a generar una economía que se estaba olvidando pero en la que vieron su fortaleza. Por ejemplo, hay hongos, chapulines, quintoniles. Esa base natural de alimentación se recuperó y se fortaleció. Así que todo ha sido muy orgánico, porque evitan las bebidas procesadas, hay mínimas cosas industrializadas. Incluso retomaron medicinas completamente naturales, como té de jengibre, canela, limón, miel y ajo, que, como se dice allá, mata cualquier infección animal.

Entonces emerge y prevalece la sabiduría y la capacidad de autoprotección de las comunidades. Eso les garantiza la supervivencia en un entorno de adversidades, y no exagero: desde la Conquista ha sido así; siguen en resistencia. El problema ha sido que quienes viven en ciudades grandes no se percatan de esa capacidad, porque miran con ojos incorrectos, ignoran que las comunidades tienen una gran capacidad organizativa. Los han observado como "los indígenas", como niños chiquitos a quienes deben decirles cómo cuidarse y qué programa social les va a funcionar; a quienes deben decirles qué es desarrollo, cómo hacer su vivienda con cemento, que el pavimento es mejor.

Por todo ello, hoy que ya tengo visión y conciencia dimensiono la gigantesca sabiduría de las comunidades. Y por eso también recalco la relevancia de la educación, porque nivela las cosas, la perspectiva de las personas acerca de lo bueno y lo malo, construye criterio, enseña a valorar, a dialogar y a tomar lo mejor de cada punto de vista. La educación fomenta la lógica de complementar dos posturas para obtener algo mucho mejor. Por ejemplo, a las casas de adobe con teja, bonitas, ponerles chimenea, evitar el prototipo de vivienda, que quizá funciona mejor en una ciudad.

Esa enseñanza me trajo la pandemia con respecto a las comunidades, es decir, su capacidad organizativa y su capacidad de fijar una posición histórica ante el mundo, cuyo razonamiento es impecable: "Siempre hemos estado solos, solas; siempre hemos enfrentado la adversidad de la vida, reflejada en enfermedades como sarampión, influenza, disentería, viruela, pero hemos sobrevivido con nuestros saberes, porque seguimos estando muy lejos del servicio médico".

Así que en esta pandemia confirmé la fortaleza de las comunidades, su capacidad de sobrevivencia y que resulta urgente que las niñas y los niños aprendan eso sin perder su historia, su cultura; aprendan a conjugar los conocimientos científicos y tecnológicos con sus saberes ancestrales acerca del cuidado del medio ambiente, del territorio, del agua, porque hoy el covid nos exige cuentas sobre el planeta.

PLAN DE ACCIÓN EN LENGUAS LOCALES

Para comunicar la gravedad del virus establecimos un plan de acción inmediato. Primero debíamos informar a las comunidades, con la mayor precisión posible, qué era el covid. Para eso toda la información de la autoridad sanitaria y de la prensa tenía que traducirse a cada una de nuestras lenguas. De esta manera, aprendieron que se trataba de una enfermedad cuyo contagio puede prevenirse lavando constantemente las manos, usando cubrebocas, aislándose en casa y evitando salir del pueblo. Lo entendieron perfectamente.

En la segunda fase, las autoridades locales convocaron a una asamblea de pueblos para discutir y establecer un protocolo que involucraba a cada comunidad. Así, se suspendieron las clases, pues los maestros llegaban de afuera, y se cerró el pueblo tres o cuatro meses. El punto era evitar que alguien de la ciudad llegara a contagiar. También se les avisó a los familiares que viven en Estados Unidos que suspendieran las visitas al pueblo. Quizá la decisión más fuerte fue cancelar las festividades del pueblo. Adiós a todo un año de organización. Santa María, San Juditas, San Lucas, San Pedro, Santa Cecilia, Santa Rosa. Todos tenían que esperar y las instituciones tuvieron que aprender que son ellas las que deben de adaptarse a las necesidades de las comunidades, y no las comunidades a los planes e instituciones de gobierno.

PANDEMIA Y DESIGUALDAD

Vale la pena comentar la postura de muchos organismos nacionales e internacionales acerca de que la pandemia profundizará las desigualdades sociales. En ese sentido, es interesante fijar la atención en la idea generalizada acerca de que en los pueblos hay carencia alimenticia. Al contrario, lo que he visto en los pueblos que he recorrido es su capacidad de volver al trabajo con la tierra para sembrar lo que les hace falta: tomate, chile, cebolla, durazno, plátano, chayote, cilantro, elote, calabaza. La tierra es muy noble. Se han fortalecido con productos propios, porque en muchas de esas comunidades ya se vendía chorizo, salchicha, jamón, un montón de comida inventada que marginó por un tiempo el hongo, el chapulín. Esa comida es práctica y nutritiva, sólo hay que echarla al comal, ponerle limón y sal. O un plato de agua de sal con chile y cebolla, y dos tortillas. Con eso es suficiente.

Lo que sucede es que desde la periferia no se ve la capacidad alimentaria ni organizativa de las comunidades. Esa vista parcial apuntala la idea de que se van a "volver más pobres". Creo que el diagnóstico que deben hacer las asociaciones civiles que quieren ayudar a las comunidades debe comenzar por visitarlas directamente, a ras de tierra. Observar cómo están construyendo comunidad y cómo están enfrentando la pandemia. Se van a dar cuenta de las muy buenas soluciones que aplican los pueblos. Por otra parte, lo que sí es cierto es que la pandemia ha revelado la desigualdad en educación, porque enfatizó las carencias en infraestructura, no en lo humano; subrayó la ausencia de desarrollo en comunidades que sí merecen luz, que haya internet, tener una escuela bonita y que los habitantes de esos pueblos se encarguen de la alimentación para sobrevivir.

EL FUTURO Y LA INCERTIDUMBRE

Todo lo anterior está vinculado con el tema del desarrollo de las comunidades. Desde mi punto de vista, el desarrollo germina en la posibilidad de soñar, de cambiar lo que no te gusta en el momento en que lo estás pensando o lo has vivido. Para mí, el futuro representa las posibilidades de hacer esos ajustes.

Y ese futuro, como ya he dicho, da miedo, es un sentimiento que camina conmigo todos los días y aprendí a convertirlo en mi mayor fortaleza. Naturalmente, el futuro se torna más incierto cuando no lo proyectamos, cuando no lo soñamos, cuando no trazamos una ruta, como cuando visualizaba de niña aquel horizonte que mis ojos no abarcaban completamente y me preguntaba qué habría más allá.

Desde entonces, me gusta lo que he descubierto, lo bueno y lo malo. Son experiencias de vida, que por sí misma es incierta, pues si yo supiera qué voy a hacer mañana sería muy fácil, pero a veces se presentan cosas insospechadas. La pandemia era un tema que nadie dimensionó y hoy lo padecemos todos. Así que, en efecto, el futuro genera temor e incertidumbre, pero también desafía a las personas a lograr sus metas. La única posibilidad que la gente tiene en sus manos es la propia vida. Y hay una sola. Cada vida representa el pasado, el presente y el futuro. Nadie sabe qué le depara el mañana. Quizá alguien esté seguro de que nunca se casará y así será feliz, pero en el trayecto vital pasan cosas no planeadas. Ser consciente de eso da la posibilidad de enfrentar esa incertidumbre y convertirla en certeza.

En mi entorno de nacimiento está arraigada la idea de que el origen define el destino. Ese prejuicio dificulta mucho las cosas. Cuando la gente se da cuenta de que eso es mentira, comienza a trazar un camino propio, y para hacerlo debe aceptar con orgullo el origen, porque da identidad. Esto puede resumirse en la frase: "Si no sabes de dónde vienes, mucho menos vas a saber a dónde vas". En esa definición de vida, en esa construcción, puede colarse el miedo cuando los planes no resultan o los objetivos deben ajustarse.

El temor está instalado en cada circunstancia no prevista. El miedo siempre está presente, como en una calle oscura que hay que cruzar y la única alternativa es lanzar una plegaria al cielo para que no suceda nada malo. Más allá de las creencias religiosas, existe una fuerza interna que cada persona tiene. Quizá sea un poco de fe o un mucho de rebeldía, de aferrarnos a eso que deseamos, soñamos. Ante ello, la cuestión es ajustar el trayecto hacia las metas de cada quien, y luchar por reencontrar el camino, aunque en esa caminata se nos aparezca una culebra. El truco consiste en hacer que esa culebra nos dé fortaleza a través de la enseñanza y la entereza de no abandonar el camino. Por ejemplo, preguntarnos: ¿cómo voy a esquivar esa culebra? Quien lo consigue ya aprendió algo nuevo y valioso.

Vencer el miedo genera fortaleza, sobre todo cuando se está plenamente consciente de que el esfuerzo y las metas son individuales, que nadie hará las cosas por nosotros; que hay que tocar puertas para saber qué hay detrás. Quizá no encontremos lo que buscamos, pero se gana experiencia. Creo que eso ha hecho que mi miedo sea mi fortaleza, la que me empuja, la que me avienta al ruedo.

PROGRESO CONTRA COSTUMBRES

Otro prejuicio arraigado en las comunidades es el que dicta que el progreso acaba con las costumbres. Pero yo entiendo por progreso la posibilidad de cambiar lo que está mal, sin negar tu identidad, tu entorno, tu lengua, tu forma de interpretar la vida. Porque ese apego a la cultura propia no debe significar que los niños y las niñas carezcan de una escuela bonita, no debe significar que no haya médicos en el centro de salud y que algún especialista se nutra de la sabiduría de las comunidades. Para mí el progreso es la posibilidad de identificar, a través de la educación, lo bueno y lo malo.

Un concepto vinculado al progreso es la alegría, las ganas de vivir. La felicidad y la alegría caben en una sola acción, que es vivir la vida, pero la alegría no es alegría ni la felicidad es felicidad si no hubo frustración, fracaso, llanto, caídas, pues se identifica por contraste. En mi caso, muchas veces dudé de mis acciones a favor de la comunidad, sobre todo cuando la gente me decía que estaba mal y me señalaban. Al final logré lo que creía, lo que visualicé a pesar de que el mundo estaba contra mí y me llamaba "loca"; a pesar de que me advirtieron que por desobedecer las reglas cotidianas no podría alcanzar ninguna meta. Pero al final de toda esa frustración llegó la alegría y demostré que no estaba loca ni equivocada.

Por ello, el decreto de la reforma constitucional fue para mí el día más chingón de mi vida, pero antes pasé por miedo, soledad, señalamientos severos y hasta una expulsión de mi propio entorno. Hasta la fecha, siguen cuestionándome; me llaman "indígena *light*" o "indígena fresa". Sigo padeciendo esas cosas, pero aprendí a manejarlas con calma, pues tengo bien definidas mis metas. Así como construí la reforma, ahora me concentro en este libro y sé que un día voy a gobernar mi estado. Si eso no sucede no me voy a frustrar, pero lo estoy construyendo, aunque la vía esté llena de obstáculos. Cuando los objetivos se logran, aparece la alegría.

Por otra parte, me encanta la soledad. La valoro mucho. Es mi compañía, mi amiga, mi confidente y mi remordimiento. La conozco bien porque me ha acompañado en cada etapa de mi vida desde niña, y me ha aconsejado bien. De hecho, fue la clave de mi rebeldía desde pequeña. La soledad me ayudó, aun dentro de mi cabeza, a cuestionar mis costumbres. Me ayudó a sobrellevar mi entorno y me ayudó a salir de él. Y todo a base de preguntas que me hacía a mí misma, es decir, a mi soledad. Ella fue la base de mis reflexiones y posteriores acciones. Y todo por las muchas preguntas que yo misma me hacía cuando estaba sola.

Mi soledad me ayudó a limpiar mis lágrimas y a plantearme cómo resolver cada problema. Lo único seguro es que al amanecer saldrá el sol y la soledad seguirá ahí cada día, todo el tiempo. Ha presenciado mi frustración y mi felicidad. Quien diga que no ha vivido la soledad, estará mintiendo. En la vida del ser humano siempre hay espacio para ella. La propia rebeldía se gesta y se vive muchas veces en soledad, y se llora frecuentemente, pero quiero mucho a mi soledad, me gusta, la disfruto. Cuando estoy sola en la casa, por ejemplo, hablo en voz alta, platico conmigo o con el televisor. Mirarme en el espejo es conversar conmigo acerca de mis canas. A pesar de que hoy tengo a Diego, a veces extraño a mi soledad, pues la amo. En ocasiones, aprovecho que Diego se la pasa jugando y durante ese tiempo le doy espacio a mi soledad.

EL CORAJE DE VIVIR

Otras emociones que tengo bien identificadas son la ira y el enojo, porque me han provocado muchas lágrimas. Claro, son parte del ser humano y se asoman cuando las cosas no resultan como uno planeó. Entonces llega el enojo, el berrinche y el autorreproche: "¡Ya no quiero esto, adiós; no sirvo para nada!" Pero he aprendido que se trata de etapas nada más. El enojo y la ira duran poco, son de vida corta. En mi caso, 10 o 20 minutos. Sí, en ese momento pataleo, pero después me enfrío, recapacito y me aseguro de que ese sentimiento no me rebase. Creo que la vida es tan bonita, con todo lo que incluye, que nadie debería tener derecho a sentir enojo, pero sí se vive, sí se siente, sí existe y hay que controlarlo.

Por ejemplo, si algo me hace enojar, eventualmente grito, pero es un proceso que llega hasta ahí. En el caso de los asuntos laborales, lo único que exijo a quien cometió el error es que no lo repita. Cuando pido explicaciones sobre algún proceso fallido o apuro a la gente que veo lenta sí grito, desde luego. Sin embargo, más allá de esa cotidianidad, no he obtenido nada perdurable o que valga la pena a través de la ira. El enojo no genera ningún beneficio. Produce dolor, nada más. Ni la ira ni el enojo son buenos aliados.

ENTRE LA REVOLUCIÓN Y LA REBELDÍA

Más que revolucionaria, siempre he dicho que soy rebelde, pero con responsabilidad, porque la rebeldía puede interpretarse como un aferrarse gratuitamente a las cosas, hacer berrinches, merecer por merecer. No, la rebeldía incluye luchar por ideales, pero sin violentar el derecho del que está ahí enfrente. Y en ese trayecto sí se puede construir ciudadanía consciente, personas que sepan qué es bueno y qué es malo para sus entornos. Más que revolución, mi concepto de vida se llama rebeldía.

Por ejemplo, en ese sentido, si yo pudiera darle a Diego tres virtudes además de la rebeldía, le obsequiaría la generosidad, la valentía y le eliminaría los estereotipos en la vida. Que sepa que él no es más ni menos, que el miedo no lo frene, que vaya por lo que quiere, pero que esté plenamente consciente de que también se topará con el fracaso. Y por el contrario, si yo pudiera quitarle algunos defectos, serían: que no fuera enojón, chocante, antipático, que se despoje de toda soberbia y que no sea excluyente, que sea un niño incluyente.

LA INCOMODIDAD COMO MOTOR

En mi vida he pasado por muchas incomodidades, pero a partir de ahí he logrado crear muchas cosas. Estaba incómoda cuando sentí que iban a casarme, cuando no tenía casi nada en la secundaria, cuando me negaron el triunfo electoral en mi pueblo.

Esa incomodidad creó el escenario para que yo arrebatara a la vida lo que la vida no me daría por sí sola. Es la incomodidad que sentí cuando la sociedad me veía diferente, y en vez de aceptar esa mirada excluyente lo que he tratado de hacer es que esa misma sociedad aprenda a ver a todos con igualdad. Decirle a esa sociedad que es normal que haya negros, chaparros, indígenas, no indígenas. Que es normal ver la diversidad ante los ojos de cualquiera, viva o no en condiciones de comodidad.

Política, dolor, feminismo, belleza, soledad

De la política al feminismo, del dolor a la soledad, todo amalgamado en el amor, a partir de la cosmovisión de una niña que un día tuvo el coraje de romper con el destino de marginación social y salió a caminar por la vida. Hoy esa niña se ha convertido en una luchadora social cuya trayectoria está marcada por la amargura, pero también por la satisfacción de lo alcanzado, y así, durante esa larga caminata, ha forjado una perspectiva sobre diversos conceptos.

POLÍTICA, PARA QUÉ SIRVE

La política es un ámbito complejo y difícil de definir, pero yo creo que su utilidad radica en la posibilidad que brinda a mucha gente de aportar soluciones para corregir lo que no funciona correctamente. Más allá de partidos, la política es una forma de interpretar la vida, de contribuir a que una sociedad sea más justa, incluyente, avanzada, igualitaria. La política deber servir para que la sociedad aprenda a ver, con la mirada correcta, a los indígenas, a las mujeres, a las personas con discapacidad, a quienes tienen una orientación sexual diferente.

La política es un abanico tan amplio, que rebasa su propio ámbito de acción y se instala en la prensa, en el activismo, en la educación. Y en términos prácticos, la política ayuda a que las gestiones sucedan un poco más rápido para alcanzar beneficios sociales.

EL DOLOR COMO ANTÍDOTO

El dolor es un sentimiento que cualquier persona quisiera evitar, el físico y el emocional. El dolor de saber que los hijos se enferman o por las pérdidas familiares. Es parte del proceso de aprendizaje de la vida. Es el antídoto de lo negro y lo blanco, porque el dolor hay que contrastarlo con la alegría. Sólo así se valoran ambos sentimientos. La alegría conlleva dolor. Por ejemplo, la muerte de mi papá me caló mucho, porque no pude sacarlo a tiempo del pueblo. Me enojé al verlo postrado y yo no podía hacer nada.

Ese dolor es demasiado fuerte, pero pasa, y aprendes a canalizarlo para ganar fortaleza. Y aprendes también a evitar que ese dolor no se repita en otras personas. Por ejemplo, cuando fui a entregar la ambulancia a Quiegolani lo hice a nombre de mi papá, porque de haber tenido el pueblo una ambulancia quizá don Domingo estaría conmigo. Así que ese dolor me impulsó a conseguir, a como diera lugar, una ambulancia para la comunidad, una ambulancia que mi papá no tuvo, una ambulancia equipada dignamente. Aquel día no dejaba de llorar porque ya no estaba mi papá, pero yo sabía que había usado ese dolor para conseguir una ambulancia y evitarles a otras personas el dolor que yo pasé. Al final del día eso es parte de la vida, que te enseña que tu dolor debe servir para que otras personas no lloren tanto.

O el dolor que siento cuando no puedo ir a un festival de Diego, el dolor en sus ojos cuando me cuestiona por qué debo salir de la casa y me pide que me quede con él. Cuando me dice: "Mamá, te amo de mi corazón a tu corazón". Me mata. Sin embargo, debo salir y ya no le dedico el tiempo que debería, así que también provocamos dolor sin darnos cuenta, a través de la palabra, a través de la acción. Nunca podré olvidar cuando, en medio de toda mi rebeldía, mi papá me dijo: "¿Acaso no nos quieres?" Ver llorar a mis papás, implorándome que ya no siguiera con mi lucha política porque los ponía en vergüenza, me marcó para siempre. Inconscientemente, también causamos dolor. La diferencia es que con el dolor puedes construir algo positivo. Con la ira, no. El dolor te hace fuerte. El enojo te hace perder.

FEMINIDAD Y FEMINISMO

Estos dos conceptos tienen diferencias obvias. La feminidad es, para mí, la esencia de ser mujer, la maravillosa oportunidad de dar vida. Con el feminismo a veces no estoy de acuerdo, pues se ha confundido con radicalismo, ha llegado a chocar frontalmente con la masculinidad. Prefiero hablar de feminidad, de ser mujer, de que nos vean. Nunca vamos a dejar de ser delicadas. Buscar la igualdad no significa que perdamos nuestra esencia como mujeres. Las atenciones recibidas no nos hacen ni más ni menos mujeres.

Cuando hablo de igualdad me refiero a tener la misma capacidad de aportar para el desarrollo social, que nos evalúen de acuerdo con el cerebro, de acuerdo con nuestras acciones, pero sin dejar de ser nosotras, sin dejar nuestra esencia. Si eso se pierde, también se pierde lo maravilloso de ser mujer.

En otro sentido, una de las facetas femeninas es la maternidad, pero ésa ya es una decisión muy personal de cada mujer. La feminidad es ser mujer, pero si en ese trance decides evitar la maternidad, ésa es una decisión. Hay quienes, como yo, nos sentimos bien de ser mujeres, seamos heterosexuales o lesbianas. Yo hablo de ser mujeres sin marginar la delicadeza de serlo.

Por otra parte, cuando se opta por la maternidad suele surgir, desde mi punto de vista, el sentimiento más sublime de la vida, aunque el parto represente un momento muy doloroso. Eso hay que aceptarlo, pues la vida es también dolor. El embarazo no es agradable, duele todo el cuerpo, pero de ese dolor surge otra vida que late ahí, que estuvo ahí, que se quedó nueve meses dentro de cada mujer. Es asombroso ese proceso y la resistencia que desarrollamos.

Ése es un ejemplo del cruce inevitable entre la felicidad y el dolor. El parto es la culminación de ese dolor, pero al final se olvida cuando ya esa vida procreada está en las manos de quien sintió ese dolor, que en el caso de las cesáreas pervivirá en forma de cicatriz, una marca que estará por siempre. La maternidad, pues, es un sentimiento sublime que representa dolor y vida. Eso pienso.

En contrapunto con la feminidad, un gran varón es alguien que acompaña y entiende a la mujer, y que nunca se siente menos cuando la mujer tiene logros más importantes. Un gran hombre debe entender eso, no cuestionar, sino dialogar; es el que está ahí siempre, apoyando. Es un caballero. Quiero que Diego sea eso, un gran caballero, un gran hombre que no pierda su esencia de hombre.

Y esa esencia está compuesta por varias cualidades. Primero, que sea incluyente, que sepa que el hecho de ser hombre no lo hace mejor, que sepa que vive en una sociedad en donde todos debemos tener las mismas oportunidades y las mismas posibilidades. Segundo, que sea generoso con el de enfrente. Tercero, que deje de mirar a las mujeres como la fuerza débil sin dejar de tratarlas con delicadeza. Que aprendan a vernos con los ojos correctos.

Ahí revolotea un elemento que es la ternura, que para mí está representada en el abrazo que me dio mi papá cuando me gradué, pues nunca antes lo había hecho. Eso fue cuatro años antes de su muerte. Es el abrazo más tierno que me han dado, porque ese señor aprendió que no era malo expresar sentimientos. De hecho, ésa tendría que ser otra cualidad en un hombre: que no tenga miedo de exhibir sus emociones, que no tema sentirse débil, que no tema llorar o sentirse frágil. Quizá mi papá pensó que se rompería si me daba un abrazo. Y se dio cuenta de que no era así. Eso lo aprendió conmigo.

Otro día lleno de ternura fue el día que parí y luego me entregaron a Diego y lo abracé. Cualquier mujer que haya procreado y dado vida debe entenderme. Se trata de un sentimiento que va más allá de la palabra amor. Es tan grande, que no sé cómo definirlo. Lo que sí sé es que es un amor de contacto, de primera vez. A partir de ese momento, como dice Diego, "yo lo amo de mi corazón a su corazón". El amor es inabarcable. Es todo.

LA BELLEZA

Hablando desde mi cosmovisión, hace tiempo pienso que el mundo debe darse la oportunidad de reaprender los tipos de belleza. Que las revistas rompan esquemas. Ante las circunstancias que el mundo

242

padece hoy tenemos que reaprender a vivir. En mi caso, aprendí viendo otro tipo de belleza. En mi entorno no existía el estereotipo de una mujer delgada y güera. No lo conocíamos. El tipo de belleza era otro, el de la aparición del arcoíris con toda su cromática o el crecimiento hermoso de un árbol, el hecho simple de ir a cortar duraznos. Ésa era la belleza.

Y en cuanto a personas, pienso que la belleza es mi hijo. Para mí, Diego es el niño más bonito en la expresión de color, de voz, de su abrazo, de cómo me considera el amor de su vida. Más que la belleza física de un varón, hay que interpretar desde la perspectiva de tus propios ojos, que se conectan con tus cinco sentidos. Ellos siempre se amalgaman y conectan todo.

Así, a través de esa conexión, el ser humano en general puede ver la belleza desde otra perspectiva, deja en segundo término el cuerpazo, los ojos verdes, la carencia de celulitis, todas esas banalidades del mundo. Esta amalgama de los cinco sentidos ve más allá de eso. Capta la belleza de una voz al cantar, la belleza del sonido de la guitarra, de la maestría pictórica. El ser humano tiene esa cualidad.

LO CONTRARIO DE SOLEDAD

La compañía o el compañerismo van ligados a todos estos conceptos que han aparecido aquí. Da fortaleza, pero siempre hay que contrastarlo con la soledad. Es decir, la compañía es importante cuando ya platicaste contigo en soledad y luego el aprendizaje de ese diálogo interior lo compartes hacia fuera. Con ello se puede comprobar si la soledad fue útil para definir el bien o el mal, porque fue un proceso íntimo, absolutamente subjetivo e individual. Sólo después de abrazar esa soledad ya se puede ir con la comunidad a buscar la compañía, ir con la gente que te rodea. De esta manera, para mí, primero es la soledad, que siempre está ahí presente, luego la compañía.

La revisión de cada uno de estos conceptos me lleva a hacer un ejercicio personal, pero creo que válido, incluso indispensable para ponderar el camino recorrido. En un esfuerzo de imaginación, ¿qué le diría la actual Eufrosina a la Eufrosina niña de 10 años? Sin asomo de duda, le diría que no tuviera miedo de entrar al cuarto de su maestro, de jugar canicas, de enfrentarse a su papá, de pararse ahí, con el burro, encima de la piedra, aunque papá le pegue, porque ya habrá soñado con lo que hay más allá de su montaña.

Le diría también que la admiro muchísimo y que cuando yo crezca quisiera ser como ella, como esa niña que se atrevía a subirse al árbol y cortar el durazno, que se atrevía a pegarle al burro porque no caminaba rápido, o que se atrevía a soñar, a decir que no le gusta hacer tortillas, que se atrevía a echarle la mitad de la masa al marrano y que se atrevió a desafiar las reglas. Qué valiente cuando dijo: "No me quiero casar, ¡quiero irme de aquí!" Qué valiente cuando dijo: "¡No me gusta lo que veo!" Cuando se escapó, fue a la fiesta del mayordomo y determinó qué era lo que no le gustaba. Le diría que no se sienta sola; que, al contrario, su soledad es lo que la hace fuerte. Le diría, con todo mi corazón, que la quiero muchísimo.

Bitácora de fin de ciclo

Estamos a finales de 2021 y creo que, por ahora, ya cumplí un ciclo relevante. Es tiempo de detenerme un poco. Respirar. Contemplar el recorrido. Por ello me dediqué cien por ciento a este libro. Quería cerrar ese pendiente importante para mí. Por eso sólo firmé cuando me sentí lista para contar todo, porque antes ya me habían hecho algunas ofertas editoriales. Pero no se trata de eso. Yo necesitaba que las personas que leyeran este testimonio supieran que la vida no es fácil, que tiene muchos tropiezos, caídas, decisiones buenas y malas, pero que al final del día, paso a paso, se superan los desafíos y se cumplen metas.

La vida, que en sí misma es una gran contienda, me coloca ahora ante un nuevo desafío, cuyo primer eslabón es mi libro, que además es como el segundo hijo que ya no pude tener; mi segundo "muchito". Eso es mi libro: mi segundo "muchito". Mi siguiente eslabón, si la vida me lo permite, es convertirme en gobernadora de Oaxaca, un estado que amo.

Claro, como lo conté ya, yo rechacé la candidatura a la alcaldía de Oaxaca capital, porque es una ciudad muy compleja en muchos sentidos. Por eso considero que es mejor romper el paradigma desde arriba, para que en el futuro, cuando alguien quiera gobernar Oaxaca capital, ya no sea tan complicado aunque no haya nacido en la capital. Esa situación puede cambiar si alguien rompe desde arriba esa tensión, para que abajo se vuelva menos compleja la competencia política y otros rostros puedan contribuir a la construcción de

245

LOS SUEÑOS DE LA NIÑA DE LA MONTAÑA

oportunidades. Aspiro a la gubernatura pero no me obsesiona, no muero por cumplir ese sueño. Modificar la Constitución sí fue una meta que me obsesionó.

Así que, si las condiciones y el tiempo lo permiten, vamos a construir el camino a la candidatura, pero no voy a frustrarme si las cosas no prosperan, porque tengo muchos otros frentes, otros proyectos.

Quiero, por ejemplo, mostrarle a Diego lo que las mujeres valemos. Que sepa que todos ganamos cuando las mujeres somos respetadas.

Quiero mostrarle a la sociedad los logros cotidianos y extraordinarios de las mujeres. Quiero que ese trabajo se les reconozca cada día.

Quiero que en las escuelas siempre haya lugares para las niñas que lo necesiten, y que nunca haya matrimonios forzados para las que no quieren.

Quiero un México que respete todos los derechos de las niñas, sobre todo, para que sean felices.

Y quiero, sobre todo, enseñarles a las niñas y jovencitas que son magníficas. Y que todas tienen el derecho de imaginar, construir y cumplir sus sueños, tal como los está cumpliendo esta niña de la montaña.

Los sueños de la niña de la montaña
de *Eufrosina Cruz*
se terminó de imprimir en septiembre de 2022
en los talleres de Corporativo Prográfco, S.A de C.V.,
Calle Dos Núm. 257, Bodega 4, Col. Granjas San Antonio,
C.P. 09070, Alcaldía Iztapalapa, Ciudad de México.